I0643858

RECHERCHES CINÉMATOGRAPHIQUES
sous la direction de José Moure
16

Le *Giallo*, ou l'Enfance de l'art

Ouvrage publié avec le soutien de l'École normale de la Chine de l'Est (Shanghai)

Philippe Met

Le *Giallo*, ou l'Enfance de l'art

PARIS
CLASSIQUES GARNIER
2025

Philippe Met est professeur de lettres et de cinéma à l'Université de Pennsylvanie (Philadelphie) et professeur distingué invité à l'École normale de la Chine de l'Est (Shanghai). Rédacteur en chef de *French Forum*, il a publié de très nombreux textes et ouvrages sur la poésie, le fantastique et le cinéma. Ses dernières parutions sont *Screening the Paris Suburbs* (Manchester, 2019), *Ponge et le cinéma* (Albias, 2019) et *Louis Malle dans tous ses états* (Bruxelles, 2022).

© 2025. Classiques Garnier, Paris.
Reproduction et traduction, même partielles, interdites.
Tous droits réservés pour tous les pays.

ISBN 978-2-406-17781-4 (livre broché)
ISBN 978-2-406-17782-1 (livre relié)
ISSN 2557-3314

OUVERTURE EN FORME DE TRAILER

Une peur (en) jaune

Le présent ouvrage ne se veut pas une histoire, exhaustive ou partielle, encore moins une somme ni une synthèse, d'un « mauvais » genre, le giallo[1], longtemps évincé de la plupart des dictionnaires, précis et autres encyclopédies du cinéma[2], y compris et peut-être même surtout en Italie où il a vu le jour, et dont il fut en son temps une spécialité en quelque sorte autochtone. À ceci près, et non sans quelque ironie, que dans son pays d'origine, précisément, le terme même de « giallo » (*jaune* en italien) possède peu ou prou le même empan subsumant que ce qui est désigné en France, par exemple, sous l'appellation « film policier » ou, plus familièrement, « polar », là où, en dehors de la Botte, on tend à l'entendre selon une acception bien plus étroite et exclusive. Qu'est-ce à dire ? Il en va grossièrement d'un type de cinéma criminel, mais copieusement mâtiné d'horreur, de violence morbide et d'exploitation érotique, le tout éminemment stylisé, ritualisé, voire fétichisant. Si depuis une quinzaine d'années au moins, un foisonnement d'études universitaires ou généralistes (visant, donc, un public éclairé ou passionné) a émergé dans le milieu anglophone, notamment, rien de tel en langue française, hormis quelques essais autour des figures-phares du genre que sont Mario Bava et Dario Argento, ou encore Lucio Fulci, auxquels d'aucuns se hâtent parfois de réduire un genre au contraire arborescent et riche en présumés « petits maîtres » par-delà les contraintes du formatage et de la codification, ou les facilités du mimétisme, voire du démarquage. Exceptions notables, mais éparses : un récent ouvrage s'attachant plus

1 Pour des raisons de commodité et de lisibilité, le terme ne figure en italique que dans le titre de l'ouvrage.

2 Cela vaut non seulement pour les ouvrages portant sur l'histoire mondiale du cinéma, mais également pour ceux entièrement consacrés au cinéma transalpin. On saura toutefois gré à l'une des grandes spécialistes en France, Laurence Schifano, d'avoir notamment inclus une entrée « Giallo » au glossaire du *Cinéma italien de 1945 à nos jours* (5e édition, Paris, Armand Colin, 2022).

particulièrement au maniérisme giallesque[3] ; quelques numéros spéciaux ou hors-séries de revues spécialisées[4]. Voilà qui ne manque pas de surprendre au regard, sinon d'un phénomène de culte à part entière, tout au moins d'un évident engouement pour les films eux-mêmes dont témoignent, ces dernières années, d'innombrables éditions françaises en DVD ou en Blu-ray. Celles-ci permettent non seulement un visionnement de qualité de gialli déjà connus et commercialisés, mais encore la découverte de « perles noires en jaune », si l'on ose dire. Par rebond, elles contribuent, enfin, à ménager au giallo une place estimable, et non plus une simple note en bas de page, dans l'histoire institutionnelle du cinéma. Aussi ne semble-t-il pas tout à fait inopportun de tenter d'apporter sa modeste pierre à un édifice critique clairsemé ou en chantier dont on ne peut que souhaiter qu'il continue à s'ériger.

Pour ce faire, un corpus inévitablement incomplet mais pour autant assez fourni et divers, a été retenu, au sein duquel se côtoient sommets encensés, pépites injustement tombés aux oubliettes et *hapax* inclassables ou aux marges du genre, sans qu'aucun privilège véritable ne soit accordé à l'un ou à l'autre de ces pans, sans que soit, non plus, établie une hiérarchie axiologique. Sur un plan proprement théorique, le « ratage » ou la « médiocrité » peut revêtir une valeur et un intérêt tout aussi éminents que ceux que l'on peut attribuer à une grande réussite esthétique du genre. Comme nous aurons l'occasion de le vérifier, *L'Île de l'épouvante* de Mario Bava est, à cet égard, un cas d'école, qui voit l'initiateur du giallo (avec *La Fille qui en savait trop* et *Six Femmes pour l'assassin*) se réapproprier, au reste à contre-cœur, un piètre matériau scénaristique pour mieux le mettre en abyme et faire de son film un quasi-traité sur l'ennui antonionien à la mode giallesque. Au passage, deux enseignements, sur lesquels il conviendra de revenir à part égale, valent d'ores et déjà la peine d'être soulignés. Tout d'abord se dégage, d'un point

3 Alice Laguarda, *L'ultima maniera. Le giallo, un cinéma des passions* (Pertuis, Rouge Profond, 2021). Il existe également, aujourd'hui quasi introuvable, un collectif canadien coordonné par Alexandre Fontaine Rousseau : *Vies et morts du giallo – de 1963 à aujourd'hui* (Montréal, Panorama Cinéma, 2011). D'une conception et d'une teneur très différentes, mentionnons enfin le beau-livre de Frédéric Pizzoferrato, lui aussi déjà épuisé : *Une Étude en jaune : giallos et thrillers européens* (Alignan du Vent, Artus Films, 2021).

4 Citons notamment : *L'Écran fantastique* (« Vintage »), n° 2, juillet 2020 (« Le giallo, du sang à la une »). Autre signe des temps, peut-être, à tout le moins d'une évolution marquante : le mini-dossier proposé par les *Cahiers du cinéma* (« Des giallos à gogo », n° 729, janvier 2017).

de vue industriel ou institutionnel, une surprenante porosité, qu'on se gardera cependant de trop systématiser, entre cinéma dit « d'auteur » ou « social », et cinéma dit « de genre » ou « populaire ». Se fait ensuite jour, sur un plan spectatoriel, un nécessaire déplacement de la perspective mentalo-visuelle permettant seul, sans pour autant être infaillible, de se déprendre des attendus, des impératifs et des réflexes en termes de narrativité (linéarité, causalité, cohérence), de psychologisation des personnages ou encore de jeu d'acteurs, afin de mieux appréhender tel ou tel giallo « poétiquement ». Comme on a pu le proposer et l'illustrer ailleurs dans le champ du fantastique, l'approche dite « poétique » doit ici se concevoir à partir, notamment, d'effets ou de processus spécifiques tels que « l'hybridation de la corporalité et de l'abstraction, de la viscéralité et du maniérisme ; la sensation de suspens, de décollement ou d'épanchement ; la labilité ou l'indécidabilité herméneutique, l'opacité ou la résistance épistémologique[5] ». Elle acquerra également sens et valeur en prenant pour prémisse un flottement générique du giallo entre prosaïsme (discursivité, récréativité, sensationnalisme) et poéticité (visualité, expérimentation, intensité, onirisme). L'enjeu plus global est de préserver la visée analytique d'un double écueil symétrique : d'un côté, cantonner le giallo à un produit commercial peu ragoûtant (esthétiquement vulgaire, politiquement rétrograde, sociétalement patriarcal) ; de l'autre, l'intellectualiser, l'esthétiser, ou encore l'idéologiser sans modération aucune.

En outre, aucun esprit classiquement taxonomique ou généalogique ne gouvernera la réflexion ni n'inspirera l'argumentation : nulle intention ici de fournir la matrice du genre selon des figures, motifs et autres thèmes, ou d'en dresser l'évolution par le menu pour mieux l'articuler à un arrière-plan socio-historique. À titre d'exemple, c'est bien en lieu et place d'une historicisation de notre *filone*[6] que les deux chapitres inau-

5 Voir Philippe Met, « Le "scintillement de la putrescence". Poésie, cinéma, fantastique, horreur », *Fabula-LhT*, n° 18, 2017 (http://www.fabula.org/lht/18/met.html (consulté le 01/11/2024).

6 Pouvant désigner, dans la langue courante, un gisement minéral (« veine » ou « filon »), une baguette de pain, la partie d'un cours d'eau où le courant est le plus rapide, ou encore, de manière figurée, un mouvement ou une tendance (notamment littéraire), ce terme renvoie, dans le cadre du cinéma populaire italien, à une mouvance ou à un cycle davantage encore qu'à un « genre » pris dans sa définition usuelle. Par rapport à ce dernier, le *filone* se caractérise ainsi par un quotient accru de fluidité, de flexibilité et d'hybridité. Pour une étude plus détaillée du *filone* dans le cinéma bis italien, on pourra

guraux s'intéressent à une problématique chromatique (noir et blanc *versus* couleur) en l'associant tout ensemble aux *fumetti*, au pop art et à la « scène originaire » de la psychanalyse. De même, si la deuxième grande partie de notre essai portant sur la représentation de l'enfance au sein du giallo propose bien, dès l'abord, une très brève ébauche de typologie concernant l'enfance et la violence criminelle, c'est pour mieux s'en affranchir, ou tout au moins s'en distancier quelque peu, dans les chapitres subséquents, lesquels s'attachent plutôt à entrecroiser les fils urbains et ruraux, à faire jouer l'avers et l'envers du leitmotiv labile et ambivalent de la meurtrissure, et à décliner *in fine* les avatars de l'Alice de Lewis Carroll. Par ailleurs, il va de soi que – sans aller jusqu'à émuler l'inversion propre aux gialli de Dario Argento et de ses épigones faisant de la trame diégétique un tissu à peine conjonctif ou un arrière-plan peu ou prou accessoire, afin d'autonomiser et de spectaculariser des points d'orgue féroces et sanguinolents, proprement électrisants (qui, partant, n'ont plus rien d'intercalaire) – les deux intermèdes (*intervalli* en italien) situés à la jointure de nos deux grands *tempi* ne sauraient tenir lieu de pauses anecdotiques ou de moments de divertissement (au sens originel de déviation ou de digression). Ils reviennent notamment sur les questions connexes de la couleur, de l'art et de l'enfance, mais de manière oblique. L'un en posant les enjeux d'une dimension qui, bien que déterminante, nous semble-t-il, n'a guère été envisagée, non seulement dans la réflexion sur le giallo, mais dans l'appréhension cinéphilique, ou « cinéphobique », *in extenso*. À savoir, celle – *a priori* contre-intuitive au regard, surtout, d'un type de cinéma se voulant à la fois immersif et disruptif, voire éruptif – de l'ennui, qu'il soit « réceptionnel » (spectateurs) ou actantiel (personnages). L'autre en explorant la part de la ruralité, sans négliger ses déterminants sociologiques et la dichotomie Nord/Sud spécifiquement transalpine, au sein d'un genre réputé ontologiquement urbain.

Plus globalement, les analyses à venir éliront pour fil rouge (ou jaune !) ce que l'intitulé général prétend condenser par l'expression idiomatique *l'enfance de l'art*, qui sera à saisir plus littéralement que métaphoriquement, mais tant solidairement qu'indépendamment au regard de ses

---

se reporter à : Donato Totaro, « A Genealogy of Italian Popular Cinema : the Filone », *OffScreen*, vol. 15, issue 11, November 2011 (https://offscreen.com/view/genealogy_filone) (consulté le 01/11/2024).

deux composantes sémantiques. Aussi n'en va-t-il pas d'un pur – et facile – jeu d'enfant, au sens, par exemple, où le giallo tendrait à faire signe, que ce soit par son style, sa technique, ses thématiques, ses dispositifs ou encore ses objets, vers les *premiers temps* du cinéma, partant vers la genèse du septième art. Plus ponctuellement, en revanche, ce sont les prémices ou les origines de toute forme artistique, exemplairement picturale, qui peuvent se trouver implicitement délinéées à travers une œuvre simpliste ou naïve, telle que celle recréant sur toile, dans *L'Oiseau au plumage de cristal* d'Argento, une scène sanglante et, précisément, bien qu'en un sens autre, *primitive*. Car, si maint giallo fourmille, à l'image, de chefs-d'œuvre picturaux et architecturaux émanant d'époques diverses (ici, au titre de reproductions s'intégrant dans le *design* intérieur et participant donc de la scénographie[7] ; là, en décors réels et de manière parfois quasi documentaire, par inscription dans le paysage urbain italien), l'intention est rarement de nous ramener, collectivement, anthropologiquement ou historiquement parlant, à une *enfance de l'art* (en l'occurrence, plastique). C'est bien plutôt individuellement qu'une telle orientation tend à s'opérer, à la manière, pour le dire vite, des balbutiements artistiques de tout jeune enfant tâtonnant avec des lignes, des courbes et des coloris. La médiation de l'enfance permet dès lors de ne pas envisager l'appropriation giallesque des motifs artistiques sous un seul angle technique (ressortissant à l'histoire de l'art)[8]. Elle conduit surtout à repenser, sur nouveaux frais, la question des rapports entre art et violence au sein d'un complexe pulsionnel à facettes multiples (esthétique, libidinale, homicide, fétichiste, régressive, etc.). On verra comment, de par leur portée transgressive ou polémique même, tel intitulé de l'essayiste britannique Thomas de Quincey (*De l'assassinat considéré comme l'un des beaux-arts*, 1827) comme tel énoncé quasi aphoristique de l'Américain Edgar Allan Poe dans « La Genèse d'un poème » (« la mort d'une belle femme est incontestablement le plus poétique sujet du monde ») peuvent être susceptibles d'emblématiser, voire d'incarner, la dynamique tensionnelle en question au sein du giallo.

---

7 Dario Argento reconstituant méticuleusement le *Nighthawks* (1942) d'Edward Hopper pour une scène de ses *Frissons de l'angoisse* représente, à cet égard, un cas extrême de geste ostensible et maniériste.

8 Non pas, cela va sans dire, qu'un tel éclairage soit en soi dépourvu d'intérêt. Voir notamment : Alice Laguarda, *L'ultima maniera*, *op. cit.* ; Jean-Baptiste Thoret, *Dario Argento. Magicien de la peur*, Paris, Cahiers du cinéma, 2002 ; Pauline Mari, « Les diagonales du fou. Dans *L'Œil du labyrinthe* de Mario Caiano », *Histoire de l'art* n° 81, 2017/2, n.p.

Fidèle à la bipartition *primo tempo/secondo tempo* naguère de rigueur en Italie lors des projections en salle et donnant lieu à un court entracte, la traversée proposée du genre s'articulera en diptyque autour de l'enfance. Dans un premier mouvement, donc, il s'agira de celle relative à la gestation du giallo, que l'on pourrait qualifier de période proto-giallo ou de « giallo avant le giallo », laquelle couvre moins d'une décennie. L'invention à double détente et en quelque sorte « fortuite » du dit *filone* revient à Mario Bava. D'abord avec *La Fille qui en savait trop* (1963), encore sous influence « allogène » (hitchcockisme, film noir, *krimi*), puis, dès l'année suivante, avec le très radical et novateur (mais tout aussi dédaigné à sa sortie) *Six femmes pour l'assassin* (1964). Il faudra attendre le long métrage inaugural de Dario Argento, *L'Oiseau au plumage de cristal* (1970), pour que le giallo non seulement gagne, enfin, droit de cité, mais soit propulsé au firmament du cinéma populaire italien pour une durée certes limitée, mais non négligeable. Les très singuliers exemples émaillant ces années d'infusion giallesque cristallisent déjà des questionnements innervant l'ensemble du genre près d'éclore. Ceux-ci portent tant sur les rapports du giallo avec un certain cinéma d'auteur que sur son attachement au classicisme du noir et blanc (ou *a contrario* son adoption de la couleur à des fins idiosyncrasiques). Tant sur l'intrication des évolutions artistiques et sociales que sur l'efflorescence d'une palette de la « primitivité », dont les tonalités se déploient de la scène originaire psychanalytique à l'expressionnisme de teintes primaires en passant par la mécanique criminelle et les microcosmes sociétaux.

Dans un second mouvement sera privilégiée l'inscription dans le matériau giallesque de la figure *bifrons* de l'enfant proprement dite, en ce qu'elle est pour ainsi dire contrainte au statut de victime et/ou de bourreau, à l'image, si l'on veut, de la créature de Frankenstein qui fascine et hante si puissamment la petite Ana dans le très poétique *L'Esprit de la ruche* de Victor Erice. Ce qui n'exclut nullement, tant s'en faut, un dégradé de nuances et même d'équivoques, d'un pôle à l'autre, non plus qu'un traitement prompt à allier crudité « gore » et absurde onirique (ou *nonsense*, en régime carrollien), dans les films qui nous retiendront. En ce sens, on peut penser que le giallo infléchit, à défaut de tout à fait la redéfinir, une proposition autour de l'enfant, et à partir de l'exemple des *Contrebandiers de Moonfleet* de Fritz Lang, que Jacques Rancière applique, peut-être hâtivement, au cinéma *in toto* :

> L'enfant de cinéma oscille entre deux positions : dans ses emplois convenus, il incarne la victime d'un monde violent ou l'observateur malicieux d'un monde qui se prend au sérieux. À ces figures représentatives banales s'oppose exemplairement dans *Moonfleet* la figure esthétique de l'enfant metteur en scène, acharné à imposer son propre scénario et à démentir visuellement le jeu narratif des intrigues et le jeu visuel des faux-semblants qui le destinent à la situation de victime naïve[9].

S'il n'est, certes, rien de semblable, au mélodrame gothique de Lang parmi les gialli de notre corpus, on verra que la résilience et l'ingéniosité de l'enfance peuvent à l'occasion – y compris *post mortem*, comme dans *Folie meurtrière* de Tonino Valerii – confiner à une forme précoce de *mise en scène* (au sens théâtral ou criminel), soit de prise en main, de son destin face à l'adversité. Elles peuvent encore aboutir au détournement de menées criminelles adultes au propre profit des personnages-enfants, à l'instar de l'épilogue-choc de *La Baie sanglante* de Mario Bava ou, dans un tout autre contexte, de celui du *Diable dans la tête* de Sergio Sollima. Elles peuvent, enfin, s'apparenter à la réappropriation par remontée, voire *remontage*, d'un scénario traumatique lié à une prime jeunesse, soudain incarnée par l'alter ego, le sosie ou le double puéril d'un(e) protagoniste adulte, à l'exemple du *Parfum de la dame en noir* de Francesco Barilli.

L'étude ici menée demanderait à être poursuivie – mais ce serait la manière et la matière d'un ouvrage autonome – sur *les (petits-)enfants du giallo*. Autrement dit, sur le devenir actuel ou récent d'un genre dont l'exténuation somme toute prématurée, dès la fin des années 1970, n'a jamais tout à fait valu pour extinction. Pour le meilleur ou pour le pire, c'est selon, le grand Dario Argento a continué en solitaire, face aux critiques volontiers acerbes, de porter haut le flambeau giallesque jusqu'au nouveau millénaire. On peut raisonnablement penser que *Lunettes noires*, sorti en 2022, constituera le chant du cygne d'un cinéaste à présent octogénaire, même si celui-ci a souvent su, il est vrai, surprendre son public. Dans le domaine de l'horreur pure, qui aurait parié sur l'achèvement (avec *La troisième mère*, sorti en 2007) d'une trilogie

9 Jacques Rancière, *La Fable cinématographique*, Paris, Seuil, 2001, p. 24-25. Pour sa part, Alain Bergala relève, à très juste titre, dans le chef-d'œuvre langien, « une double posture d'énonciation résolument tranchée » qui, à rebours de la plupart des films « d'apprentissage » ou « pour enfants », autonomise le point de vue de l'enfant et celui de l'adulte (« Le père, le mal et l'initiation », in Hervé Joubert-Laurencin dir., *De Zéro de conduite à Tomboy. Des films pour l'enfant spectateur*, Crisnée, Yellow Now, 2022, p. 80).

mythique dont les deux premiers pans remontaient à pas moins de trois décennies (*Suspiria*, 1977 ; *Inferno*, 1980) ? Qui sait, toutefois, si ce n'est pas, au-delà même des frontières de la Botte (on songera, parmi bien d'autres, aux Français Hélène Cattet et Bruno Forzani, au Britannique Peter Strickland ou à l'Argentin Luciano Onetti), la mouvance du néo-giallo ou du post-giallo, selon les appellations, qui fera davantage pour la postérité argentienne et, plus généralement, giallesque que les toutes dernières tentatives du Maestro. Faut-il dès lors espérer en un rajeunissement du genre – ou en son *rejaunissement*, si l'on nous passe la facétie d'un tel barbarisme ? Rien n'est moins sûr. En attendant, on s'en tiendra à cette enfance (sans doute mineure) de l'art et à cet art (sans doute pervers) de l'enfance que nous offre le giallo et auxquels les pages qui suivent voudraient, à leur humble mesure, rendre hommage. On eût souhaité qu'elles pussent, dans le goût des contes pour enfants, s'amorcer ainsi : « Il était une fois le giallo… ».

PRIMO TEMPO

L'ENFANCE DE LA COULEUR

LE GIALLO AVANT LE GIALLO

PRÉLUDE

Noir et jaune (en passant par le rouge)

Pour paraître une incontournable évidence, l'antériorité, sinon la primauté, de l'art littéraire sur le médium cinématographique n'est pas de-ci de-là sans présenter quelques accrocs. N'est-ce pas, pour s'en tenir à ce seul exemple, de manière peu ou prou concomitante qu'une certaine cinéphilie française baptisa « film noir », dans l'immédiat après-guerre, un corpus restreint de métrages américains bannis des écrans hexagonaux sous l'Occupation, et qu'une *Série noire*, destinée elle aussi à faire florès, vint à éclore aux vénérables éditions Gallimard sous l'égide de Marcel Duhamel[1] ? Force est pourtant de le constater : ce qui vaut, en termes tout ensemble historiques, génériques et transnationaux, pour le noir franco-américain est loin de valoir symétriquement pour le jaune italien, même si cette dernière couleur se retrouve dans la typographie des jaquettes de la « Reine de la Nuit ». C'est, en effet, bien avant la vogue du *giallo* sur grand écran au tournant de la décennie 1970 que la dénomination et la fiction qui s'y rapportent font leur apparition aux éditions milanaises Mondadori, avec le lancement, en 1929, d'une série de fascicules *pulp* intitulée « I libri gialli », puis « Il Giallo Mondadori », à partir de 1946. Référence était ainsi faite à leur couverture jaune serin conçue pour attirer l'œil du chaland en kiosque (comme en témoigne, entre autres, un plan de la toute première scène post-générique de *L'Oiseau au plumage de cristal* de Dario Argento). Et ce, à l'instar sans doute de ces best-sellers à trois francs six sous (neuf *pence*, pour être exact !) de la bien-nommée collection « Yellow Jackets », publiés dès les années 1920

---

1 Contrairement à ce que l'historiographie du genre a trop longtemps soutenu, l'article pionnier en la matière dû à Nino Frank (« Un nouveau genre 'policier' : l'aventure criminelle », paru en août 1946 dans *L'Écran français*) ne fait nullement référence à la collection créée par Marcel Duhamel. Il pouvait d'autant moins le faire, dans son argumentation tournée vers une production spécifiquement hollywoodienne, que seuls deux romans britanniques (signés respectivement Peter Cheyney et James Hadley Chase) y avaient alors été publiés.

par la maison d'édition britannique Hodder & Stoughton. Figuraient au catalogue les récits d'un certain Edgar Wallace, appelés à alimenter au tournant des années 1960 la vogue des *krimis* allemands, et estampés, depuis son *Crimson Circle* (1922), d'un cercle rouge, médaillon illustratif que l'on retrouvera systématiquement en couverture des *gialli* de Mondadori. Une décennie plus tôt, Apollinaire ne chantait-il pas déjà, en fervent admirateur de Fantômas, « les livraisons à 25 centimes pleines d'aventures policières » à l'ouverture de son recueil *Alcools* ?

Sous le titre *La strana morte del signor Benson*, le premier des « Philo Vance » de S. S. Van Dine (*The Benson Murder Case*, 1926) n'ouvre pas par hasard le bal des petits livrets jaunes milanais, l'essentiel d'entre eux proposant des traductions de récits à énigme britanniques (Agatha Christie, Conan Doyle, Edgar Wallace) et de polars *hardboiled* américains (Raymond Chandler, James M. Cain, John D. MacDonald), ce qui n'est pas sans rappeler les débuts de la Série noire de ce côté-ci des Alpes[2]. À ceci près que les lettres françaises pouvaient s'enorgueillir d'avoir semé, à parts égales avec ses consœurs anglo-saxonnes, les premières graines d'une littérature de détection au mitan du XIXe siècle, là où le roman policier transalpin, notamment au sens de la topographie diégétique, ne vit véritablement le jour qu'en 1935, avec Augusto De Angelis et son *Banquier assassiné* (*Il banchiere assassinato*), volet initial des enquêtes d'un Maigret *all'italiana*, le *commissario* De Vincenzi. Encore l'écrivain fût-il tôt en butte à la censure, le nationalisme mussolinien goûtant peu une mode littéraire héritée des Anglo-Américains (dès lors soupçonnée de corrompre les esprits et de menacer l'ordre établi), avant d'être arrêté puis incarcéré par le régime, et de mourir sous les coups d'un vulgaire militant fasciste… Fort heureusement, la relève sera assurée – et de quelle manière ! – par les romans de tonalité diversement « noire » d'un Giorgio Scerbanenco et d'un Leonardo Sciascia, lesquels obtiendront succès et reconnaissance (d'abord en France, pour le premier) à compter des années 1960.

Et, de fait, non content de s'inscrire au fronton de certains gialli en langue originale – de *Tutti i colori del buio*[3] de Sergio Martino à *Solamente*

---

2 Il faut ainsi attendre 1953, avec *Touchez pas au grisbi !* d'Albert Simonin, pour qu'un ouvrage pleinement « francophone » de la collection connaisse un franc succès, que viendra encore amplifier, un an plus tard, son adaptation cinématographique éponyme sous la houlette de Jacques Becker.

3 Littéralement : « Toutes les couleurs du noir ». En France, le film fut distribué sous l'intitulé *Toutes les couleurs du vice* (distorsion de *buio*, « obscurité ») ou encore *L'Alliance*

nero[4] d'Antonio Bido – ou de faire ressortir, en fond d'écran, un lettrage jaune des crédits (comme dans le générique de *Folie meurtrière* de Tonino Valerii), le noir s'associe ou renvoie volontiers au jaune dans la palette italienne des genres cinématographiques. Au divertissement à la fois mièvre et bourgeois des *telefoni bianchi* de l'ère fasciste (l'appareil concerné étant alors signe d'élégance et de distinction sociale) s'oppose, certes, dans la chronologie officielle du cinéma transalpin, la rudesse prolétaire et quasi documentaire du néo-réalisme. La blancheur des dits objets de la domesticité quotidienne ne manque pas, toutefois, de trouver un pendant plus strictement symétrique sur les écrans avec les *telefoni neri*[5], à quoi peuvent s'assimiler les thrillers italiens qui, de 1930 à 1959, s'inspirent tantôt de récits à énigme classiques, tantôt des films de gangsters américains. Avant, donc, que les tout premiers gialli de Mario Bava ne viennent figurer une nouvelle variante : les *telefoni rossi.* Ainsi de l'appareil éponyme, boîtier rouge et combiné noir, du huis clos sobrement intitulé « Il telefono » ouvrant le film à sketches, *Les trois visages de la peur.* Ou du rouge vif intégral des principaux téléphones, notamment ceux utilisés par le couple criminel, qui agrémentent la maison de haute couture de *Six femmes pour l'assassin.* En clôture de ce dernier film, la caméra zoomera même ostensiblement depuis l'avant-plan où les corps de la comtesse et de son « associé » sont affalés l'un sur l'autre, après qu'ils se sont entretués, jusqu'à un gros plan du combiné téléphonique se balançant tel un métronome au bout de son cordon. C'est là faire boucle avec l'image inaugurale de l'enseigne tout aussi vermeille de l'atelier « Christian », ballottée par des bourrasques de vent, mais également faire signe, sans doute, vers l'ultime plan d'« Il telefono », où le combiné est simplement posé sur le bureau de Rosy au pied duquel gît le cadavre de son amie, Mary.

Le noir sert, par ailleurs, de dominante chromatique en couverture d'une autre série d'Arnoldo Mondadori Editore, « Segretissimo », créée en 1960 et plus particulièrement dévolue aux récits d'espionnage et aux thrillers. On pensera aussi et surtout, à la même époque, à ces bandes dessinées dites *fumetti neri* en écho aux rubriques des faits divers criminels

---

invisible (alliance moins chromatique, puisque inapparente, que satanique, à en juger par une intrigue à base de messes *noires* célébrées par une secte occulte).

4 Littéralement : « Uniquement noir ». Le titre français du film est *Terreur sur la lagune.*

5 Selon l'appellation de Luca Rea (*I colori del buio. Il cinema thrilling italiano dal 1930 al 1979*, Firenze, I. Molino, 1999).

en Italie (*chronache nere*), qui content les forfaits spectaculaires, souvent sadiques et sanglants, des Diabolik, Satanik et autres Kriminal. Si ce dernier fut adapté par Umberto Lenzi en 1966, on retiendra surtout le film-culte, visuellement très inventif, de Mario Bava, *Danger : Diabolik !*, dont l'esthétique pop art éclate dans un rutilant Technicolor qui doit nécessairement plus au vif coloris des couvertures originales qu'au dessin noir et blanc narrant les aventures de ce lointain héritier de Fantômas, mais aussi de Rocambole ou encore de Lupin. Au vu de la popularité du mélange, tant scabreux que macabre, de sexe et de violence caractérisant l'ensemble de cette production graphique à tendance « exploitative », on ne s'étonnera guère de ce que la genèse et le devenir du giallo aient pu être façonnés, plus ou moins directement, par l'imaginaire de *fumetti* à l'occasion plus roses que noirs…

On en voudra pour preuve l'exemple trop méconnu d'*En cinquième vitesse* (*Col cuore in gola*, 1967) de Tinto Brass, giallo rare, à tous égards, s'inspirant librement d'un polar de l'écrivain et scénariste Sergio Donati, dont le destin sera bientôt associé à celui de Sergio Leone. *Hapax* dans la filmographie d'un cinéaste dont on sait qu'il va sans tarder, et jusqu'à l'obsession, s'orienter vers un registre uniment érotique ou égrillard, *En cinquième vitesse* est, de surcroît, un giallo « précoce ». Autrement dit, l'un de ceux, peu nombreux, s'inscrivant dans une période de relative latence qui s'étend d'un giallo pleinement princeps, mais sans effet ni descendance immédiats tant son échec en salle fut retentissant (*Six femmes pour l'assassin*, sorti un an après le proto-giallo que fut, toujours de Bava, *La Fille qui en savait trop*) à un autre qui, lui, va relancer et populariser inopinément le genre (*L'Oiseau au plumage de cristal* de Dario Argento). Avant de se pencher plus en détail sur le film atypique de Brass, relevons d'ores et déjà sur ces quelque six années que l'on apparentera, sans faire offense au grand Mario Bava, à une ère du « giallo avant le giallo », une poignée de productions assez hétérogènes, malgré une nette prédominance du récit de machination, parfois aux limites d'un genre toujours en voie de constitution, et dont l'intérêt excède tout au moins l'ordre purement « archéologique » :

- *Libido* (1965) d'Ernesto Gastaldi et Vittorio Salerno
- *La donna del lago* (1965) de Luigi Bazzoni et Franco Rossellini
- *L'adorable corps de Deborah* (1968) de Romolo Guerrieri

- *Le Tueur frappe trois fois* (1968) de Massimo Dallamano
- *Une Hyène dans un coffre-fort* (1968) de Cesare Canevari
- *Si douces si perverses* (1969) d'Umberto Lenzi
- *Liz et Helen* (1969) de Riccardo Freda
- *Una sull'altra* (*La Machination* alias *Perversion Story*) (1969) de Lucio Fulci
- *Una ragazza piuttosto complicata* (1969) de Damiano Damiani[6].

6 Voir *infra* pour un traitement particulier de quelques-uns de ces films.

FUMETTI ET POP ART

Expérimentation(s) du Giallo

TINTO BRASS (*EN CINQUIÈME VITESSE*) : ENTRE ANTONIONI (*BLOW-UP*) ET ARGENTO (*L'OISEAU AU PLUMAGE DE CRISTAL*)

Sous l'égide conjointe de la Nouvelle Vague (au premier chef, Godard) et du *Blow-Up* d'Antonioni (dont la critique souligne plus couramment l'influence qu'il exerça sur un film-phare du genre du giallo, *Les Frissons de l'angoisse* de Dario Argento)[1], *En cinquième vitesse* met en vedette le déjà confirmé Jean-Louis Trintignant (qui, au sein d'un riche compagnonnage avec le cinéma d'auteur, aura su, avec discernement, s'autoriser de fréquentes échappées vers un cinéma de genre censément plus « commercial ») et la jeune débutante suédoise Ewa Aulin (dont l'essentiel de la brève carrière se concentra *a contrario* sur les films d'horreur et les comédies « sexy »). Tinto Brass amorce ici un mini-cycle tant expérimental que psychédélique centré sur le « Swinging London ». Le volet suivant, *Attraction*, ne s'intitule pas par hasard *Nerosubianco* en italien : la mixité raciale de l'intrigue (attirance physique entre une femme mariée blanche et un inconnu afro-américain) est ainsi reflétée par l'agglomérat sémantique du titre, puisque l'*eros* se niche phono-graphématiquement au cœur du « noir sur blanc »

1 Ce n'est pas un cas tout à fait unique. Dans une veine plus « noire » que « jaune », le premier long métrage d'Elio Petri, *L'Assassin*, s'élabora lui aussi, bien qu'en des termes fort différents, dans le sillage conjoint d'Antonioni (première manière) et de la Nouvelle Vague. Notons par ailleurs que, dans une critique aussi lapidaire que cuisante du film de Brass à sa sortie, un certain André Téchiné mentionnait bien *Blow-Up* à titre d'intertexte mais pour aussitôt souligner « la distance qualitative qui sépare notre auteur d'Antonioni » (*Cahiers du cinéma* n° 195, novembre 1967, p. 36).

d'un film en couleurs[2]… Noir et blanc sur couleur : le monochrome, d'une intermittence en apparence aléatoire, est d'un ordre tout autre dans *En cinquième vitesse*, qui déstabilise la vision à la manière peut-être de certains collages, tels *Just what is it that makes today's homes so different, so appealing ?* (1956) ou *Interior* (1964-1965) de Richard Hamilton, l'instigateur du pop art. Encore que cette immixtion ou ce clignotement du noir et blanc ait pu tenir, à l'origine, moins à un choix artistique qu'à une nécessité technique, à savoir un éclairage insuffisant pour la pellicule Eastmancolor, lors des scènes nocturnes. C'est aussi que le film est périodiquement entrecoupé d'une quarantaine de planches de story-board, la plupart en couleur, dues au grand créateur de bande dessinée, Guido Crepax, plus connu pour son travail en… noir et blanc, et dont la série des Valentina inspirera à Corrado Farina le film d'horreur *Baba Yaga* avec, dans le rôle-titre, Carroll Baker, actrice fétiche des gialli à machination d'Umberto Lenzi[3]. Le style visuel *fumetto*, qui avait déjà présidé au film précédent de Tinto Brass, le western *Yankee*, tient encore à ces effets répétés de très gros plans, de *split screen*, de grand angle ou d'incrustation, à ces intérieurs immanquablement saturés de design « pop art[4] » (et, plus ponctuellement, « op art ») (Fig. 1) et à ces onomatopées, tout droit sorties de Roy Lichtenstein, peuplant l'écran lors de certaines scènes d'action. À telle enseigne que le qualificatif de *giallo fumetto* ne messiérait pas à *En cinquième vitesse*.

2 En cette même année (numériquement propice, il est vrai, à des sous-entendus salaces dont un Serge Gainsbourg se plut à jouer…), voir aussi *infra* l'effet de superposition, dans une tonalité tout aussi *swinging* – flamboyante et libérée – du titre du premier giallo de Lucio Fulci : *Una sull'altra* (soit, « l'une sur l'autre »).

3 Outre *Le Couteau de glace*, que nous convoquerons en fin de volume en rapport avec la figure carrollienne d'Alice, voir sa « trilogie » amplement inspirée des *Diaboliques* de Henri-Georges Clouzot : *Une folle envie d'aimer*, *Si douces si perverses*, et *Formule 1*. Carroll Baker avait fait des débuts giallesques tant dénudés que remarqués (ceci expliquant peut-être cela…) avec *L'adorable corps de Deborah*, dont on retiendra surtout qu'il fut le premier giallo à faire recette au box-office. Guerrieri saura faire preuve d'une bien plus grande originalité avec sa seule autre réalisation dans le genre : *La controfigura*.

4 Voir, à la même époque, les reproductions surdimensionnées de personnages et d'onomatopées issus du *comic Batman* tapissant les murs de la boîte de nuit où se déhanche la jeunesse dorée de *L'adorable corps de Deborah*. Hors *pop art*, on retrouve un côté *fumetto* et des moments *mod* dans des gialli tels qu'*Une folle envie d'aimer* d'Umberto Lenzi et *Una jena in cassaforte* de Cesare Canevari, tous deux sortis en Italie en 1968.

FIG. 1 – Tinto Brass, *En cinquième vitesse*, 1967.

S'il ne fait pas de doute que le Godard de *Pierrot le fou*, intertexte obvie du film de Brass, détourne ou déconstruit notamment le film de gangsters américain *via* la BD et le pop art, on pourrait poser que le cinéaste italien, après avoir participé, une décennie auparavant, au bourgeonnement de la Nouvelle Vague comme archiviste à la Cinémathèque française, fait ici de même, et par des procédés similaires, pour ce qui est du giallo. Il est vrai que ce dernier ne s'était pas alors encore imposé en tant que genre à part entière. Mais n'est-ce pas, en un sens, par anticipation aussi que le *Blow-Up* d'Antonioni déjoue et récuse la mécanique giallesque tout en l'attisant par endroits ou la *mimant* (geste ou démarche sur quoi se conclut le film lors d'une partie de tennis clownesque) ? Ainsi de cette lumière d'un *jaune* sulfureux baignant la chambre *noire* où Thomas, menant « une enquête au fin fond de l'image[5] », développe ses clichés noir et blanc… Or, le paradigme antonionien chez Brass ne vaut pas que par un zoom furtif sur une affiche de *Blow-Up* au « London Pavilion » ou par ce « happening » fourmillant et prolongé, filmé sans dialogue et en quasi-style cinéma-vérité (à l'instar de scènes de rue antérieures, tournées à la volée autour de Piccadilly Circus), qui précède la coda du film, en écho manifeste au concert rock des Yardbirds d'Antonioni. Il

5 Suzanne Doppelt, *Et tout soudain en rien*, Paris, P.O.L, 2022, n.p.

s'invite également, et de manière plus inattendue (*a fortiori* dans son explicitation), à la faveur d'une citation en voix off portant, précisément, sur le chromatisme. Celle-ci intervient en final d'une séance photo cédant le pas à une parodie transparente du très ambigu jeu érotique qui se déroule dans le studio du photographe de *Blow-Up* en compagnie de deux jeunes aspirantes mannequins, en version ici « tarzanesque » (Bernard, un acteur français se trouvant dans la capitale anglaise pour son travail, se dénude en un accéléré de dessin animé et transperce la toile-écran du strip-tease en ombre chinoise de sa bien-aimée et bien-nommée Jane) :

> « En tout cas, je te dis que la couleur qui convient le mieux à un corps splendide n'est pas le vert des prairies, ni le bleu des lacs, mais le noir d'un studio de photographie. » Michelangelo Antonioni.

La citation est-elle apocryphe ? Sinon, d'où est-elle issue ? D'une correspondance privée ou d'un échange personnel, comme semble le suggérer la familiarité de la forme d'adresse (« je *te* dis ») ? Et ne revêt-elle pas, quoi qu'il en soit, une visée d'autant plus ironique que *Blow-Up*, dans le sillage de son *Désert rouge* dont le premier titre était « Bleu, vert », poursuit le passage d'Antonioni à la couleur – « réelle », quand bien même la réalité s'en trouverait « elle-même peu à peu plus colorée[6] » – et les expérimentations picturales qui en découlent ? Ce serait oublier que le chromatique a partie liée, comme le souligne pourtant le postulat d'Antonioni, tant avec le corporel qu'avec l'iconique. Considérons en ce sens les (faux) dénouements respectifs de *Blow-Up* et d'*En cinquième vitesse*. Après avoir gravité autour d'un cadavre labile ou élusif, le premier s'(in)achève, au petit matin, sur un plan en surplomb de la minuscule silhouette de Thomas, en veste noire et pantalon blanc, piquée, telle

6 « Il est inexact de dire que les couleurs que j'utilise ne sont pas les couleurs de la réalité. Elles sont "réelles" : le rouge que j'utilise est rouge, le vert vert, le bleu bleu, et le jaune jaune. La question, c'est de les agencer autrement que comme je les trouve, mais ce sont toujours les couleurs réelles. Et donc, il n'est pas vrai que quand je peins une route ou un mur, ils deviennent irréels. Ils restent réels même s'ils sont peints d'une autre couleur pour ma scène. Je suis obligé de modifier les couleurs telles qu'elles se présentent afin de faire une composition acceptable. » (M. Antonioni, *Écrits*, Paris, Images Modernes, 2003, p. 85). Voir aussi : « je veux peindre la pellicule comme on peint une toile ; je veux inventer des relations entre les couleurs et non me contenter de photographier les couleurs naturelles » (in Seymour Chatman & Paul Duncan (dir.), *Michelangelo Antonioni : l'investigation 1912-2007*, Cologne, Taschen, 2004).

une quille, sur l'immense à-plat vert du parc, avant qu'un fondu ne l'y fasse *in fine* disparaître. Le second se clôt, sans rien résoudre sinon, mais de manière presque contingente et anecdotique, l'identité du coupable, sur le corps sans vie de Bernard, affalé sur une terrasse dominant un paysage verdoyant et absorbé par l'ombre qui la recouvre au soleil couchant, Jane (qui vient donc d'abattre son amant de sang-froid) sortant du cadre, comme si de rien n'était.

Sans doute ne sont-ce pas là tout à fait les « corps splendide[s] », vraisemblablement féminins et/ou dévêtus, auxquels songe Antonioni. Mais on voit, entre couleur et monochrome, d'un film à l'autre, les effets de symétrie et d'inversion aboutissant à une immersion commune et non moins paradoxale dans une image bi-dimensionnelle (le parti pris « cartoonesque » de Tinto Brass est aussi là pour nous le rappeler), à la profondeur par définition absente, ou plutôt démystifiée et, par là, invalidée. Image dont l'illisibilité est par ailleurs génératrice d'in-quiétude chez Antonioni, avant qu'elle ne se transforme et se referme en redoutable piège chez Argento. De manière symptomatique, le dispositif est privilégié dès le coup d'essai de ce dernier. En sus de la question herméneutique centrale portant sur la remémoration d'images arrêtées d'une séquence en mouvement, plutôt que sur l'agrandissement d'un cliché photographique, *L'Oiseau au plumage de cristal* comporte, comme de juste, un jeu sur le noir et blanc et la couleur. En effet, la photo monochrome d'un tableau aussi naïf que macabre obtenue auprès d'un antiquaire et punaisée au mur de leur appartement, où règne du reste un certain bric-à-brac artistique, exerce d'emblée une troublante fascination sur Julia (Suzy Kendall), la petite amie du protagoniste, Sam Dalmas (Tony Musante). Tout en ne pouvant en détacher les yeux, elle juge la scène représentée « malsaine » (*perverso*, selon la bande-son italienne) au point de lui donner la chair de poule, réaction psycho-physiologique qui sera bien plus tard développée et radicalisée dans *Le Syndrome de Stendhal*, y compris pour ce qui concerne le processus d'identification entre victime et assaillant. Un zoom avant sur le regard intense de Julia est suivi d'un mouvement symétrique vers la scène à l'avant-plan de ce paysage enneigé dont la perspective n'est pas sans rappeler de loin le célèbre « Chasseurs dans la neige » (1565) de Pieter Brueghel l'Ancien. Un personnage dont la face est masquée par un chapeau aux larges bords, noir comme sa tenue, plonge un long couteau dans le flanc d'une fillette ou d'une jeune femme dont le sang, coulant le long de ses cuisses, se répand sur la neige (Fig. 2). S'enclenche alors un zoom arrière qui fait soudainement passer la même image du noir et blanc à la couleur, jusqu'à nous révéler à l'avant-plan une silhouette de dos, impassible, toute de cuir noir vêtue et arborant un couvre-chef semblable à celui de la peinture (Fig. 3). Nous comprenons qu'il s'agit du (ou de la) maniaque de l'histoire debout dans son propre salon, comme face à un miroir ou à un écran[7], contemplant son double dans le tableau et établissant, en quelque sorte, une connexion secrète avec celle qu'il (ou elle) finira par prendre pour proie, Julia. On voit, en outre, que le glissement chromatique s'allie ici à un effet de mise en regard ou en abyme : de l'assassin à la victime, de la reproduction à l'original, qui est lui-même la re-production d'une scène de meurtre, qui est elle-même la re-production, ou la ré-activation, d'un trauma originel…

FIG. 2 – Dario Argento, *L'Oiseau au plumage de cristal*, 1970.

7 Un œil exercé pourra même entrapercevoir dans le fond de l'image, autre effet spéculaire, le reflet ennuité du personnage dans une sorte d'armoire vitrée. On pense à cette fameuse formule d'un verset de la *Première épître aux Corinthiens* : « Aujourd'hui nous voyons au moyen d'un miroir, d'une manière obscure, mais alors nous verrons face à face […] (13 : 12 ; trad. Louis Segond).

FIG. 3 – Dario Argento, *L'Oiseau au plumage de cristal*, 1970.

Au reste, une autre scène en forme de gag visuel de *L'Oiseau au cristal de plumage* jouera très méta-génériquement de la réduplication du même autour du *jaune*. Telle est, en effet, la teinte de la veste improbablement voyante portée par un tueur à gages que Sam Delmas se met, à son tour, à « filer » jusqu'au sein d'un hôtel où sont réunis d'anciens boxeurs. Tous sont vêtus à l'identique d'un blouson couleur citron (en sus d'un col roulé et d'une casquette bleue), comme autant de clones indiscernables du sicaire ainsi anonymement fondu dans ce jaune-*giallo* qui l'informe. Tel sera aussi, au tournant de la première décennie du XXIe siècle, le titre-coloris, en forme de clin d'œil ludique plutôt que de véritable métafilmicité, de ce qui semblait être, en toute iconicité, le chant du cygne giallesque du *maestro* : *Giallo*. Ce film n'en illustre pas moins que le rouge (hémoglobine) et le (film) noir sont tout aussi constitutifs que le jaune de la palette du genre. Nombreuses sont, d'ailleurs, les affiches stylisées de *Giallo* à jouer de la trichromie, à l'image de ces couteaux alignés sur fond noir et pointant vers le bas, tous jaunes (partiellement ou entièrement), à l'exception de celui du centre, d'un rouge sang venant goutter sur le « I » du nom-titre. Le film, enfin, ne se fait pas faute de reprendre le motif du traumatisme infantile (dont on verra bientôt qu'il acquit d'emblée valeur fondatrice), qui plus est sous une forme duelle ou en miroir. Le tueur en série Flavio Volpe a été abandonnée par sa mère prostituée pour être adopté par une institution religieuse où il a été harcelé par d'autres orphelins en raison du teint jaune de sa peau (consécutif à une maladie hépatique). D'où son surnom surdéterminé de « Giallo » et son appétit de rétorsion sadique. Suite à un concours de circonstances, l'inspecteur Enzo Avolfi a, lui, été mené à venger le meurtre de sa mère (dont il avait été témoin à l'âge tendre de dix ans), avant de rejoindre la police sous l'aile de son mentor, Mori. Mise en abyme supplémentaire : c'est le même acteur, Adrien Brody, qui s'acquitte de ces deux rôles, celui du policier « profileur » et celui du tueur tortionnaire. Quant à *Lunettes noires*, c'est un énième, et sans doute ultime, retour au giallo qui intègre, dans son intitulé même, la couleur cette fois-ci cisalpine du polar (le noir), et réinscrit la figure de l'enfant (un jeune garçon d'origine chinoise), non pas dans le passé mais dans le présent de la diégèse.

Quoi qu'il en soit de la carrière argentienne prise dans son empan (et sur laquelle les occasions de revenir ne manqueront pas au cours du présent ouvrage), il reste qu'entre l'Antonioni auréolé de *Blow-up* et l'Argento « néophyte » de *L'Oiseau au plumage de cristal* se sera immiscé le Tinto Brass singulier d'*En cinquième vitesse* et son jeu anarchique avec les images. S'y lit pourtant déjà en creux – à travers le protagoniste incarné par Trintignant dont la mort, à défaut d'être un suicide, résulte à la fois d'un défi (« Tire ! ») et d'un déni (« Tu en es incapable ») – une certaine empreinte mélancolique, dont on verra plus loin qu'elle est peut-être inhérente à ce que le genre possède, et a produit, de meilleur.

LA MORT A PONDU UN ŒUF (GIULIO QUESTI) : ÉCLOSION DE L'EXCÈS, ENTRE GROTESQUE ET CRITIQUE SOCIALE

Mise à part la noirceur du propos et du traitement, *La Mort a pondu un œuf* (1968) de Giulio Questi n'inclut guère la teinte correspondante dans son spectre chromatique, contrairement au film de Tinto Brass avec lequel il partage pourtant plus d'un trait, dont la forme expérimentale, l'influence de la Nouvelle Vague française et deux acteurs principaux.

Trintignant et Aulin interprètent ainsi les rôles respectifs de Marco (un éleveur de poulets en batterie) et de sa nièce (et amante), l'intrigante Gabrielle. Vient s'ajouter à eux, dans le rôle d'Anna, l'épouse de Marco, et en un contre-emploi saisissant qui participe d'une certaine *kitschisation* du genre, la déjà célébrissime Gina Lollobrigida, plutôt abonnée jusque-là aux comédies néo-réalistes « roses » telles *Pain, Amour et Fantaisie* de Luigi Comencini. Pour ne pas être explicite ou « graphique », la composante *fumetti* n'est pas non plus totalement absente de l'unique *giallo* (autre point commun avec Brass) de Questi. Trop tôt confiné à une activité télévisuelle par manque de reconnaissance de son œuvre cinématographique, dérangeante et idiosyncrasique, il n'en a pas moins subverti le cadre générique de ce *filone* naissant, comme il l'avait déjà fait pour le western spaghetti (*Tire encore si tu peux*, son premier métrage devenu depuis culte) et le fera plus tard avec ce qui fut peut-être son domaine de prédilection, le fantastique à tendance gothique (*Arcana*)[8].

Dans *La Mort a pondu un œuf*, l'esprit, à défaut de la lettre, des *fumetti* perce surtout par le truchement d'un très singulier mode de l'excès, en l'espèce audio-visuel, qui se démarque de l'hyperbole propre au genre, la production « questienne » s'en trouvant, en définitive, autant éloignée que du cinéma officiel (à la réserve de certains films de Fellini, lui-même dessinateur professionnel, sur qui l'influence de l'esthétique du *fumetto* n'est plus à souligner). De manière révélatrice, l'inscription de tropes qu'Argento et ses épigones rendront bientôt consubstantiels au *filone* sert, dès l'ouverture du film, bien plutôt de leurre ou de trompe-l'œil. Dans un motel anonyme en bord d'autoroute, où séjournent aussi un homme sur le point de se suicider par asphyxie et un autre aux penchants voyeuristes (ce dernier, amené à jour un rôle bien plus manipulateur dans la suite de l'intrigue, étant dès lors apparenté à un relais diégétique et herméneutique du spectateur vis-à-vis de la scène à venir), Marco semble *a priori* incarner le prototype giallesque du psychopathe ou du maniaque sexuel. C'est ainsi que, les mains gantées de cuir noir, il extrait d'une mallette de même couleur ses instruments fétich(ist)es de « torture », avant de poignarder avec un acharnement féroce la prostituée dont il s'est assuré les services. À ce détail près que le rituel s'avèrera *in fine*

8 Voir aussi, en amont, le très remarquable et poesque *Il passo*, au sein du film à sketches *Amori pericolosi*, et, en aval, les séduisantes adaptations d'E. T. A. Hoffmann pour la télévision (*L'uomo della sabbia* ; *Vampirismus*).

n'être qu'un simulacre (de passage à l'acte), qu'un pur dispositif érotico-sadique anticipant à sa manière les jeux pervers auxquels s'adonneront le nouveau chef du bureau politique de la *Questura* et sa maîtresse, Augusta Terzi, au cours de certains flash-backs d'*Enquête sur un citoyen au-dessus de tout soupçon* d'Elio Petri. Lors d'une scène similaire ultérieure, le Marco de *La Mort a pondu un œuf* tranche la gorge d'une autre « victime », puis badigeonne le miroir de la chambre du sang qui macule ses gants (rouge vermillon sur noir charbonneux) (Fig. 4). « Ce n'est pas du sang, c'est du rouge », pour reprendre une formule de Godard à propos de son *Week-end* : la lame de rasoir n'était que le pinceau d'un flacon de vernis à ongle, tout comme Marco avait d'abord utilisé un rouge à lèvres pour zébrer le dos laiteux de sa victime ligotée et bâillonnée sur le lit. On sait que les tueurs de Dario Argento s'en tiendront le plus souvent à leurs « panoplies » personnelles pour accomplir leurs forfaits, quitte à utiliser, comme l'écrivain de romans policiers Peter Neal dans une séquence mémorable de *Ténèbres*, peut-être préfigurée par le moment « questien » en question, un vulgaire accessoire de cinéma (en l'occurrence, un rasoir truqué et du faux sang) pour contrefaire un suicide. Le « simulateur » de Giulio Questi pioche, lui, non pas dans son attaché-case, mais dans le sac à mains de sa vénale « partenaire de jeu ».

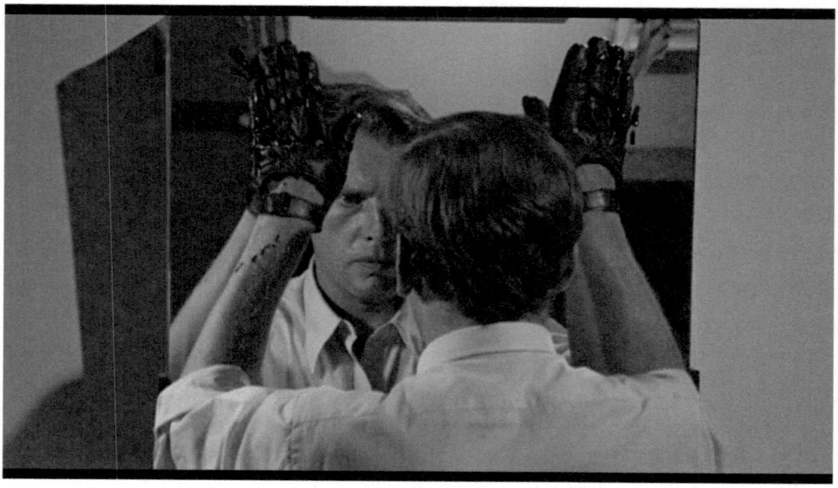

FIG. 4 – Giulio Questi, *La Mort a pondu un œuf*, 1968.

Au-delà d'une thématique et d'une mécanique scénaristique communes à nombre de *gialli* de l'époque (machination et double jeu aux fins de captation d'un héritage, avec rebondissement final), s'évertuant, tels *L'adorable corps de Deborah* de Romolo Guerrieri, ou *Une folle envie d'aimer* et *Si douces, si perverses* d'Umberto Lenzi, tantôt à reproduire la recette et le succès des *Diaboliques* de Clouzot, tantôt à démarquer les trouvailles hitchcockiennes, les violents fantasmes sadomasochistes du *giallo* de Questi constituent, somme toute, la seule véritable concession à la signalétique et à la scénographie du genre. Par la suite, les exemples de déviance psychosexuelle seront pléthore, bien que dénués pour la plupart du mordant sarcastique propre à Giulio Questi. Épouse au foyer mi-refoulée mi-névrosée, l'héroïne de *Photo interdite d'une bourgeoise* de Luciano Ercoli s'humilie ainsi jusqu'à devenir l'esclave « corps et âme » d'un maître-chanteur. Dans *L'étrange vice de madame Wardh* de Sergio Martino se rejoue une dynamique pervertie entre Julie, riche héritière et épouse de diplomate, et Jean, son ancien amant, cruel et violent. *À la recherche du plaisir* de Silvio Amadio met en scène un couple de débauchés machiavéliques adeptes de jeux sadiques, même si le visionnage, lors d'une soirée libertine et dès la première demi-heure, d'une version amateur « coquine » d'un Petit Chaperon Rouge d'abord violenté, puis insatiable, fait rétrospectivement figure de quasi-bluette. Non content de présenter en pré-générique l'étranglement fatal, aux mains d'une dominatrice délibérément trop zélée, d'un esthète masochiste décadent dans son appartement orientalisant, *E tanta paura* de Paolo Cavara incorpore dans sa trame un film d'animation pornographique de type *bondage* consommé par un aréopage de notables dissolus en prélude à des dépravations encore plus « sérieuses », selon le mot du maître de céans. Dans *Opéra* de Dario Argento, les exactions du tueur au présent de l'action sont le fruit corrompu de son rapport dénaturé avec la mère de Betty dont les *desiderata* impérieux lui imposaient par le passé de supplicier et de supprimer d'innocentes jeunes femmes. Quant aux « post-gialli » d'Hélène Cattet et de Bruno Forzani, *Amer* et *L'étrange couleur des larmes de ton corps*, ils s'attachent, non sans brio visuel, à fétichiser la quintessence « S&M » du *filone*. Cela posé, les pulsions et les pratiques du Marco de *La Mort a pondu un œuf* ne sont pas non plus sans résonner avec les rites tout aussi pervers auxquels se livrait, un an auparavant, le même Jean-Louis Trintignant en compagnie d'une fille de joie d'Anvers (jouée par la jeune Marie-France Pisier) qu'il finira, lui, par étrangler tout à fait, si tant est que l'on puisse faire le départ du réel et du fantasmatique sous les retors effets de mise en abyme définissant ce film-clé de la modernité et de l'avant-garde cinématographiques que fut *Trans-Europ-Express* d'Alain Robbe-Grillet.

Pour en revenir plus précisément à l'excès, notons qu'il serait d'autant plus loisible de le relier à la notion plus spécifiquement bataillienne de *dépense* que Questi ne fit jamais mystère de sa fervente admiration pour l'auteur de *La Part maudite*. L'affinité serait toutefois à chercher moins dans le sens de l'érotisme ou du sacré que dans une dimension politique, à condition de considérer la lutte des classes en réponse non plus au fascisme, comme chez Georges Bataille, mais au capitalisme, comme on va le voir. Aussi l'excès/dépense n'est-il/elle pas, dans sa singularité, que d'ordre comportemental ou libidinal dans le giallo de Questi. Confectionnée par le compositeur et chef d'orchestre Bruno Maderna, innervée tantôt de free jazz, tantôt de guitare brésilienne ou flamenco (notamment pour la « stimulation » des poulets), la bande sonore discordante et atonale se situe, par exemple, aux antipodes des musiques d'un Ennio Morricone, d'un Bruno Nicolai ou d'un Riz Ortolani qui sont à la veille de régner sur le genre. Elle est aussi, dans sa modalité insistante et saturante, au diapason (encore qu'il s'agisse plutôt ici d'accord cacophonique !) du kaléidoscope des images et de la fragmentation de la narration. En sus de co-signer le scénario, le trop tôt disparu Franco Arcalli, collaborateur fréquent et ami proche de Giulio Questi qui travailla aussi pour Antonioni et Bertolucci, a fourni un montage particulièrement frénétique et volontiers surréel. Le découpage des dix premières minutes est, en ce sens, programmatique, qui à l'imagerie médicale de teinte sépia du générique (circulation sanguine, division cellulaire, reproduction embryonnaire) fait se succéder une autre forme visuelle, à présent géométrique, de flux et d'abstraction combinés (entrecroisement du réseau autoroutier et parallélisme des lamelles de store vénitien). Interviendront ensuite la première scène de faux meurtre déjà évoquée, le retour de Marco à son domicile (avec force effets de zoom sur les panneaux publicitaires aux couleurs criardes bordant son parcours sur l'*autostrada*) et, enfin, une séance de photos improvisée en compagnie d'Anna et de Gabrielle, au beau milieu de la volaille.

De prime abord, la *portée* chromatique semble, toutefois, bien moins appuyée que dans le giallo de Tinto Brass, sinon peut-être autour de l'emblème gallinacé. Les plans et séquences centrés sur le poulailler industriel automatisé dirigé par Marco et Anna baignent, par exemple, dans une blancheur surexposée et aseptisée. D'où une impression de déshumanisation, de stérilité même (jouissif paradoxe dans un contexte de (re)production optimisée !), que seule vient égayer la tenue bariolée de l'affriolante Gabrielle. Reste la couvée de spécimens mutants dépourvus de tête comme d'ailes, masses opalines veinés de rouge et de mauve… Anna et le chimiste se réjouissent de cette avancée décisive, toute contingente soit-elle, dans la recherche *expérimentale* (serait-ce en écho implicite et ironique à la nature même du film ?) et, partant, dans la course sans frein au profit qui sous-tend la modernité (hyper)capitaliste du film. Marco y voit au contraire une répugnante « monstruosité » qu'il finira par pulvériser à l'aide d'une barre d'acier, en déployant la même brutalité rageuse qui l'anime au cours de ses jeux de rôle tarifés. Il va de soi que la symbolique ou l'iconographie galliforme est, quant à elle, omniprésente, que ce soit en couleurs ou en monochrome. Qu'on en juge, sur le premier versant, par cette croûte criarde représentant une poule et un coq fièrement accrochée derrière le bureau du président d'un consortium (« l'Association »), lequel rêve d'imposer le poulet dans chaque foyer en faisant un usage politique de la publicité. Ou encore par les posters naïfs conçus par le publicitaire Mondaini dans le cadre d'une métamorphose du poulet au titre d'« acteur principal de notre civilisation », confie-t-il sans rire, après « des siècles d'obscurantisme » l'ayant « exil[é] à la campagne ». Ainsi, du poulet-docteur au poulet-soldat en passant par l'ingénieur, le bureaucrate et le technocrate, et même le play-boy, aboutit-on, au rebours des rôles genrés, à un poulet maternel, « protecteur de la famille »… Quant aux touches noires et/ou blanches, on aura noté le contraste créé, sur le bureau de Marco, non seulement par sa mallette noire et une grosse lampe blanche ovoïde (Fig. 5), mais encore par les deux boules blanches posées sur le feutre du billard, ainsi que les trois reproductions aux murs : planche anatomique de la poule et combat de coqs encadrant un tableau, plus stylisé et en couleurs, de deux volatiles entrelacés dans le goût du « Cubist Bird » (1966) de l'artiste afro-américain Sargent Claude Johnson.

FIG. 5 – Giulio Questi, *La Mort a pondu un œuf*, 1968.

Les exemples susmentionnés illustrent assez combien graphisme et chromatisme participent d'une charge caricaturale et grotesque, qui fait aussi la patte de Giulio Questi. Et ce, peut-être moins sur le modèle des *fumetti* que dans la veine de… Hergé et son *Tintin en Amérique*, dénonciation en règle de l'*American way of life* des années 1920-1930 (modernisme, gangstérisme, taylorisme, traitement inique des peuples amérindiens), dont une planche mémorable nous montre une exploitation dernier cri où des bœufs sur tapis roulant ressortent d'une machine sous forme de conserves de *corned beef* ou de saucisses. Un portillon trafiqué cédant sous son poids, Tintin est précipité dans les immenses malaxeurs et manque de connaître le même sort que les infortunés bovins. Comment ne pas faire le rapprochement avec le destin ultime du Marco de *La Mort a pondu un œuf*, chutant de même, mais mortellement, depuis une rambarde (qu'il avait au préalable sciée pour piéger sa femme), dans les broyeurs de son usine ? Ainsi finit-il, tout comme son chien Black qui l'y avait précédé accidentellement quelque temps auparavant, en graines dans la mangeoire de ses poulets… Tout au long du film, un humour noir grinçant associé à une esthétique avant-gardiste véhicule une critique socio-politique acerbe et prend pour cible une dystopie capitaliste marchande, une collusion de la science et de la rentabilité économique, une dévaluation de l'art en machine promotionnelle ou en instrument de propagande, une corruption du progrès en asservissement (exploitation de l'animal par l'homme comme de l'homme par l'homme). Voilà qui tranche résolument sur la majorité de la production giallesque en amont comme en aval, même si certains films sauront tout au moins absorber et réverbérer une part du *zeitgeist* sociétal (on le constatera particulièrement avec les *anni di piombo* de la décennie suivante). Au risque de schématiser quelque peu, on pourrait dire que le genre tend, au mieux, à se montrer indifférent au questionnement idéologique, au pire à s'enlever sur un fond réactionnaire plus ou moins avoué, lequel se fera, du reste, encore plus présent et prégnant dans le *poliziottesco*, notamment sur son versant *vigilitantiste* ou justicier. Le plus souvent, le giallo joue volontiers de l'ambiguïté ou de l'amalgame, quand il ne verse pas dans une franche incohérence (entre conservatisme et libertarisme) au regard des « sujets d'actualité » : consumérisme ; libération ou décadence, c'est selon, des mœurs ; prostitution ; pédophilie ; consommation de drogues ; corruption d'une oligarchie dominante, et *tutti quanti*. Force est de constater, pour s'en tenir à cette phase giallesque débutante, qu'un film comme *En cinquième vitesse* de Tinto Brass, aussi inventivement ludique et visuellement flamboyant soit-il, est largement dénué – mais faut-il seulement lui en faire reproche ? – de toute analyse véritablement sociologique comme de toute conscientisation politique sérieuse, malgré une approche de place en place quasi documentaire, on l'a vu, de la contre-culture hippie.

A contrario « engagé », *La Mort a pondu un œuf* s'attaque de front, pour mieux la ridiculiser, à la rhétorique racornie et à la doxa inepte de la classe dirigeante, dont *un pane tutto di carne* (« un pain entièrement fait de viande »), formule tonitruante d'un collaborateur du conglomérat avicole visant à promouvoir le poulet comme aliment de base, que le Président s'empresse de valider[9], pourrait être l'ubuesque emblème ! D'abord silencieux observateurs derrière un grillage – comme s'ils étaient, sinon en batterie, tout au moins « parqués » comme du bétail (mais les courtiers en bourse ne faisaient-ils pas eux-mêmes songer à un élevage de basse-cour… ?), alors que, mis à pied car supplantés par l'automatisation, ils reviennent en réalité « hanter » leur lieu de travail –, les ouvriers se font bientôt revendicatifs et même vindicatifs. En témoignent des bris de vitres aux cris de « Assassins ! », « Profiteurs ! », « Les machines sont

9 Elle sera reprise plus tard par le chimiste s'extasiant devant la « merveille » du spécimen mutant qu'il tient en main : « *è tutta carne* ».

la propriété de tous ! » ou « Vous aurez affaire aux syndicats ! ». Vers la fin du film, toutefois, on les retrouve de manière imprévue, lâchant depuis des camions des centaines de poulets dans les rues, tandis que se fait entendre en voix off une parodie de harangue politique dont les slogans risibles, proférés avec des intonations fascisantes, ne sont pas sans rappeler, outre les perles du comité managérial de l'Association évoquées plus haut, l'exemple godardien, encore assez frais à l'époque, de la soirée mondaine gangrenée par un galimatias publicitaire au début de *Pierrot le fou*[10]. Ainsi s'égrène cette manière de *novlangue* augurant d'un monde et d'une visée en noir et blanc : « Le moment est venu d'ouvrir toutes les barrières internationales. Nous devons en finir avec l'incompréhension et les préjugés. Nos poulets veulent la liberté ! Et nous la leur donnerons ! Élargissons les marchés, accordons enfin aux poulets la libéralisation mondiale. »

10 On pourra déceler un autre cas de réminiscence godardienne, à savoir le carnage automobile de *Week-end*, dans une série d'inserts stroboscopiques d'un tragique accident de la route (voiture retournée en feu et passagère ensanglantée) dont furent victimes les parents de la jeune Gabrielle.

TOUTES LES COULEURS DU NOIR ET BLANC

MARIO BAVA : LA « RAGAZZA » (*LA FILLE QUI EN SAVAIT TROP*) AVANT LES « DONNE » (*SIX FEMMES POUR L'ASSASSIN*)

Nous avons vu, avec les exemples de Tinto Brass et de Giulio Questi, une explosion de couleurs primaires, dont on fait communément un trait consubstantiel, sinon définitoire, du giallo tel qu'a notamment pu l'infléchir un Dario Argento, à cent lieues du monochrome en vigueur, pour des questions tant techniques qu'esthétiques, jusqu'au début des années 1960 pour les thrillers transalpins comme pour ceux, outre-Manche, de la Hammer[1], la matrice du *Psychose* d'Alfred Hitchcock faisant à la ronde d'innombrables émules. Ce serait là tout le sens, chez le créateur incontesté du genre qu'est Mario Bava, du « saut », à une petite année d'écart, de *La Fille qui en savait trop* (*La ragazza che sapeva troppo*) à *Six femmes pour l'assassin* (*Sei donne per l'assassino*). On passe ainsi d'un proto-giallo en noir et blanc[2] expressionniste, encore imprégné de film noir américain, de suspense hitchcockien et de *krimis* allemands, où les touches d'humour et de « roucoulade », davantage encore dans le montage AIP que dans la version italienne, sont fréquentes, à un giallo en couleurs fondateur, centré sur une mécanique implacable, à la fois dégraissée et « spectaculaire », de la violence, réduisant à la portion

---

1 Citons notamment deux films scénarisés par Jimmy Sangster et réalisés par Freddie Francis : *Paranoïaque* et *Meurtre par procuration.* Il va de soi que ce noir et blanc dépeignant des situations contemporaines s'inscrivait à contre-courant de l'esthétique gothique dominante des studios britanniques de l'époque, résolument en Technicolor dans son entreprise de dépoussiérage des Universal Monsters des années 1930, ces derniers reprenant ainsi des couleurs, si l'on ose dire.

2 C'est aussi l'ultime métrage de Mario Bava en noir et blanc, tous genres confondus.

congrue, quand elle ne les éclipse pas tout de bon, causalité narrative et motivation psychologique. À noter que les titres, traduits en l'occurrence littéralement de l'italien, opèrent en outre une réorientation de la figure féminine. D'*agente* individualisée (plus investigatrice, narrativement parlant, que détentrice d'un « savoir » ou d'informations), elle devient victime toute désignée (un objet servant une fonction unique), qui plus est démultipliée et donc dépersonnalisée, ce qui là encore, préfigure l'évolution du genre. Comme s'il en était allé, de *ragazza* à *donne*, de quelque processus de *maturation* pervers, assorti d'un décompte macabre ouvrant la voie au sous-genre du *body count*. À moins que l'on ne préfère faire de « la perte de la virginité » d'une jeune ingénue « partagée entre la curiosité et la peur[3] » , comme entre le symbolisme phallique du couteau et les avances insistantes de son prétendant, l'authentique sujet de *La Fille qui en savait trop*... Au vrai, le statut proprement giallesque de ce film a toujours plus ou moins fait débat, en dépit de l'introduction de tropes qui feront florès à la décennie suivante. À commencer par un personnage étranger, emblématiquement américain, fraîchement débarqué en Italie (d'où une composante touristique du récit), se métamorphosant, au gré des circonstances, en enquêteur amateur, tout en butant sur des difficultés d'ordre herméneutique (le souvenir obsédant d'un détail ou d'une scène dont le sens exact échappe). Ajoutons-y les objets du quotidien – téléphone (coups de fils anonymes, voix « androgyne » ou masquée), machine à écrire (déjà magistralement « mise en scène » par Clouzot dans *Les Diaboliques*), magnétophone à bande (propice aux effets de hantise, de désincarnation ou de résurrection) – utilisés aux fins d'angoisse et de suspense. Il n'est pas jusqu'au motif, usé jusqu'à la corde dans les gialli des années 70, du prêtre criminel qui ne soit ici préfiguré par l'apparition ultime d'un séminariste, coupable d'un péché certes bien véniel : il ramasse furtivement le paquet de cigarettes dont l'héroïne, Nora, vient de se délester et dont il ne peut savoir qu'elles sont coupées de marijuana. Il vaudrait enfin de mentionner des *topoï* à la fois physiques et rhétoriques : plans nocturnes de Rome, avec une prédilection pour les places désertes qui ne sera pas sans influencer le Dario Argento des *Frissons de l'angoisse* ou

3 Jérôme Caulandre, « *La Fille qui en savait trop* », *Midi-minuit fantastique* n° 9, juillet 1964. Texte repris dans Michel Caen & Nicolas Stanzick (dir.), *Midi-minuit fantastique* vol. 2, Aix-en-Provence, Rouge Profond, 2015, p. 559.

de *Suspiria* ; caractère hypnotique mais aussi potentiellement anxiogène des bâtiments de style Art Nouveau de la piazza Mincio au centre du Quartiere Coppedè dont derechef Argento (dans *L'Oiseau au plumage de cristal* et *Inferno*), ainsi que le Francesco Barilli du *Parfum de la dame en noir*, sauront se souvenir.

Une question, pour autant, demeure : peut-on véritablement parler de giallo en présence d'une pellicule noir et blanc ? À titre de comparaison, considérons ce devancier germanique qu'est le *krimi*. Il met en place une première codification (visage dissimulé du tueur, pour privilégier ses mains, volontiers revêtues de gants noirs ; usage d'armes blanches ou non-conventionnelles, etc.) largement reprise par les réalisateurs de gialli qui émousseront toutefois le pan comique tout en aiguisant l'érotisme. Sa fortune sur les écrans italiens explique pour partie l'influence indéniable qu'il exerça sur l'éclosion de son homologue *all'italiana*[4]. Or, abstraction faite des crédits, le dit *krimi* ne se convertit à la couleur qu'à partir de 1967, avec *Le Moine au fouet* mis en scène par le pilier du genre à la Rialto, Alfred Vohrer. Quant à Mario Bava, force est de constater que si, sur une vingtaine de longs métrages qu'il a pleinement réalisés, seuls *Le Masque du démon* et *La Fille qui en savait trop* sont en noir et blanc, l'un comme l'autre de ces deux films constituent, au-delà même de la filmographie du cinéaste romain, un tournant important dans l'histoire des *filoni* concernés. Le premier est indiscutablement le dernier chef-d'œuvre du fantastique gothique en monochrome. Avant la codification générique et la débauche chromatique mises en exergue par *Six femmes pour l'assassin*, le second, on l'a dit, s'apparente à un « giallo zéro », dont l'insuccès en salle à sa sortie, d'un côté comme de l'autre de l'Atlantique, serait justement imputable à une désaffection croissante du public pour l'usage du noir et blanc dans un cadre contemporain (en l'occurrence, la Rome de 1962, hauts lieux touristiques bien compris). Est-ce dès lors un hasard si, dès

4 Curieusement, rares sont les études critiques portant spécifiquement sur la filiation entre *krimi* et *giallo*, pourtant assez rectiligne et manifeste, l'un étant comme l'antichambre de l'autre. À titre de seul exemple, même un giallo « non-précoce » tel que *Mais… qu'avez-vous fait à Solange* de Massimo Dallamano est librement inspiré d'un roman d'Edgar Wallace (*Les deux épingles*, 1923) et co-produit par la Rialto (principale pourvoyeuse de *krimis* dans les années 1960 et déjà co-productrice de *L'Oiseau au cristal de plumage*). Au surplus, son action se déroule à Londres et se glissent, parmi les principaux rôles, des acteurs aussi emblématiques du *krimi* que Joachim Fuchsberger et, dans une moindre mesure, Karin Baal.

les toutes premières minutes de *Six femmes pour l'assassin*, une lumière expressionniste papillotante saisit nocturnement la victime inaugurale, Isabella, dans la profondeur de champ d'un plan fixe et la fait passer – tandis qu'elle chemine, depuis son fond vers l'avant de l'image, sous une majestueuse canopée d'arbres dont se pare le parc de la maison de couture « Christian » – de la couleur au noir-et-blanc, selon que les becs de gaz longeant l'allée rectiligne éclaire son imperméable rouge vif ou qu'elle se trouve réduite à une ténébreuse silhouette dans les zones d'ombre intercalaires (Fig. 6) ? Le tueur qui l'attend en embuscade revêt, lui, un accoutrement résolument exempt de couleurs dont il ne se départira pas par la suite : mackintosh et feutre noirs, visage recouvert d'un bas écru.

FIG. 6 – Mario Bava, *Six Femmes pour l'assassin*, 1964.

Au cours de la période d'inchoation ou d'incubation du giallo mise en branle par *La Fille qui en savait trop*, deux films en noir et blanc de 1965 méritent d'autant plus qu'on s'y attarde qu'ils n'ont guère retenu l'attention de la critique jusqu'à présent et que, tout en étant dissemblables entre eux sur un plan tant narratif qu'esthétique, ils tissent l'un et l'autre des liens avec l'œuvre pionnière de Bava. Il s'agit, d'une part, de *Libido* d'Ernesto Gastaldi, inépuisable pourvoyeur de scénarios de gialli[5] et de films d'horreur, dont c'est ici la première et l'une des rares réalisations, sous les espèces d'un huis clos sous influence explicitement « gothique », à l'instar d'*Assassino senza volto* réalisé un an plus tard par Angelo Dorigo, d'après une pièce du même Gastaldi. Et, d'autre part, de *La donna del lago* de Luigi Bazzoni, premier long métrage d'une carrière contrariée (à l'image de celle de Giulio Questi, qui, autre coïncidence, signa la version scénaristique initiale de ce film), où Valentina Cortese, actrice auréolée de sa participation à nombre de *telefoni bianchi* et, plus encore, d'une prestigieuse expérience hollywoodienne, incarne une Irma effacée qui finit par tuer père, frère et belle-sœur pour éviter un scandale familial. Deux ans plus tôt, elle tenait déjà chez Bava le rôle de la criminelle dite « à l'alphabet » pour les blocs de lettres en bois (aux fins d'apprentissage) que celle-ci conserve fétichistement parmi des coupures de presse relatant ses exactions. Était ainsi esquissé, avant l'entrée en jeu de la scène primitive, un premier trait d'union entre violence meurtrière et monde de l'enfance.

PALETTE PRIMAIRE DE LA SCÈNE PRIMITIVE : *LIBIDO* (ERNESTO GASTALDI ET VITTORIO SALERNO) EN PRÉCURSEUR DE DARIO ARGENTO

Bien que sa mécanique et sa thématique « baviennes[6] » soutiennent mal la comparaison avec son modèle, le film que Gastaldi (assisté de Vittorio Salerno) réalise en 1965 intéresse pour l'inflexion psychanalytique suggérée par son intitulé : *Libido*. Une telle orientation s'inspire librement du précédent hitchcockien – de *L'Ombre d'un doute* et *La Maison du docteur Edwardes* à *Psychose* et *Pas de printemps pour Marnie*

5 Et ce, à compter de la période de transition qui nous concerne ici, avec *Les Nuits de l'épouvante* d'Elio Scardamaglia (autre exemple d'hybridation avec l'horreur gothique), *L'adorable corps de Deborah* de Romolo Guerrieri (déjà cité), et *Si douces, si perverses* d'Umberto Lenzi (giallo mâtinant de psychédélisme une intrigue à base de machination).

6 Le rapprochement vaut peut-être davantage pour la production gothique du maestro que pour ses gialli, sinon par anticipation (on songera notamment à *Une Hache pour la lune de miel* ou à *L'Île de l'épouvante*, tous deux sortis en 1970, le premier ne ressortissant que marginalement au genre).

en passant par *Sueurs froides* – et aura tôt fait de s'ossifier en véritable poncif du genre. Dès le seuil, une longue citation non référencée de Freud[7] définit le mot-titre, sur fond de vagues marines qu'on imagine vouloir symboliser l'inconscient. Elle est immédiatement suivie d'une scène qu'il ne serait pas abusif de qualifier de doublement « primitive », s'agissant, d'une part, d'un tableau sexuel « archaïque » s'apparentant à la *Urszene* dégagé par Freud à partir du cas de « l'homme aux loups », et, d'autre part, d'un pré-générique, qui, on va le voir, s'épanche et se poursuit dans le générique ainsi que les tout premiers plans de la séquence d'ouverture proprement dite. Tâchons de démêler le détail de cet *incipit*. Prélude à une modulation musicale entre ancien et moderne ponctuant tout le film, une ritournelle enfantine (qui pourra lointainement évoquer le leitmotiv principal, dû à Maurice Jarre, des *Yeux sans visage* de Georges Franju, une co-production avec l'Italie sortie cinq ans auparavant) s'échappe d'une boîte à musique. Le motif se fera récurrent chez Mario Bava (qui l'emprunte possiblement à *La Vie criminelle d'Archibald de la Cruz* de Luis Buñuel), Dario Argento et bien d'autres praticiens du genre encore. L'écrin est ici surmonté d'un petit personnage virevoltant à haut de forme, sorte de croisement entre Jiminy Cricket et Mr. Peanut… Un jeune garçon écoute sagement la lancinante mélodie dans l'apparente quiétude d'une demeure cossue, quand éclatent à l'étage les cris d'une femme suppliciée. C'est un contre-champ faisant suite au *snap zoom* sur les yeux écarquillés de l'enfant parvenu en haut de l'escalier, le coffret musical serré contre sa poitrine (Fig. 7), qui nous révèle le térébrant spectacle dont il est le malheureux témoin. Retenue par des cordes sur un lit, une blonde revêtue d'une peau de léopard se débat en hurlant ; son image se trouve réfractée dans une chambre aux allures d'effrayante galerie des glaces (Fig. 8), avant d'être gelée avec incrustation du titre. Le générique alors lancé se compose, de bout en bout, d'arrêts sur image des impuissantes contorsions de l'inconnue ligotée. Nouvel effet prismatique ou kaléidoscopique de vues plus ou moins floues, plus ou moins tronquées, elles-mêmes prises entre élan et stase, à la fois agitées et ficelées…

---

7 Correspondant au moment important de l'élaboration de la seconde topique, elle émane en fait de *Psychologie des masses et analyse du moi* (1921).

FIG. 7 – Ernesto Gastaldi & Vittorio Salerno, *Libido*, 1965.

FIG. 8 – Ernesto Gastaldi & Vittorio Salerno, *Libido*, 1965.

De manière saisissante, après un très furtif fondu au noir concluant le générique, la scène primaire se prolonge par le plan d'une main ensanglantée, puis de la section médiane d'un corps d'homme (il s'agit du père) passant devant le garçon dont le regard se porte à nouveau vers la porte entrebâillée de la chambre où gît le corps de la femme, les yeux à présent grand ouverts et sans vie. À croire que le meurtre hors champ de la victime se serait en quelque sorte déroulé lors du « hiatus » du générique. Un dialogue muet en forme d'effarement mutuel semble brièvement s'instaurer entre les visages en gros plan des deux personnages, avant qu'un fondu enchaîné ne nous conduise – enfin, pourrait-on dire – au présent du récit en reliant les prunelles de l'enfant à celles de l'adulte qu'il est devenu (ce dernier étant interprété par le talentueux Giancarlo Giannini, dont c'est ici le premier grand rôle). Le réseau scopique et traumatique ainsi tissé vaut aussi pour hantise de la transmission du vice ou du péché paternel, mécanisme gothique par excellence. L'effet de bouclage de l'épilogue semble, au reste, entériner pareille « malédiction » par retour au trauma originel, ou plutôt par recréation de la dramaturgie sadienne de la scène primitive. Après avoir semble-t-il étranglé la jeune Brigitte (blonde en apparence écervelée qui cache une machiavélique intrigante n'ayant pas hésité, nantie de gants d'opéra de cuir noir, à éliminer son compagnon et sa complice), Christian se rend sur la falaise, tenant en main sa boîte à musique fétiche, pour se jeter dans les flots. Ne retentissent plus que les vaines suppliques et les vociférations terrifiées de Brigitte, bel et bien en vie, mais en très éphémère sursis. Les plans conclusifs nous la montrent écartelée et ligotée sur le lit « paternel », une couverture en faux léopard peinant à couvrir sa nudité, tout comme la martyre du prologue dont elle paraît être le sosie (la même actrice tient *a priori* les deux rôles).

Exemple originaire de la scène originaire (ce qu'accentue peut-être encore la monochromie), *Libido* ouvre la voie au trope de la *Urszene* freudienne qui va faire fortune dans le genre et trouver son illustration la plus accomplie dans l'œuvre de Dario Argento : *Les Frissons de l'angoisse*, *Ténèbres*, *Opéra*, *Le Sang des innocents*, *Vous aimez Hitchcock ?* et *Giallo*. Le premier de cette liste – le plus iconique aussi – présente une similitude frappante avec *Libido* par le positionnement semblablement liminaire ou « paratextuel » de la dite scène. Notons au passage que l'un des rarissimes cas de récurrence d'une telle configuration[8], à la réserve d'un basculement

8 Hors domaine italien, mentionnons deux précédents, l'un comme l'autre produits par la Hammer : *Meurtre par procuration* de Freddie Francis et *La Fille de Jack l'Éventreur* de Peter Sasdy. On pourra sur ce point consulter : Philippe Met, « Les enfants de la Hammer, entre visualité et auralité », in M. Boissonneau, G. Menegaldo & A.-M. Paquet-Deyris (dir.), *Le Studio Hammer. Laboratoire de l'horreur moderne ?*, Cadillon, Le Visage vert, 2023, p. 453-471.

du rôle infantile de témoin (comme chez Gastaldi et Argento) à victime, se trouve dans *Terreur sur la lagune* d'Antonio Bido. Ce giallo lourdement citationnel[9], à une époque où le « filon » commence à sensiblement s'épuiser, s'amorce en effet, en pré-générique, par une « saynète » aussi champêtre que crue. Deux mains enserrent le cou d'une adolescente qui se débat violemment mais au ralenti, en contrebas d'un monastère, dans l'écrin d'une campagne verdoyante et touffue. Elle finit par chuter à terre en arrachant les pages d'un bréviaire. Les crédits apparaissent alors sur fond du corps sans vie de la jeune fille, affalé dans l'herbe du pré. À la manière de *L'Oiseau au plumage de cristal*, l'imagerie de ce prologue sera ultérieurement reproduite au sein d'une étrange allégorie picturale. Propulsé de la ouate nuageuse protégeant au ciel une vierge à l'enfant, un diablotin rouge vif, mais nimbé, en toute hétérodoxie, d'un halo, fond tel un rapace sur une innocente fillette à l'avant-centre du tableau. Voilà bien qui acquerra fonction catalytique pour le protagoniste, et heuristique pour le spectateur, ce dernier pouvant y lire après coup l'image duelle du coupable, à la fois scélérat et envoyé de Dieu.

Mais revenons au *maître-étalon*. Si le titre original (*Profondo rosso*) dit assez que *Les Frissons de l'angoisse* entend s'immerger dans l'intensité de la couleur – y pénétrer et s'en pénétrer –, le film ne s'en ouvre pas moins sur une inscription minimaliste des *crediti* en lettres blanches sur fond noir, accompagnée de la musique stridente des Goblin. L'*insertion* d'une saynète aussi autonome que parasit(ant)e, aussi énigmatique qu'horrifiante, vient soudain trancher, littéralement et mimétiquement, le fil du générique. Nous voici dans un salon, cadré en plan fixe et partiel au ras du parquet, de sorte qu'on croirait presque à quelque maison de poupée. Y domine le bleu pastel d'un mur et d'une nappe, à peine rehaussé à la gauche de l'image par le rouge d'un lampadaire, à sa droite par le vert d'un sapin de Noël. Un cri perçant hachure momentanément le petit air enfantin sans paroles fredonné avec insistance sur la bande-son. Un bref théâtre d'ombres nous fait alors entrevoir un personnage en poignardant un autre, avant que, maculée de

---

9 Le film lorgne notamment vers le Bava de *La Fille qui en savait trop* et de *La Baie sanglante*, voire de *Six femmes pour l'assassin* ; l'Argento de *L'Oiseau au plumage de cristal* et de *Profondo rosso* ; l'Avati de *La Maison aux fenêtres qui rient* ; et jusqu'au Hitchcock de *Sueurs froides* pour le finale. Il se caractérise aussi par un brassage de thématiques désormais rebattues : catholicisme, pédophilie, avortement clandestin, occultisme, caste corrompue, etc. Enfin, la bande-son a été confiée aux bons soins de Stelvio Cipriani (qui avait auparavant composé la musique de gialli signés Bava, Freda, Ercoli ou Dallamano), les arrangements revenant aux Goblin déjà auréolés par leur collaboration avec Argento.

sang, l'arme du forfait ne soit jetée à terre, et que ne viennent se planter devant des jambes d'enfant, dont les souliers vernis noirs et les chaussettes montantes blanches (serait-ce en écho au bichromatisme susmentionné de la liste du générique ?) empêchent sciemment qu'on puisse déterminer son sexe (Fig. 9). Après un fondu au noir, retour des crédits et du thème phare des Goblin. À l'autre bout du film, on observera la reprise de ces mêmes éléments au générique de clôture, le lettrage blanc défilant cette fois sur le photogramme d'une flaque de sang « rouge profond », où se mire le visage inversé de Marc (Fig. 10). Ce sang, c'est celui de la criminelle Martha, décapitée *in fine* par son propre collier pris dans la cage de l'ascenseur (que Marc avait, en dernier recours, actionnée). Singulière justice poétique ou destin étrangement programmé. Car c'est la face quasi exsangue de cette même Martha, rendue blême par un grimage appuyé d'actrice d'un temps révolu[10], qui était reflétée dans un miroir accroché, parmi des tableaux de têtes « dantesques », au mur du couloir d'un appartement où un premier meurtre venait à peine d'être commis. Tel était donc l'indice-clé de l'intrigue que le protagoniste n'aura su élucider qu'en bout de course.

FIG. 9 – Dario Argento, *Les Frissons de l'angoisse*, 1975.

10 Voir les portraits noir et blanc au mur de l'appartement de Martha, extraits des rôles interprétés naguère par la grande vedette Clara Calamai, prêtant ici ses traits à la meurtrière déséquilibrée des *Frissons de l'angoisse*.

FIG. 10 – Dario Argento, *Les Frissons de l'angoisse*, 1975.

La coda *gore* des *Frissons de l'angoisse* est, en outre, précédée d'un flash-back explicatif restituant dans son intégralité la scène intrusive mais fragmentaire du générique d'ouverture. Acculée à un retour en hôpital psychiatrique préconisé par les médecins, Martha préféra s'en prendre à son mari en lui enfonçant un couteau de cuisine dans l'échine, sous les yeux mêmes de leur enfant à boucles blondes. En un ultime sursaut, le père à l'agonie parvint à jeter l'arme tachée de sang aux pieds du jeune Carlo qui s'en saisit pour le brandir lentement tel un sinistre totem tout en le fixant d'un regard transi d'effroi. Le passage du *témoin*, qui plus est emblématiquement phallique, ne va pas, de père à fils, sans quelque ironie. En lieu et place d'un pouvoir patriarcal, ou d'une pulsion sadique comme dans le film de Gastaldi, est transmis un statut inverse de victime et de dévirilisation. Pas de compulsion de répétition (ou de mimétisme), donc, chez Carlo. Plutôt un refoulement sans autre exutoire que l'alcool et un comportement sexuel qualifié de « pervers » par l'intéressé même[11], jusqu'à ce que les funestes exactions en série commises par sa mère ne l'obligent, à

11 D'« étranges goûts sexuels » (*strani gosti sessuali*), selon la piste italienne ; « une tapette » (*a faggot*), dit bien plus vulgairement la version anglaise, laissant percer la haine de soi qui taraude le personnage.

son tour, à passer à l'acte, quoique sans succès, pour tenter de la protéger. Ajoutons que le *testimone oculare*, protagoniste archétypal chez Argento, dès son premier long métrage, comme chez maint de ses héritiers, est en l'occurrence Marc, face à une scène de crime où une pièce du puzzle fait à la réflexion – et par réflexion, on l'a dit – défaut. Et non pas Carlo, face à l'effraction d'une scène primaire-meurtrière en amont ou en marge de la diégèse, faisant signe vers une trouble *enfance du récit*. On notera par ailleurs que, comparé à la situation de son ami, le rapport de Marc à la figure paternelle semble avoir été d'une tout autre nature, comme il le relate à propos de son orientation pianistique : « Mon psy dit qu'inconsciemment je haïssais mon père, et que de taper sur un clavier était pour moi comme taper sur lui[12] ».

Quant au « rituel » musical, central dans l'œuvre argentien sur un plan tant diégétique qu'extra-diégétique, il substitue à la boîte à musique de *Libido* le « lalala » d'une comptine égrenée sur un mini-magnétophone en prologue de chaque séquence de meurtre. Reprise du morceau que Carlo, enfant, mit sur le tourne-disque lors de ce funeste Noël, cette onomatopée modulée est moins une carte de visite de la mère psychopathe que le catalyseur de sa pulsion homicide au titre de métonyme du trauma originel. Il en irait de même pour ces inserts récurrents en macrophotographie de fétiches infantiles, la caméra serpentant de l'un à l'autre sur fond de feutre noir : berceau à bascule miniature ; petite poupée de laine rouge piquée d'épingles colorées comme pour quelque rite d'envoûtement vaudou (à l'exemple de la sorcière de *La longue nuit de l'exorcisme* de Lucio Fulci[13]) ; dessins d'enfant retranscrivant un assassinat sanglant ; agates multicolores ; baigneur couché sur le flanc ; diablotin rouge écarlate énucléé et tirant la langue ; couteaux à cran d'arrêt. La juxtaposition de l'innocuité et de la nocivité, de l'anodin et de l'insolite, du jeu et de la violence – ou le détournement potentiel de l'un(e) vers ou par l'autre – est gage

12 Le sous-titrage français sous-traduit les versions anglaise et italienne, où il est plus explicitement question de « briser [l]es dents » du père. En sus de sa valeur métaphorique de meurtre œdipien, la formule a pour fonction de préfigurer en sous-main un moment particulièrement féroce de la mise à mort du professeur Giordani, dont la dentition vient à plusieurs reprises heurter avec force l'angle du manteau de la cheminée, puis le coin de son bureau, avant que ne soit assené le coup de grâce (un coutelas planté droit dans sa nuque).

13 Voir *infra* l'analyse consacrée à ce film.

d'une « réponse » spectatorielle mêlée d'attirance et de répulsion. En donnait déjà un aperçu le masque de carnaval enfantin, inquiétant dans sa jovialité même, porté par l'inconnu en gants blancs de *Quatre mouches de velours gris* (Fig. 11), mitraillant de son appareil-photo une fausse (mise en) scène criminelle qu'Argento a filmée dans l'auguste enceinte du *Teatro Nuovo* de Spoleto. On comprendra rétrospectivement que sous un tel travesti se dissimulait nulle autre que Nina, l'épouse sociopathe du musicien Robert Tobias, ce dernier étant dès lors convaincu d'avoir accidentellement envoyé *ad patres* le mystérieux individu attaché sans raison à ses basques. Si ce troisième opus d'Argento ne comporte pas de scène originaire à proprement parler, le camouflage facial à la fois anonyme et puéril porté par Nina dans la scène précitée fait très probablement écho aux sévices qu'elle eut à subir, enfant justement, de la part d'un père bourreau s'acharnant, par le biais d'une maltraitance tant verbale que physique, à faire de sa fille le garçon qu'il escomptait. Le côté ignoble du personnage se renforcera encore d'être laissé résolument hors champ. Seule sa voix éructant des propos dénigrants ou avilissants retentira par deux fois au cours du film, dans le cadre de brefs inserts qui nous font passer du flou d'un album-photo à un tournoiement de la caméra (à 360 degrés et à vitesse croissante) au sein de la cellule capitonnée d'un asile psychiatrique (où Nina finira par avouer avoir été internée par son père) : « Je voulais un fils digne de ce nom, pas une lavette comme toi ! » ; « Si on te cogne, tu cognes encore plus fort. Ne te comporte pas comme une gonzesse ! Ne pleure pas ! Imbécile ! Il ne faut jamais pleurer. » En un sens symétriquement inverse, se déroulant devant une assemblée de musulmans (le plan d'ensemble étant celui de la cour en forme de quadrilatère de la Grande Mosquée de Kairouan), la scène surexposée de décollation par cimeterre qui hante les cauchemars nocturnes de Robert s'avère de nature moins anamnestique que prophétique. Suite à une collision avec un poids lourd au volant de sa voiture de sport, le film se conclut en effet par la décapitation de Nina, filmée à 36 000 images par seconde à l'aide d'une caméra Pentazet et accompagnée des accents délibérément « dissonants » et alanguis de la sorte de berceuse sans paroles due à Ennio Morricone, à laquelle Edda Dell'Orso prête sa voix de soprano que vient strier, dans un premier temps, des bris de glace et de tôles froissées.

FIG. 11 – Dario Argento, *Quatre mouches de velours gris*, 1971.

Tout en n'échappant pas, parfois, à une psychologie de comptoir qui n'est pas entacher nombre de gialli des *anni settanti*, on entrevoit ainsi déjà la nécessaire complexification (relativement à son incarnation « primitive » dans le *Libido* d'Ernesto Gastaldi) et les riches inflexions qu'aura su apporter Dario Argento au motif de la scène originaire ou du trauma infantile. C'est qu'il en retourne à la fois d'une dynamique chromatique particulière (ne se réduisant pas, on l'a vu, à la couleur, certes prépondérante, du titre italien du chef-d'œuvre argentien), mais aussi d'une théâtralité ou d'une spectacularité chères au cinéaste, comme le soulignait déjà l'exemple de *Quatre mouches de velours gris*. À cet égard, il n'est pas anodin que l'une des toutes premières scènes des *Frissons de l'angoisse* (la tenue d'un Congrès de Parapsychologie) ait été filmée dans un autre édifice théâtral de renom, le *Teatro Carignano* de Turin, décor qu'Argento réutilisera un quart de siècle plus tard pour la scène de la ballerine étêtée dans *Le Sang des innocents*. Des rideaux rouge grenat s'écartent de manière toute « opératique » pour l'*entrée en scène* (celle-ci ne concernerait-elle techniquement que l'accès au parterre) d'une présence filmée en plan subjectif, dont on ne tarde pas à comprendre qu'il s'agit de l'« esprit pervers » détecté par la médium Helga Ullmann (interprétée par Macha Méril), flanquée de deux psychologues. Tous trois vêtus de noir (à la réserve du col blanc dépassant de la chemise des deux hommes), ces personnages trônent, eux, sur un *proscenium* de teinte uniformément carmin, à l'image du reste du lieu, que magnifient encore les dorures des balcons. Si le jeu sur le noir et blanc peut ainsi constituer un contrepoint occasionnel dans son œuvre[14], on peine à imaginer un giallo d'Argento autre qu'en couleurs – de surcroît, majoritairement primaires.

Il en irait de même pour un film plus tardif tel qu'*Opéra*, tourné pour partie au sein du *Teatro Regio* de Parme. Le giallo s'y marie à l'épouvante et le romantisme noir au sado-masochisme grand-guignolesque, tout en déployant une palette qui fait la part belle au rouge (sang ; strapontins et moquettes de l'opéra), au noir (corbeaux de compagnie du spectacle) et au blanc (les hauts de la tenue de l'héroïne « à la ville » alternant entre ces deux dernières tonalités). Tout aussi troubles et composites se révèlent les remontées de commotion psychique liées à l'enfance, le caractère en apparence aléatoire et *ex abrupto* de leur irruption dans la diégèse créant un effet de relative indétermination, voire d'inassignabilité, de la focalisation, là où le point de vue subjectif et/ou analeptique du tueur giallesque est d'ordinaire avéré, fût-ce de manière implicite. Une semblable équivoque entoure les modalités régissant les jeux de rôle macabres peuplant ces résurgences traumatisantes et dont on réalisera peu à peu qu'ils furent mis en place par la mère de Betty, une soprano débutante, à titre de préliminaires sexuels sadiques, son partenaire de l'époque n'étant autre que le tueur masqué et ganté de noir qui sévit dans l'entourage de la production du *Macbeth* de Verdi. Frappé par la ressemblance entre mère et fille, celui-ci s'aventure à reprendre du service pour le « bénéfice » visuel d'une Betty pour la circonstance bâillonnée, ligotée et forcée d'écarquiller les yeux (un alignement d'aiguilles préalablement scotchées menaçant, sinon, de lui trouer la paupière), là où naguère elle avait été le témoin horrifié des tortures et assassinats perpétrés par le même individu sur ordre de son amante – et jusqu'au meurtre de cette dernière par étranglement.

À l'orée du second millénaire, Argento réinscrit, au sein de deux nouveaux gialli (*Le Sang des innocents* et *Vous aimez Hitchcock ?*) et selon des modalités diverses, une scène originaire dont l'impact n'est plus directement criminogène en tant que tel pour celui qui en est

14 Voir aussi *supra* l'effet de miroir entre la toile macabre de *L'Oiseau au plumage de cristal* et le cliché qui la reproduit en noir et blanc.

l'infortuné *testimone*. Le premier de ces films apparie Ulisse Moretti, commissaire à la retraite et à la mémoire défaillante, avec Giacomo Gallo, jeune Turinois orphelin de sa mère sauvagement tuée sous ses yeux impuissants (et sans qu'il ait pu dévisager le coupable), alors qu'il était encore enfant, par un supposé *serial killer*. Unissant leurs efforts pour démasquer le « Nain assassin », qui semble avoir repris du service après un hiatus de dix-sept années, et ainsi panser les plaies à la fois d'un deuil inachevé et d'une promesse non tenue (Moretti s'était engagé auprès du petit Giacomo à appréhender le responsable), les deux hommes forment une « belle équipe », selon les termes de l'ex-policier : « Toi, tu te souviens, et tu ne sais pas. Moi, je sais, mais j'oublie ». Il s'agit aussi et surtout d'un lien filial : l'appelant, dès leurs retrouvailles, « *figliolo* », Moretti est un évident père de substitution pour Giacomo qui, depuis de nombreuses années, n'a pas revu son géniteur, tôt remarié après le drame. Quant au maniaque, il s'avérera être Lorenzo, ami d'enfance de Giacomo et donc précoce criminel s'inspirant au pied de la lettre – autant par naïveté que par perversion, sans doute – d'une ancienne *filastrocca* animalière[15]. Dans son autobiographie, Argento note, en outre, que, sous les traits de l'avocat Betti, Gabriele Lavia joue un rôle en quelque sorte inverse de celui qu'il tenait, un quart de siècle auparavant, dans *Les Frissons de l'angoisse* : non plus l'avatar adulte d'un enfant (Carlo) « protégé » par sa mère meurtrière, mais un père (l'avocat Betti) tentant, par l'éloignement ou l'homicide, de couvrir son « fils dérangé[16] ».

La présence de Lorenzo adulte ne se glisse pas fortuitement, dès le début du film, sous les traits non dévoilés d'un client de prostituée aux penchants déviants. D'abord, en ombre chinoise au mur de la chambre ; ensuite, comme masse informe recroquevillée sous les draps du lit en position fœtale, chantonnant tout bas « J'en ai tuées tellement, et on ne m'attrapera jamais… » ; enfin, en caméra subjective, lorsqu'il se lève en grognant pour aller se poster à la fenêtre. L'inopiné *regressus ad uterum* que figure le corps du *sadico* mis en boule sous les draps ne fait pas que métaphoriser tacitement la tension globalement rétroactive

15 Cette comptine a été en fait composée par la fille du réalisateur, Asia Argento, qui avait déjà tenu la vedette dans trois films de son père (*Trauma*, *Le Syndrome de Stendhal*, *Le Fantôme de l'opéra*) et venait alors de signer son premier long métrage, *Scarlet Diva*.

16 Dario Argento, *Peur*, Aix-en-Provence, Rouge Profond, 2018, p. 317.

du récit : retour herméneutique, dont l'un des initiateurs ne se prénomme pas pour rien Ulysse, sur un trauma originaire, impliquant une immersion dans un esprit infantile malfaisant. Il trouve aussi un prolongement immédiat, lorsque la call-girl apeurée fuit précipitamment les lieux en emportant par erreur une pochette bleue contenant les effets « très » personnels de Lorenzo (à l'exception, toutefois, de sa coutellerie rutilante sur fond de feutre rouge). On y dénombre ainsi, assorti de polaroïds macabres et de coupures de journaux sordides, un amas d'évidentes reliques de l'enfance. Ainsi de ces découpes en papier d'animaux (semblables à celles qui jonchent systématiquement les scènes de crime) et de ces dessins ou gribouillis puérils, auxquels se mêle le tapuscrit d'un giallo intitulé *La fattoria della morte* (« La ferme de la mort »), dont les toutes premières phrases rappelleront aux fidèles du *maestro* l'*incipit* du polar éponyme parcouru à l'écran et lu en voix-off au pré-générique de *Ténèbres*. Il n'est que d'ajouter les multiples échos aux *Frissons de l'angoisse* (l'enfant témoin du meurtre sanglant d'un parent ; la ville de Turin et son *Teatro Carignano* – la « banlieue Fiat » constituant, en revanche, une nouveauté ; la villa sinistre et abandonnée ; l'effrayant pantin mobile) pour concevoir que *Le Sang des innocents* fut aussi, pour Argento, une tentative de retour, à un quart de siècle de distance, non pas tant, sans doute, à *l'enfance de son art* qu'à son acmé. Et comment ne pas voir une signature auctorielle en forme de *private joke* dans cette inscription tatouée avec l'encre d'un stylo-plume (l'arme du crime) sur la main d'une des victimes : « *Sono un bambino cattivo* » (« je suis un vilain garçon »)… ?

Quant au titre original du film, *Non ho sonno* (« Je n'ai pas sommeil »), il ne renvoie pas seulement à l'ex-commissaire Moretti, sujet à des insomnies de vieil homme. Il fait également ou symétriquement poindre l'image d'un enfant rechignant à s'endormir à l'heure du coucher jusqu'à ce qu'on lui lise l'une de ces innombrables fables s'amorçant immuablement par « Il était une fois… ». À l'autre bout du film, le couple de jeunes tourtereaux formé par Giacomo et sa petite amie, Gloria, a beau survivre *in extremis* au carnage, la clausule usuelle des contes de fées (« Ils vécurent heureux… ») n'est guère de mise. Une fois n'est pas coutume, le générique de clôture ne met pas un point tout à fait final à l'action. Il défile sur des images des forces de police, suivies des experts scientifiques, investissant les lieux, au moment même où Giacomo et

Gloria, encore hébétés, les désertent, tandis que le sang continue de s'égoutter lentement du corps inanimé de Lorenzo. Pour un peu, on s'imaginerait assister au prologue, plutôt qu'à l'épilogue d'un film, n'était que s'élève impromptu, et d'entre les morts, la voix de Moretti lisant en off la dernière strophe de la comptine :

> Un nouveau jour est arrivé,
> Le fermier peut s'en aller.
> Et toutes ses armes déposées,
> Il peut enfin dormir en paix[17].

Exécuteur de comptine, le *bambino cattivo* devenu adulte tout en demeurant à la fois enfant et assassin, a fini, de même que l'insomniaque (à qui il a réglé son compte par mannequin mécanique interposé), par trouver le sommeil. Non pas celui du juste, puisqu'aussi bien il a fait couler le sang des innocents, pour reprendre le titre français du film, mais celui, éternel, de la mort – et d'une enfance, à l'image de la *filastrocca*, à jamais pervertie.

Dans *Vous aimez Hitchcock ?*, titre programmatique d'un hommage stylistique et intertextuel appuyé à l'œuvre du maître incontesté du suspense qui aura exercé une influence décisive sur le cinéaste romain à ses débuts, comme sur la plupart de ses confrères en création giallesque[18], une manière de scène originaire, dont la violence ritualisée n'est pas tout à fait dénuée de connotations sexuelles, s'infiltre dans la séquence inaugurale. Parcourant à vélo une forêt du Piedmont, dans les environs d'Asti, le tout jeune Giulio tombe sur une cabane isolée, à l'intérieur de laquelle paraît se tenir une cérémonie de magie noire. Se hissant jusqu'à une fenêtre, il aperçoit en effet deux femmes étranges, munies d'un couteau de boucher, en train d'égorger sauvagement un

17 *Ecco arriva il giorno nuovo / Il fattore si leva di torno / Li sui armi por posare / E finalmente por dormire.*

18 Voir Philippe Met, « 'Knowing Too Much' About Hitchcock : The Genesis of Italian Giallo », in R. Barton Palmer & David Boyd (dir.), *After Hitchcock : Influence, Imitation and Intertextuality*, Austin, University of Texas Press, 2006, p. 195-214. Précisons qu'en retour Hitchcock ne fut pas sans craindre, un temps, la surenchère concurrentielle provenant des artisans du giallo et alla jusqu'à projeter à la fin des années 1960, en guise de riposte, un film expérimental (titre de travail : « Kaléidoscope ») qui ne vit finalement jamais le jour, suite au veto des studios Universal, mais aurait été d'une violence et d'une crudité inédites sur les écrans américains de l'époque. La contre-culture hippie y aurait également figuré en bonne part.

coquelet dont le sang jaillit à profusion pour la plus grande délectation des deux « prêtresses » improvisées (les amateurs de gore, en revanche, en seront, par la suite, pour leurs frais, s'agissant d'un téléfilm conçu pour être diffusé par la RAI 2 à une heure de grande écoute, fût-ce avec la mention « interdit aux mineurs »). S'étant fait surprendre, le petit indiscret doit prendre la fuite, les deux furies vitupérantes à ses trousses lui promettant de lui réserver le même sort que celui subi par le volatile. Si de brefs extraits de cette séquence reviendront hanter, teintés d'un rouge cauchemardesque, le sommeil du garçon devenu étudiant (il rédige une thèse sur le cinéma expressionniste allemand), ce pré-générique a moins fonction de traumatisme fondateur que de catalyseur d'un penchant voyeuriste, d'une pulsion scopique ici naissante mais plus tard compulsive (aussi « innocente » soit-elle). Voilà qui ne peut que renvoyer, de manière générale, à l'investissement libidinal constitutif de l'expérience spectatorielle au cinéma, ou, plus spécifiquement, à un film tel que *Fenêtre sur cour*. À l'instar du personnage de Jimmy Stewart, Giulio se retrouve en effet confiné dans son appartement, la jambe dans le plâtre, après avoir espionné et pris en filature deux voisines – une blonde et une brune, comme il se doit – qu'il soupçonne d'avoir conclu un pacte dans la veine de l'échange de meurtres gouvernant l'intrigue de *L'Inconnu du Nord-Express* (*Strangers on a Train*). Muni de ses précieuses jumelles, le protagoniste immobilisé de *Vous aimez Hitchcock ?* n'en persistera pas moins dans sa frénésie de surveillance, notamment lors de la longue séquence de poursuite finale. Et ce, jusque dans la coda parachevant la stratégie auto-référentielle du film : Giulio ne peut s'empêcher d'épier la nouvelle locataire d'en face lisant, en petite tenue, un polar de la très reconnaissable collection jaune de Mondadori (*La finestra sulla notte*), puis se retournant en direction du jeune voyeur et, s'agissant d'un regard-caméra, de nous-mêmes…

LA DONNA DEL LAGO (LUIGI BAZZONI ET FRANCO ROSSELLINI) : LE CLAIR-OBSCUR DU NOIR ET BLANC

Opérons un ultime retour au noir et blanc avec *La donna del lago* (1965), premier long métrage de Luigi Bazzoni (ancien assistant de Mauro Bolognini), officiellement co-réalisé avec Franco Rossellini, futur producteur dont le rôle fut mineur, voire inexistant lors du tournage, selon plusieurs témoignages concordants. En dépit de ses accents étrangement simenoniens pour un public francophone, le film fut scénarisé à partir d'un roman éponyme (1962) de Giovanni Comisso[19] s'inspirant lui-même d'un fait divers sanglant remontant aux années 1930 et 40, aux abords du lac Alleghe (dans les Dolomites), que Mario Soldati avait déjà cherché à traduire à l'écran[20]. Aussi ne s'étonnera-t-on guère de ce que le film de Bazzoni semble évoquer par places un film antérieur de Soldati, *Malombra* (1942), tiré, lui, d'un mélodrame gothique homonyme (1881) d'Antonio Fogazzaro, et empreint d'une semblable morbidité lacustre[21]. Grâce au génie de Leonida Barboni, l'un des grands directeurs de la photographie du cinéma néo-réaliste italien[22], *La donna del lago* offre assurément, parmi les *gialli* de la première heure, l'esthétique noir et blanc la plus sophistiquée. La plus expressionniste, aussi, par son éclairage et sa recherche formelle, à l'image, là encore, du *calligrafismo* dont Soldati fut un illustre représentant.

19 Le grand poète Eugenio Montale le qualifia de « narrateur de moments », ce que l'on transposerait sans peine à Bazzoni réalisant *La Donna del lago*. Rappelons, au passage, qu'un tel processus adaptationnel se fera assez rare parmi la multitude de gialli à venir, à quelques exceptions près dont ceux de Bazzoni lui-même (analysés *infra*) : *Journée noire pour un bélier* (d'après *The Fifth Cord* de l'auteur de polars écossais, D. M. Devine), et *Le orme* (d'après la nouvelle « Las Huellas » de l'écrivain italo-argentin, Mario Fenelli).

20 Lucio Gaudino a plus récemment réalisé un polar sur le même sujet : *Segui le ombre*.

21 Il s'agit, chez Soldati, du lac de Côme. La jeune héroïne, la marquise Marina di Malombra, est interprétée par l'actrice Isa Miranda que l'on retrouvera, quelque trente ans plus tard, dans le rôle de la comtesse paralytique Federica Donati, violemment assassinée dès l'ouverture de *La Baie sanglante* de Mario Bava.

22 Pour *Journée noire pour un bélier* et *Le orme*, Bazzoni s'assurera les services d'un directeur photo tout aussi chevronné en la personne de Vittorio Storaro, chef-opérateur attitré de Bertolucci, mais également responsable de la prise de vues sur *L'Oiseau au plumage de cristal* d'Argento. Quant au montage de *La donna del lago*, il est dû à une autre sommité de l'industrie cinématographique transalpine, Nino Baragli, qui travailla avec les plus éminents réalisateurs de l'époque, dont Pier Paolo Pasolini et Sergio Leone.

En témoignent, entre autres, ces images itératives en « flash-back », tantôt granuleuses tantôt vaporeuses, tantôt sous-exposées tantôt surexposées, où le départ entre souvenir, fantasme, projection, hypothèse et rêve (voire fièvre, dans la dernière demi-heure) s'avère de plus en plus malaisé à opérer au fil des séquences et de la fiabilité décroissante de Bernard, le héros-narrateur. À l'exemple de tel récit borgésien en forme de « labyrinthe », terme que Bernard emploie d'emblée pour définir l'agencement intérieur de l'auberge en bord de lac où il est revenu séjourner, ce sont, plus largement, les confins de la réalité et de la fiction qui ne cessent de vaciller ou de s'opacifier. Au reste, le protagoniste ne fait-il pas profession d'écrivain, même si, par évitement autobiographique, le lac n'a jamais figuré, reconnaît-il, dans ses écrits ?

Luigi Bazzoni ne tournera en tout et pour tout que quatre autres longs métrages, en couleur ceux-là : deux westerns à l'italienne très singuliers et deux remarquables gialli précédemment mentionnés, *Journée noire pour un bélier* et *Le orme.* Nous verrons que l'un, « classique » tout en étant idiosyncrasique, s'inscrit, sans le redupliquer, dans la lignée de *L'Oiseau au plumage de cristal* de Dario Argento. Et que l'autre gravite aux marges ou au-delà du genre : mâtiné de science-fiction et de fantastique gothique contemporain, il est à peu près exempt de violence et d'érotisme, préférant privilégier un mouvement d'introspection, fût-il au bout du compte d'ordre schizo-paranoïde pour la protagoniste prénommée Alice. Selon d'autres modalités dictées par un mal-être tenant davantage de l'anomie sociale et du malaise existentiel propres aux personnages d'un Antonioni[23], le Bernard de *La donna del lago* s'oriente vers une quête plus ou moins obscure de soi s'originant dans l'enquête sur un(e) autre (l'imago féminine du titre et son aura quasi fabuleuse[24]), là où, par la médiation de la petite Paola, Nicole s'avère l'*alter ego* ou la projection mentale d'Alice dans *Le orme.* Chez cette dernière, le point de départ réside dans un inexplicable trou (noir) de deux petits jours dans le tissu de son existence bien rangée. Chez Bernard en proie à une double crise (carence sentimentale et stérilité créatrice[25]) l'emporte le

23 Maintes fois réitéré au cours du film, ce sentiment de vacuité intérieure, de perte des repères, d'anesthésie affective est énoncé dès le dialogue d'ouverture : « Je ne ressens plus rien. Pour moi, pour toi, pour les autres… Je me sens comme vidé. Je me sens comme fini. »

24 Il n'est pas exclu que Bazzoni ait songé à l'enchanteresse lacustre de la légende arthurienne : la fée Viviane, dite la Dame du Lac.

25 Cette dernière composante n'est pas sans préfigurer la panne d'inspiration persistante de Sam Dalmas, l'écrivain-protagoniste de *L'Oiseau au plumage de cristal.*

désir compensatoire de retrouver la femme dont il était tombé amoureux et de placer, enfin, le lac de son enfance (jusque-là absent, on l'a dit, de son œuvre) au centre de son nouveau projet d'écriture. Ce lac dont une légende locale fait le site d'une cité engloutie. « Pas facile de regarder en soi avec sincérité, hein ? », lui fait remarquer pince-sans-rire l'échotier du coin.

Pour être un coup de maître, certes méconnu, le coup d'essai de Bazzoni est-il même un giallo avant la lettre ? Il ne serait peut-être pas incongru de poser que sa teneur giallesque se résume en bonne part à un noyau aussi archétypal que succinct et tardif. À savoir, la remémoration par Mario (qu'incarne le Français Philippe Leroy dont la riche carrière se déroula, pour l'essentiel, en Italie), le fils de l'aubergiste Enrico, de la nuit où il tua la femme de chambre Tilde (interprétée par Virna Lisi, alors à l'aube d'une éphémère expérience hollywoodienne), amante au visage de madone qu'il « partageait » avec son père. En très gros plan et en haut contraste, la caméra suit Mario (dont seuls sont visibles la main et le pantalon de velours côtelé, parfois réduits à un jeu abstrait d'ombre et de lumière) gravissant d'un pas lourd l'escalier menant à la mansarde de Tilde jusqu'à ce que son corps s'encadre soudainement dans le chambranle de la porte en plan américain. S'ensuit une série de zooms instantanés, aussi brefs que brusques, sur les protagonistes du drame, la lame étincelante d'un couteau, ou encore la tête de Tilde renversée sur le lit comme après l'extase, n'était sa gorge tranchée (Fig. 12). S'apparentant à quelque cliché photographique macabre – de mode ou d'expertise médico-légale, c'est selon –, ce dernier plan est, en réalité, emprunté à un rêve antérieur de Bernard, au cours duquel Irma, la fille du tenancier des lieux, confessait avoir découvert la première le cadavre. On y verra surtout une icône par avance subsumante d'une veine telle que la développera Dario Argento, s'autorisant d'un précepte poesque selon lequel, dans la traduction que livra Baudelaire de *Philosophy of Composition*, « la mort d'une belle femme est incontestablement le plus poétique sujet du monde », le personnage ou le littérateur idéalement à même de l'exprimer ou de le traiter étant dès lors « un amant privé de son trésor[26] ». Or, tel est bien le Bernard ténébreux de *La donna del lago*, à cette réserve que l'on ignorera jusqu'au bout si, lors de son premier séjour, il avait même consommé sa passion naissante pour Tilde au-delà d'un long baiser, d'ailleurs peut-être moins

26 Edgar Allan Poe, « La Genèse d'un poème », in *Histoires grotesques et sérieuses*, Paris, Michel Lévy frères, 1871, p. 358. Poe écrit plus sobrement *bereaved lover*, soit amant éploré ou endeuillé.

remémoré que fantasmé, la caméra allant et venant autour de la nuque du héros dans le flash-back concerné, comme si elle jouait à cache-cache avec le visage de la femme dont les yeux demeurent ouverts. Signalons, enfin, qui apparaîtront peu après, quelques plans complémentaires et tout aussi fugaces, dont l'imagerie, ici discrète, voire minimaliste, est vouée à se scléroser en tropes peu ou prou métonymiques du giallo au tournant de la décennie 70 : un coutelas tenu en main ; une tête à contre-jour (sans doute celle de Mario), s'approchant de la caméra ; une main (sans doute celle de Tilde) griffant de son sang le carreau d'une croisée, motif qui se fera insistant chez Bava. Pour le reste, on estimera à bon droit que le film noir américain sert bien davantage à Bazzoni de modèle visuel, thématique et narratif, comme semblent l'établir, d'entrée de jeu, tout à la fois le pré-générique, le générique et la séquence d'ouverture.

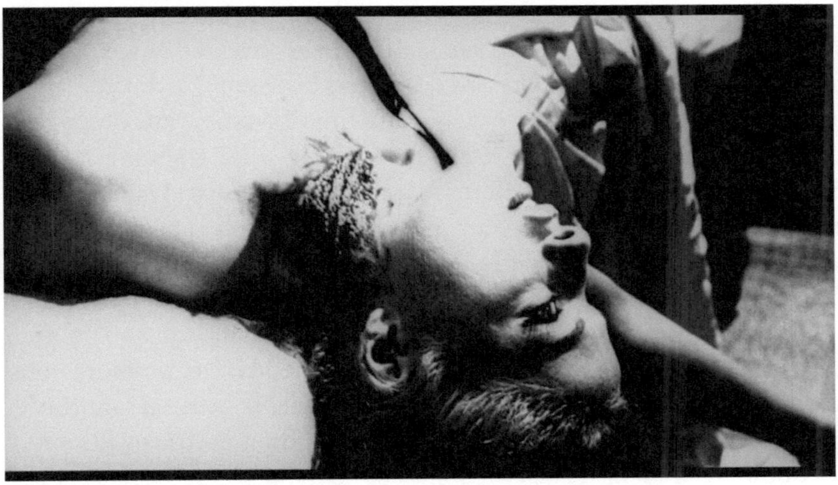

FIG. 12 – Luigi Bazzoni & Franco Rossellini, *La donna del lago*, 1965.

Le tout premier de ces segments est, certes, plutôt imprégné d'une tonalité antonionienne de la désaffection, de la lassitude et des affres de la communication, telle qu'elle s'épanouit dans la fameuse trilogie de la modernité concrétisée à l'amorce des années 1960 (*L'avventura, La Nuit* et *L'Éclipse*). Accessoirement, il fait écho à l'*incipit* d'*Ascenseur pour l'échafaud* de Louis Malle, les serments d'amour professés par Florence

(Jeanne Moreau), depuis un publiphone, à l'adresse de Julien (Maurice Ronet) constituant en quelque sorte le pendant symétriquement inverse de la rupture amoureuse initiée au préambule de *La donna del lago* par un Bernard semblablement engoncé en plan fixe dans une cabine téléphonique, même si c'est, ironiquement, son interlocutrice hors champ qui finit par raccrocher à brûle-pourpoint. Le générique, quant à lui, défile, tout comme le *Profondo rosso* de Dario Argento, en lettres blanches sur un arrière-plan intensément noir, tandis que retentit une musique typique de film noir, oppressante et de mauvaise augure[27]. Or, le fatalisme propre à ce genre est précisément *verbalisé* à la scène qui suit et embraye au sens propre un récit à la fois introspectif et rétrospectif par le biais d'une voix-off intra-diégétique, quasi sépulcrale, d'autant plus emblématique, là encore, du style « noir » qu'elle émane du protagoniste lui-même. Incarné par Peter Baldwin[28], celui n'est certes pas détective de son état, mais prosateur se faisant enquêteur au sein d'un environnement pour ainsi dire *unheimlich* : naguère familier mais devenu étrange(r). D'où que la narration prend incontinent des allures de chronique d'un désastre annoncé. Enveloppé par un paysage automno-hivernal qui, découvert par les vitres de sa voiture ou reflété sur son pare-brise, consonne avec sa propre pente mélancolique, Bernard a beau vouloir se convaincre de la normalité des choses, il n'en court pas moins droit à la catastrophe – ou « contre [s]a maladie », selon la formule (filant une métaphore psychopathologique, introduite, on l'a vu, dès le pré-générique) de son monologue intérieur. S'ensuit une mécanique de *fatum* réservant, sans qu'on s'en surprenne, une part de choix à cette figure archétypale et omniprésente du film noir qu'est la femme fatale, ici évoquée, recréée ou fantasmée par Bernard sous les traits de Tilde. Mais il faudrait encore mentionner les questions d'identité, de culpabilité et de mémoire que *La donna del lago* partage tant avec le « noir » qu'avec les gialli à venir de Bazzoni.

27 Due à Renzo Rossellini, frère cadet du fer-de-lance du néoréalisme italien, la bande-son du film n'est pas par endroits sans préfigurer celle que signa le compositeur attitré de Pupi Avati, Amedeo Tomassi, pour un giallo plus tardif mais tout aussi original, qui fera plus loin l'objet d'un traitement autonome : *La Maison aux fenêtres qui rient*.

28 On retrouvera cet acteur américain dans un autre giallo, *Le Week-end des assassins* de Michele Lupo. Il avait auparavant joué dans *Le Spectre du professeur Hichcock*, film d'épouvante de Riccardo Freda. On pourra, dans *La donna del lago*, lui trouver un faux air du Tom Neal de *Détour*, opus de série B réalisé par Edgar G. Ulmer et devenu par la suite un classique du film noir.

Ou tout aussi bien, dans son abstraction onirique même, avec un film expérimental tel que *L'Année dernière à Marienbad* d'Alain Resnais ! Seul le décor bucolique (au demeurant, distinct des rares exemples de gialli ruraux que nous examinerons, plus loin, en détail) paraît en contradiction avec le milieu urbain consubstantiel au genre depuis son émergence au début des années 1940. Encore que ce serait passer sous silence des joyaux tels que le *harboiled* de Raymond Chandler, *La Dame du lac* (*Lady in the Lake*), adapté en 1947 par Robert Montgomery, dont le héros Philip Marlowe troque, par exception, le pavé de Los Angeles pour les montagnes de Puma Point. Si le saisissant écho titulaire est *a priori* pure coïncidence, des échos troublants sont décelables d'une œuvre à l'autre, dont le moindre n'est pas une incertitude perceptuelle tenace. Véhiculé par une utilisation quasi exclusive et pionnière de la caméra subjective dans le film de Montgomery, le hiatus entre expérience individuelle et réalité ambiguë porte plus particulièrement, chez Bazzoni, sur une imago féminine labile et énigmatique.

De fait, loin de le lever, la coda en voix-off de *La donna del lago* généralise le principe d'indétermination et de non-résolution, dans le droit fil des déclarations de l'inspecteur pour qui, en l'absence de procès, toute conclusion ne saurait être qu'« une vérité purement formelle et hypothétique ». « Oui, tout demeurait incompréhensible », avoue Bernard, avant de poursuivre : « Tout paraissait plus insaisissable encore autour de moi… et étranger. Plus encore que moi-même. » Cette « histoire absurde » (selon l'une de ses expressions antérieures), dont il souhaitait s'échapper, s'inachève ainsi sur un sens indécidable, voire une opacité à soi-même. Moins du fait d'une intrigue passablement, et souvent délibérément, indémêlable, comme dans force films noirs, qu'à raison même de la pulsion scopique qui anime le héros, pour ne rien dire des effets de mise en abyme de la puissance à la fois épiphanique et déceptive de l'image. Sur ce dernier point, est éloquente la scène où le photographe bossu, Francesco, porte à la connaissance de Bernard une photo que Tilde lui avait amenée à développer, peu avant sa disparition. Il en projette donc le négatif sur un écran, une nuée de poussière tournoyant dans la lumière jaillissant de la lentille comme autant de minuscules flocons de neige – composante quasi hiémale et brumale confinant au fantomatique qui nimbera plus littéralement un flash-back irréel du film. Francesco demande alors à Bernard s'il n'a rien remarqué. Tout en devançant un motif magnifié par l'Antonioni de *Blow-up* ou l'Argento de *L'Oiseau au plumage de cristal* et des *Frissons de l'angoisse*, le détail à saisir dans l'ensemble de l'image est sans doute plus obvie dans *La donna del lago* : la légère rotondité de la physionomie de Tilde au milieu d'un cercle d'amis. Il joue, en revanche, tout autant de l'inversion symétrique ou de l'anamorphose, puisque c'est en somme le creux (le négatif) qui manifeste le plein (la grossesse), l'envers l'endroit[29], sans pour autant *développer* la nature profonde ou l'identité intrinsèque d'une *absente*, ni *révéler*, pour rester dans le registre photographique, la vérité ontologique d'une image. L'un après l'autre, les deux hommes s'avancent jusqu'à se tenir au plus près de l'écran, dédoublés par leur propre ombre « chinoise », de sorte qu'ils semblent se fondre dans l'image, s'agréger spectralement au groupe de personnages « ressuscités » par la photographie. Peu après, en un mouvement là aussi renversé, Bernard vêtu de son manteau noir au col légèrement remonté se détache en plan rapproché, sur la surface redevenue blanche et vierge de l'écran de projection, au moment où est en débat la virginité, précisément, de Tilde. La symbolique chromatique se joint ici à l'iconicité de film noir tant le « portrait » de Bernard s'apparente à une photo de plateau ou à un cliché publicitaire liés au genre. Quant à l'idée d'une quasi-absorption au sein d'une image figurant dans la diégèse, observons d'ores et déjà qu'elle sera développée et radicalisée par Bazzoni dans *Le orme*, où des extraits d'un supposé opus de science-fiction (un cosmonaute délaisse sur le sol lunaire un co-équipier, à titre de cobaye dans le cadre d'une « expérience » menée par un savant fou) viennent parasiter en noir et blanc la vie onirique, puis diurne, et en couleurs, de l'héroïne. Au dénouement, baigné de la même lumière bleutée que le pré-générique, celle-ci est en quelque sorte aspirée par le film-dans-le-film, rattrapée par son déséquilibre mental dû à un trauma d'abandon. Au ralenti, deux astronautes la poursuivent ainsi sur une grève de cailloux (dans l'île où elle réside), avant de la ramener captive vers ce qu'une mention finale à l'écran nous indique être un établissement psychiatrique[30].

Quant à la scopophilie de Bernard, elle n'est pas, à la différence du Christian de *Libido*, de type infantile et traumatique. Encadrée, d'une

---

29 Eu égard à l'inversion de la luminance et de la chrominance par rapport à l'image d'origine (le positif), le spectateur pourra, en outre, conclure que, contrairement à ses amis, Tilde était habillée de couleurs sombres. Mauvais présage, assurément : la jeune femme enceinte était en noir…

30 Voir la section consacrée à ce film en fin d'ouvrage.

part, par sa voix off faisant état d'un souvenir de l'hiver précédent ayant hanté le rêveur la nuit durant et, d'autre part, par les imprécations d'un ivrogne le tirant de son sommeil, c'est pourtant une manière de scène primitive qui constitue le noyau ardent du récit. Une scène dont le statut exact se dérobe : est-elle réelle ou imaginaire ? s'agit-il d'une réminiscence, d'une intuition, d'un songe, d'une hallucination ou d'un fantasme ? ou bien encore d'un vertige, la séquence s'amorçant sur un plan rotatif au grand-angle et en contre-plongée des arbres de la forêt environnante ? S'attachant aux pas de Tilde qui semblent le reconduire à l'*albergo* et à son dédale de couloirs, Bernard parvient, comme happé (par la vertu d'un zoom avant progressif), à une porte en bois percée en son centre d'une fente que l'on serait tenté de qualifier de « bataillienne », à la fois oculaire, solaire et « vaginale », d'où suinte une lumière incandescente et où vient irrésistiblement s'inscrire la pupille cernée de noir du voyeur (Fig. 13 & 14). Lequel peut dès lors faire l'amour par procuration avec cette Tilde lovée dans les bras d'un amant inidentifiable, se relevant puis se penchant de nouveau pour l'embrasser en trois plans saccadés successifs. Effet que n'aurait pas renié un Mario Bava et qui suggère peut-être la nature « stroboscopique », à la fois constante et changeante, unique et démultipliée, de la femme fatale…

FIG. 13 – Luigi Bazzoni & Franco Rossellini, *La donna del lago*, 1965.

FIG. 14 – Luigi Bazzoni & Franco Rossellini, *La donna del lago*, 1965.

Si la symbolique sexuelle et la dynamique scopique de cette scène peuvent se teinter de l'ambivalence d'une *vision*, fréquents sont, par ailleurs, les moments où le (anti-)héros échange des regards (par exemple avec Adriana, l'épouse de Mario, d'une table à l'autre de la salle à manger de l'auberge, puis d'une fenêtre à l'autre de leurs « quartiers » respectifs), ou épie et scrute ce(ux) qui l'entoure(nt), surprenant des faits, des gestes, des expressions ou des apartés. À l'inverse du premier Dario Argento, ces notations glanées *de visu* conduisent moins à un ressassement analytique ou « ratiocinant », pour le dire avec Poe, qu'elles ne génèrent des élans de rêverie ou n'induisent des images mentales, parallèlement à des poussées en voix off de rumination manifestement éveillée. Et ce, sans qu'on puisse pour autant circonscrire tout à fait la valeur herméneutique de ces activités respectives ni déterminer dans quelle mesure ces dernières se complètent entre elles ou au contraire se désolidarisent les unes des autres. L'ensemble est porté par un montage elliptique et délinéarisé, fait de sautes impromptues, qui trouble à tel point toute continuité comme toute causalité qu'une action prévue, une rencontre promise, un événement à venir ou encore un détail du quotidien environnant peuvent aussi bien susciter, de la part du héros-narrateur, un(e) rêve(rie) proleptique ou un effet d'annonce. Ainsi de ce rendez-vous que le photographe Francesco, qui aurait des informations à lui divulguer, fixe à l'écrivain en glissant une allusion sibylline aux « plaisirs de la pêche sur le lac ». S'ensuit une confrontation tendue entre les deux hommes assis dans une barque, s'achevant par… le réveil en sursaut de Bernard dans son lit : son rêve se déchiffre sans peine comme un conflit interne (avec son propre double), un accès de conscience. Se levant pour se désaltérer, il aperçoit de sa fenêtre les errances nocturnes et fantomatiques, le long de l'eau, de cette autre *femme du lac* qu'est Adriana, dont on repêchera bientôt le corps sans vie. Un effet de réverbération sera en quelque sorte créé, dans *À la recherche du plaisir* de Silvio Amadio (métrage plus lugubrement mélancolique[31] qu'il ne semble sous ses atours sado-masochistes et lesbiens de giallo « trash »), par la dépouille d'une jeune femme remontée des fonds lagunaires dans les filets de pêcheurs vénitiens et qui s'avérera non pas Sally, la petite amie mystérieusement disparue de l'héroïne américaine, mais, selon le mot de la fin du commissaire de police, une anonyme *suicida per amore*… À la scène suivante de *La donna del lago*, le même Francesco guide Bernard à travers la forêt vers la cahute isolée où se terre le père de Tilde. La prétendue pêche sur le lac, explique-t-il, avait pour unique dessein de brouiller les pistes (artifice éminemment giallesque, au demeurant) auprès d'éventuels curieux. Autre cas de générativité interne d'images ou de visions : l'expression d'intense tourment surprise par Bernard en la personne d'Irma, seule dans la buanderie, *inspire*, en mode onirique, un très beau plan déréalisant de cette femme entre deux âges, dont les contours flous et en contre-jour de la tête ondulent ou palpitent à la semblance de quelque entité spectrale. Profondément surexposé, son visage de *soror dolorosa* vient bientôt remplir le cadre, tandis qu'elle se lance dans un long monologue, à l'adresse de l'ensommeillé, sur la malédiction et le déshonneur s'acharnant sur les siens : « Vous, vous dormez. Mais moi… moi… je ne peux pas dormir ! ». Bernard finira par s'extraire d'un bond de sa dormition.

---

31 Qu'on en juge par une séquence visuellement réussie (au sein d'un film au total assez peu convaincant), par son rythme hypnotique, son alliance de macabre et de sensualité, de surréel et de picturalité. Elle fait se dessiner nocturnement la silhouette de l'assassin en nocher des Enfers, manœuvrant, depuis la poupe et parmi les joncs de la lagune, une barque au fond de laquelle gît, avant d'être jeté par-dessus bord, le corps d'albâtre, nu et inerte, de Sally Reece. En voix off, le romancier Richard Stuart dicte, par magnétophone interposé, des pages du giallo qu'il est attelé à écrire, lesquelles trouvent ainsi une illustration inattendument poétique sous les auspices d'Eros et Thanatos.

Qu'il en retourne d'une vision littéralement enfiévrée (pour Bernard, un temps grippé et alité, « le temps n'[a] plus de sens », seule la présence assombrie d'Irma le rattachant paradoxalement au monde extérieur) ou d'une projection fantasmatique (ultime avatar de scène primitive), ce dernier exemple est doublement préfiguré dans le film. Très tôt, d'abord, sous la forme d'une séquence muette (hormis quelques cris d'animaux sylvestres proches du ululement d'une chouette) : visitant la sépulture de Tilde parmi d'autres croix de bois se dressant dans la neige en bordure de forêt, Bernard est pris d'un soupçon « obscur et violent[32] », qui vient innerver une nouvelle vision. À savoir, l'étreinte amoureuse de Tilde et Mario, intensément charnelle, sous le regard, semble-t-il, du père de Mario, l'aubergiste Enrico. Telle mise en abyme du voyeurisme ne tarde pas toutefois à se dissiper, Enrico s'avérant moins spectateur qu'acteur, non sans une certaine équivoque quant à la configuration exacte de ce triangle érotique. Ensuite, par un prélude immédiat à l'hypothèse taraudante que Bernard va scénariser et visualiser en inversant sa perception et son idéalisation premières de Tilde. C'est à nouveau par une fissure dans la boiserie, où son œil vient se coller, que le protagoniste est témoin des pleurs et des plaintes d'Enrico venu se réfugier dans l'ancienne chambre de Tilde alors qu'on enterre son épouse, Adriana. Un zoom avant en gros plan sur la mine hagarde et trempée de sueur de Bernard (lequel a rejoint le couloir, titubant à moitié d'épuisement) se perd progressivement dans le flou et cède la place à Enrico qui, en plein coït, s'arrache des bras de Tilde, comprenant subitement qu'elle est enceinte. Celle-ci, froide et triomphante, exerce un chantage : père ou fils, l'un des deux devra l'épouser pour qu'elle devienne *la padrona*.

Pour Bernard, les événements vont dès lors se précipiter, à la manière d'un cauchemar éveillé. Le sentiment de paranoïa et d'isolement s'accentue, la linéarité spatio-temporelle s'effiloche tant et si bien qu'on ne sait plus trop comment notre héros se rend de sa chambre à l'abattoir et en revient. Ni pourquoi, lorsqu'il rejoint par la suite Irma en pleine nuit, une lumière improbable (car trop intense et étincelante pour être un clair de lune) se reflète sur la surface lacustre. Aussi *La donna del lago* est-il de bout en bout, plutôt qu'une création hybride, un film parcouru

32 Il confiera ultérieurement avoir le pressentiment que « quelque chose *de terrible et d'obscur* était encore en train de s'abattre sur cette famille. Quelque chose qui n'avait pas encore atteint son accomplissement. » (je souligne).

d'un mouvement oscillatoire ou d'une vague ondulatoire. Dit autrement, il vibre mais ne choisit pas – entre le net et le flou, entre le noir et le blanc, entre lumière et obscurité, entre film noir et (proto-)giallo, entre rêve et veille, entre souvenance et chimère. Si rendez-vous nocturne dans un lieu désert est donné à l'« enquêteur » (Bernard) par un personnage prétendant avoir des révélations à faire (Mario), c'est pour mieux préluder à la seule scène du film où percent l'ambiance et l'esthétique du giallo ; s'il y a bien trahison, ce n'est pas celle du héros aux mains d'une femme fatale, mais celle ressentie, non sans distorsion pathologique, par Irma. Les hommes-grenouilles peuvent bien, l'épilogue venu, poursuivre leurs vaines recherches. À l'image de traces de pas (*orme*) sur le sable terrestre ou lunaire, les eaux du lac sont décidément (surface ou profondeur ne faisant rien à l'affaire) aussi insondables que les hypothèses du film – et réciproquement.

PREMIÈRES MISES EN PERSPECTIVE DU GENRE

Autour de Lucio Fulci

L'OMBRE D'HITCHCOCK (*UNA SULL'ALTRA*)

S'étant dans un premier temps voué aux genres de la comédie et du western, Lucio Fulci réalise en l'espace d'une bonne décennie quatre gialli. Le premier, *Una sull'altra* (1969), est conjointement informé par le legs du film noir américain et l'ascendant du thriller hitchcockien que nous avons été amenés à croiser, chez Bazzoni pour l'un, chez Bava et Gastaldi pour l'autre. En 1971 sort le giallo psychédélique, ou « sous acide », *Le Venin de la peur.* À quelques années de là, le *giallo fantastico L'Emmurée vivante* (1977) inaugure l'infléchissement de la production fulcienne vers l'horreur et la renommée *gore* que lui vaudront ses films de zombie viscéraux et sa *trilogia della morte* (dite aussi des « Portes de l'Enfer »). En 1982, un *sleazy giallo*, ou giallo « crapuleux », *L'Éventreur de New York*, soulève la controverse par son sadisme et sa misogynie extrêmes, la censure britannique allant jusqu'à le condamner durablement au purgatoire infamant des *video nasties*. Enfin, d'aucuns pourront être tentés d'annexer à ce quatuor un cinquième opus : *Les Liens d'amour et de sang*, parfois décrit à sa sortie dans la presse italienne comme un *giallo storico.*

Pour ses premiers pas giallesques, Fulci a donc choisi une ramification du genre dont on a relevé plus haut que, dans le sillage de *L'adorable corps de Deborah* (où Jean Sorel tenait déjà le rôle masculin principal), elle avait alors le vent en poupe : le giallo à machination[1]. La

1 Cette modalité est, à la lettre, affichée par la version hexagonale du titre : *La Machination.* Le film est aussi communément connu en France sous son intitulé anglais : *Perversion*

source « noire » d'une intrigue balançant, expressément dans la dernière demi-heure du film, entre pessimisme et fatalisme, n'a pas échappé à la critique. Le suspense afférent à une « course contre la montre pour empêcher une exécution capitale » (celle d'un innocent pour le meurtre de sa femme) paraît, en effet, « calqu[é] sur le *Phantom Lady* de William Irish[2] » Ce roman fut d'ailleurs adapté en 1944 sous le même titre (en français : *Les Mains qui tuent*) par Robert Siodmak, qui réalisait là, pour la Universal à Hollywood, le premier d'une longue série de films noirs s'échelonnant sur la décennie. Parmi ceux-ci figure, participant tout autant, sinon davantage, du fantastique gothique, *Deux mains, la nuit*, qu'Umberto Lenzi n'hésitera pas à pasticher dans l'un de ses multiples gialli, *Le Couteau de glace*, dont la protagoniste a perdu, enfant, l'usage de la parole suite au décès tragique de ses parents[3].

Sous les atours capiteux de la libération sexuelle des *Swinging Sixties* à la mode californienne, l'intertexte hitchcockien est, quant à lui, à peu près aussi transparent qu'il pourra l'être, deux ans plus tard, dans *La Victime désignée* de Maurizio Lucidi, dont la composante giallesque se résume peu ou prou au mécanisme de la machination, repris, non sans un indéniable cachet visuel et narratif, au schéma de « l'échange de meurtres » que Patricia Highsmith inspira au Hitchcock de *L'Inconnu du Nord-Express*. À l'implicite homoérotique sous-tendant ce prototype s'adjoignent, chez Lucidi, la transposition dans une ambiance vénitienne envoûtante, hivernale et décadente (elle-même à l'opposite d'un modernisme mercantile dont le foyer diégétique est Milan), ainsi que le *twist* d'un commanditaire s'auto-désignant secrètement comme victime. On pensera également à *L'étrange vice de madame Wardh* de Sergio Martino, sorti la même année, où finit par transpercer un pacte similaire entre Neil et George pour des questions d'héritage, une scène de meurtre sous la douche parachevant le rapprochement avec le modèle hitchcockien. Ancrant son intrigue dans les rues de San Francisco, l'opus de Fulci

Story. Une autre variante anglo-saxonne est plus proche de l'original (auquel nous nous tiendrons dans cette section) : *One on Top of the Other*.

2 Jean-François Rauger, « *Perversion Story*, vertige du double », in Régis Autran *et al.*, *Lucio Fulci, poète du macabre*, Paris, Bazaar & Co., 2009, p. 79.

3 Voir *infra* les pages consacrées à ce film. Lenzi prétendra avoir été davantage inspiré par *Terreur aveugle* de Richard Fleischer. Concernant l'éventuelle influence de Siodmak sur le *giallo*, notamment à partir du motif plastique de l'identification oculaire du tueur, on pourra se reporter à l'étude d'Alice Laguarda : *L'ultima maniera. Le giallo, un cinéma des passions*, *op. cit.*, *passim*.

se veut, lui, surtout une version mi-canaille mi-glauque, ou encore un « double pop, rustre et lubrique[4] » de *Sueurs froides*, dont il explicite et radicalise le substrat nécrophile. C'est d'ailleurs l'un des sens du titre original italien : *Una sull'altra*, soit « l'une sur l'autre ». S'y lit, en effet, davantage une référence au chevauchement (ou à la permutation) de deux figures féminines emblématisé par le chef-d'œuvre d'Alfred Hitchcock qu'une velléité de titillation lesbienne, procédé dont maint giallo à venir, à l'image du suivant de Fulci lui-même (*Le Venin de la peur*), saura certes user, voire abuser, mais qui se trouve, en l'occurrence, réduit à une seule scène, déceptive et écourtée, sur laquelle il conviendra, néanmoins, de revenir.

Superposition, donc, d'une femme sur une autre, fût-ce toujours déjà la même : double rôle blonde/brune ici interprété par Marisa Mell (fraîche émoulue du *Diabolik* de Mario Bava), là par Kim Novak (que Hitchcock contraignit, de surcroît, à imiter Vera Miles, l'actrice qu'il avait initialement élue pour cet emploi). Fulci opèrera plus tard une variation sur ce schéma, avec le très poesque *L'Emmurée vivante*, où une femme en remplace une précédente dans le rôle-titre, le cruel Francesco déposant à quelques années d'écart le corps d'une ancienne amante, Agneta, puis celui de son épouse, Virginia, dans la même excavation creusée par ses soins dans un mur de sa villa (pour faire bonne mesure, Virginia y a d'abord retrouvé la dépouille d'Agneta, dans une scène évocatrice des *Frissons de l'angoisse* d'Argento…). Superposition, aussi bien, d'une œuvre sur l'autre, fût-ce sans espoir de jamais détrôner l'hypertexte archétypal : en la circonstance *Sueurs froides*, on l'a dit, mais, plus encore, pour le genre du giallo pris dans son ensemble, *Psychose* et sa scène de douche insurpassable – en quelque sorte, « originaire » même – aux yeux de toute une génération de cinéastes travaillant dans le genre. Superposition, enfin, au sens d'une double empreinte ou emprise hitchcockienne sur *Una sull'altra*, dont la seconde partie, toute entière centrée sur la figure d'un héros accusé à tort et désespérant de pouvoir se disculper, ne peut que faire songer à cet hybride de film noir et de docudrame que le cinéaste britannico-américain réalisa juste avant *Sueurs froides* : *Le faux coupable* (*The Wrong Man*). De fait, si, selon une approche documentaire que Godard loua à l'époque dans les *Cahiers*, Hitchcock tint à filmer sur les

4 Alexandre Fontaine Rousseau (dir.), *Vies et morts du giallo – de 1963 à aujourd'hui*, *op. cit.*, p. 349.

lieux new-yorkais du fait divers dont il s'inspirait (Jackson Heights dans le *borough* de Queens ; le Stork Club de Manhattan), Fulci semble avoir apporté un soin similaire à son approche du tournage *in situ*. D'évidence, vient d'abord à l'esprit le finale se déroulant au sein de la tristement célèbre prison d'État de San Quentin (au nord de San Francisco), plus particulièrement dans son couloir de la mort et à l'intérieur de la sinistre chambre à gaz. Aucun détail des préparatifs de l'exécution programmée du protagoniste, le docteur George Dumurrier (interprété par un Jean Sorel que l'on retrouvera dans une kyrielle de gialli, dont celui à suivre de Fulci, *Le Venin de la peur*), ne nous sera épargné, y compris ce long tube de caoutchouc noir qui relie le cœur du condamné au stéthoscope d'un médecin se tenant juste à l'extérieur de la cabine. Le tout étant *in fine* mis en abyme (sur le plan de la spectacularisation) et mis en scène (sur le plan de la narrativisation) par un reportage télévisé à sensation, et à suspense condensé, dû à un journaliste diligenté sur place. Celui-ci révèle aux (télé)spectateurs comment et pourquoi George fut sauvé *in extremis* (et, partant, évacué de la coda du film…), alors même que le levier pour libérer le gaz létal allait être actionné. On se plaira à imaginer que, à sa manière, Lucio Fulci eut peut-être à cœur de rendre hommage au Billy Wilder d'*Assurance sur la mort*, ou de le venger à titre posthume, lui qui dut renoncer à conclure son fleuron du film noir sur l'exécution par asphyxie au gaz de son protagoniste, Walter Neff, qu'il avait pourtant tourné au pénitencier de San Quentin et dont ne subsistent aujourd'hui que quelques clichés…

Drôle de (mélo)drame, en tout cas, et drôle de giallo, que ce *Una sull'altra* : aucun meurtre ni aucune violence n'auront, en définitive, été montrées, le corps en putréfaction de Susan exhumé pour autopsie donnant seul un avant-goût de la « Fulci touch » des années 1980. Il faut dire aussi que le film s'apparente à un trompe-l'œil généralisé ou à une séduisante *performance*, à l'exemple du *strip show* de Monica dans la première partie. Comme George l'apprendra, non sans cruauté, de son frère Henry, à l'heure du châtiment, son épouse (Susan) fut, avec ses crises d'asthme simulées et son avatar de strip-teaseuse (Monica), la pièce maîtresse de la machination, allant jusqu'à peaufiner son rôle dans les moindres détails et faisant ainsi preuve de « talents d'actrice insoupçonnés », selon Henry. À dire vrai, le numéro de cabaret de Monica frappe davantage par son extravagance vestimentaire (cache-sexe et stickers sur la peau compris) de motarde pop-décadente chevauchant un « terrible engin », popularisé deux ans auparavant par le « Harley Davidson » d'une Brigitte Bardot en cuissardes, que par les prédispositions proprement scéniques de l'exécutante. Pendant le récit d'Henry, un flash-back combinant filtre rouge et *split screen* nous détaille d'ailleurs, en diffractant la figuration, un exemple d'effeuillage plus classique de Monica – à mi-chemin entre répétition et représentation, à en juger par deux ratés techniques élémentaires (un gant ou un bas « récalcitrant »), quasi imperceptibles lors d'un premier visionnage, mais accentuant encore le *jeu* entre héroïne et actrice comme entre personnage et *alias*.

CLASSE DOMINANTE ET CONTRE-CULTURE (*UNA SULL'ALTRA* – SUITE ET FIN)

Plus largement, *Una sull'altra* illustre déjà ce penchant que le giallo, cherchant à araser son italianité pour des raisons au premier chef commerciales (co-productions, marché international, etc.), va bientôt manifester pour le *travelogue*, autour de personnages qui appartiennent le plus souvent à une élite sociale, voire à une *jet-set* oisive. Parfaitement à l'aise dans un contexte cosmopolite, ils se complaisant soit dans le stupre et le lucre, soit dans un complet désœuvrement. Seront ainsi légion les gialli dont l'action se déploie aux quatre coins de l'Europe mais en dehors de la Botte, nous gratifiant au passage de séquences touristiques et éventuellement « exotiques », plus ou moins gratuites ou « bouche-trou » : Genève et Nice (*L'adorable corps de Deborah*) ; Londres (*Toutes les couleurs du vice*), Paris (*Si douces, si perverses*) ; Paris, Londres et la côte anglaise (*Nuits d'amour et d'épouvante*) ; Prague (*Je suis vivant !*) ; Athènes (*La Queue du scorpion*) ; Vienne et Sitges (*L'étrange vice de madame Wardh*). Certains n'hésitent pas à s'aventurer bien au-delà : au Maroc dans *La controfigura* de Romolo Guerrieri, à Sydney dans *L'Affaire de la fille au pyjama jaune* de Flavio Mogherini, et donc à San Francisco (avec de brefs détours, aussi tardifs qu'accessoires, par New York et Paris) chez Fulci. Celui-ci prendra, peu après, la direction de Londres pour y tourner son *Venin de la peur*, dont de nombreuses scènes en extérieur se déroulent dans des lieux iconiques de la *City* tels que Trafalgar Square, le palais Saint James, Old Bailey, ou encore Alexandra Palace, en périphérie, ainsi que, bien plus loin encore, l'abbaye de Woburn dans le Bedforshire.

Una sull'altra ne se prive pas de faire halte, de manière parfois arbitraire voire irréaliste, dans nombre des hauts lieux touristiques ou emblématiques de la ville de San Franciso. Entre autres : vues aériennes du Golden Gate Bridge et de la baie, dès le générique ; Nob Hill, avec ses tramways et l'hôtel Fairmont (figurant, on s'en souvient, à une place de choix dans *Sueurs froides*) ; montée vers Twin Peaks ; Lombard Street (dans sa section, sur Russian Hill, la plus pentue et « la plus sinueuse au monde ») ; gare de Southern Pacific ; Fisherman's Wharf ; Broadway Street (club de strip-tease) ; la Marina ; Alcatraz ; jardin de thé japonais et « Conservatory of Flowers » du Golden Gate Park ; pénitencier de San Quentin. Tous sites rendus à l'époque familiers ou identifiables (tout au moins ont-ils pu générer un sentiment de « déjà vu ») auprès de publics non-américains par le rayonnement de films fortement teintés de « noir » tels que, outre *Vertigo* déjà cité, *The Lineup* de Don Siegel, et, gros succès à sa sortie moins d'un an avant celle d'*Una sull'altra*, *Bullitt* de Peter Yates. Pour autant, loin de la carte postale californienne habituelle, Fulci nous plonge dans un San Francisco essentiellement pluvieux et hivernal. Les vingt premières minutes du film multiplie, par ailleurs, les déplacements motorisés en dehors de la *Bay Area*. Une course-poursuite ou duel d'un nouveau genre s'engage ainsi, pour partie sur des voies parallèles (faut-il y voir une première forme de *dédoublement* ?), entre automobile (conduite par George) et train (emprunté par Jane, sa maîtresse), à destination de San Luis Obispo, ville située à mi-parcours entre San Francisco et Los Angeles. C'est George arrivé le premier qui, sur le quai, surprendra Jane à sa descente de train. Sans raison apparente ni grande cohérence géographique, les deux amants reprennent alors ensemble la route de nuit, à travers la Sierra Nevada enneigée, pour se rendre à Reno, version réduite de Las Vegas, dans l'état voisin. Ils n'ont guère le temps de s'y adonner au frisson des machines à sous : la mort subite de Susan, l'épouse légitime, les rappelle à San Francisco (là encore, Fulci ne fait pas tout à fait l'économie du trajet nocturne).

Cela posé, le choix de « the City by the Bay » repose avant tout, en cette décennie 60, sur son lien historique et symbolique avec la contre-culture hippie et le psychédélisme de cette *Flower Generation*, dont le point de ralliement fut le très fameux *Summer of Love* de 1967, sis dans le quartier san-franciscain de Haight-Ashbury. À ceci près que, comparé à d'autres gialli contemporains, dont, à nouveau, *Le Venin de la peur* qu'il réalisera deux ans plus tard, Fulci joue, en définitive, assez peu de ce contexte ambiant. Il préfère, plus discrètement et plus habilement, s'en tenir à une génération d'âge moyen et aisé au train de vie passablement clinquant, à la griffe des *sixties* (tenues « mod »), à une nudité festive ou décomplexée (soirée au club « topless » et séances photo), et à un détour(nement) par une autre époque, à laquelle renvoie l'enseigne de l'établissement où Monica exerce ses charmes : *Roaring Twenties*, soit nos « années folles », qui virent une première émancipation moderne des femmes sous la houlette de l'emblématique *flapper*. En un sens, l'amour libre est dévoyé en amour adultère et/ou vénal, voire en fétichisme nécrophile, comme le laissent à penser des inserts subjectifs insistants, avant et pendant le coït entre George et Monica, du corps sans vie de Susan, les narines bouchées de coton et toute de noir vêtue, reposant sur un couvre-lit et un oreiller de même couleur pour la veillée funéraire.

Il n'est pas jusqu'au lesbianisme qui ne verse tout à la fois dans la supercherie ou la simulation, le rapport de force et l'« exploitation », dans *Una sull'altra*. Faut-il y voir un nouvel effet délibéré de mise en abyme ou de distanciation ironique par rapport à une composante que les praticiens du genre, Fulci en tête, ne se feront pas faute de développer ? Lors d'une supposée séance de clichés (qui n'est pas, elle aussi, sans emboîter le pas du *Blow-up* d'Antonioni), la photographe Jane, accoutrée de cuir noir, abandonne vite son instrument de travail, lequel lui conférait déjà une position de sujet regardant et dominant, pour caresser, puis chevaucher lascivement une Monica dénudée et étonnamment docile, passive même, alors qu'elle s'était montrée non seulement pleine d'aplomb et altière, mais aussi autoritaire et railleuse avec George, à peine leurs ébats achevés. Le saphisme promis ou escompté entre Jane et Monica tourne court, pourtant, lorsque, faisant l'obscurité pour, semble-t-il, créer une ambiance propice, Jane projette brusquement, à l'aide d'une télécommande, l'image plein cadre d'une certaine Liz O'Neill, elle aussi stripteaseuse et, surtout, ex-infirmière chez les Dumurrier, dont elle presse Monica de lui révéler la domiciliation. On voit combien Fulci s'ingénie à brouiller les registres. Là où la scène de sexe lesbien n'est initiée que pour mieux être avortée ou désavouée, les deux moments d'intimité hétérosexuels (entre George et ses partenaires successives, Jane et Monica, précisément) sont *a contrario* exhibés et prolongés, au point de paraître pasticher un certain érotisme cinématographique à prétention artistique de l'époque. Fût-ce avec une touche créative : les transports amoureux de George et Jane sont, par exemple, filmés en partie par en dessous, à travers, en lieu et place du matelas, une paroi translucide et teintée de rouge. Qui plus est, la classique cigarette post coïtale sert inopinément à une déclaration de rupture unilatérale plutôt qu'à une entente reconduite… De même la double imago féminine incarnée par Marisa Mell oscille-t-elle entre deux pôles diamétralement opposés. D'une part, le fantôme de l'épouse souffreteuse, silhouette au teint blafard, les yeux cernés de noir, reflétée dans les multiples miroirs de sa vaste demeure d'apparence blanchâtre et stérile, où elle semble errer de pièce en pièce au tout début du film. D'autre part, la vulgarité tout ensemble blasée, burlesque, méprisante et castratrice de Monica, la très lascive effeuilleuse du « Roaring Twenties ».

Autant dire qu'on ne sait trop sur quel pied danser dans cet univers où rien ne semble être à prendre au premier degré, où tout est susceptible de se dédoubler, de se renverser en son symétrique (inverse ou non). C'est ce qu'illustre exemplairement le procédé de la demi-dioptrie[5], qui nous permet de voir George en gros plan au-devant de l'image, tandis qu'à l'arrière-plan la dépouille de Susan sur son lit mortuaire se reflète dans un miroir ovale accroché au mur ou, que, plus loin, Monica se pavane dans sa chambre en déshabillé coloré. Ailleurs, le film multiplie à l'envi les distorsions visuelles par anamorphoses, jeux de reflets, cadrages obliques, plongées ou contre-plongées, zooms intempestifs ou encore *split screens*. C'est qu'avec Fulci, et *Una sull'altra* tout particulièrement, nous sommes en quelque sorte dans la déconstruction du genre, ou dans son hybridation avec d'autres (le film noir, le mélodrame, le film érotique, voire le film d'auteur[6]), avant même qu'il ne soit encore pleinement implanté. Tout comme, à l'autre bout, il n'hésitera pas à donner le coup de grâce à ce même *filone*, pour mieux en disséquer ou autopsier

5 On sait qu'un Brian De Palma se montrera friand de la double focale (ou demi-bonnette), et ce dès *Obsession*, thriller s'inspirant lui aussi fortement de *Sueurs froides* de Hitchcock.

6 De la scène d'ouverture du *Venin de la peur*, notamment, on pourrait dire, sans trop de provocation, qu'elle accommode Jess Franco et Robbe-Grillet…

la dépouille, à la manière d'un anatomiste d'antan, avec son ultime giallo, délibérément sombre et « maladif » (*L'Éventreur de New York*)[7]. Nous sommes aussi déjà plongés dans une appréhension misanthropique, voire nihiliste, de la condition humaine, au sceau de laquelle l'œuvre fulcien *in extenso* va se trouver marqué. *Le Venin de la peur* accentuera encore l'impression de répudiation indifférenciée, de mésestime ou de dérision généralisée, peut-être à l'image de cette énigmatique forme d'un rouge vif sur fond noir, vaporeuse et mouvante, à quoi se résume l'animation du générique. Aussi les frénétiques bacchanales hippies sous acide (synonymes de libération sexuelle) ne valent-elles guère mieux que le cérémonial compassé des classes privilégiées sous quoi couvent les frustrations charnelles ou les infidélités conjugales (tout ceci reflétant un certain puritanisme)[8]. Le premier *split screen* du film ne réunit pas par hasard en une seule image contrastée les improbables voisins immédiats d'un quartier chic de Londres exemplifiant ces deux « clans » respectifs. Quant aux agissements à venir des uns et des autres, ils seront bien faits pour accréditer cette idée non pas tant d'une corruption historique ou générationnelle (s'en chargera tout un cortège de gialli portant l'empreinte de la violence croissante et de la déviance, ce qui vaut aussi pour fragilité, des institutions inhérentes aux « années de plomb » faisant suite au « miracle économique »), ni même d'un mal métaphysique (la figure du prêtre-meurtrier endosse rarement cette dimension), que d'une médiocrité ou d'une bassesse pour ainsi dire ontologique[9].

---

7 Voir Xavier Robert, « Le terroriste des genres », in Régis Autran *et al.*, *Lucio Fulci, poète du macabre*, *op. cit.*, p. 19.

8 En version à la fois plus cynique et plus scabreuse, voir également, sorti la même année, *Meurtre par intérim* d'Umberto Lenzi, où un couple de jeunes hippies hédonistes vivant d'expédients, ont, malgré les apparences, affaire à forte partie en la personne de la veuve d'un colonel de l'OTAN (interprétée par Irène Papas, seule, il faut l'avouer, à racheter le film), Américaine huppée, aussi décadente que manipulatrice.

9 On laissera ici de côté une possible lecture biographique faisant intervenir l'impact durable du suicide de la femme de Fulci, contemporain du tournage d'*Una sull'altra*.

RESSORT PSYCHANALYTIQUE (*LE VENIN DE LA PEUR* ET HOMOLOGUES NON-FULCIENS)

À bien des égards, *Le Venin de la peur* sera la poursuite de ce travail de détricotage ou de relecture du giallo amorcé par *Una sull'altra*, désormais raffermi par la rivalité avec Dario Argento, en prenant à rebours les pôles usuels de la psychanalyse et de la détection. Les gialli des années 1970 ne manquent pas, on le sait, qui s'ingénient, d'une part, à dépeindre, généralement à titre d'intermède cocasse ou de soupape comique, une police bornée et incompétente (quand ils ne l'évacuent pas purement et simplement de leurs intrigues), et d'autre part, à recourir en tout dernier ressort à une cheville psychanalytique, dans le goût du Hitchcock adepte de « pop psychologie ». Citons, en premier lieu, *L'Oiseau au plumage de cristal* de Dario Argento et le renversement quelque peu acrobatique de sa coda. Un trauma latent réactivé par une peinture aurait conduit l'ancienne victime, Monica Ranieri (antérieurement affligée de « tendances paranoïaques »), à s'identifier avec la figure de l'assaillant et à devenir, à son tour, criminelle – peut-être pour « se libérer inconsciemment » de la peur que celui-ci continuait de lui inspirer. Quant au mari complice, Alberto, sa propre « psychose homicide » serait tout uniment la résultante du déséquilibre mental de Monica. Étranges noces (faisant fi de toute orthodoxie clinique) de l'imprégnation, de la catharsis et du transfert ! Tout au moins sont-ce là les éléments du diagnostic posé par le très sentencieux Dr. Renoldi, soi-disant consultant de la police au cours de l'enquête, dans le cadre d'une émission télévisée conclusive. Siégeant, à demi assoupi, à ses côtés dans le studio d'enregistrement, le commissaire Morosini préfère – est-ce par prudence, embarras ou désintérêt ? – botter en touche et s'en remettre au « réputé » psychiatre, tandis que de chaque côté du cadre, en haut duquel traîne ostensiblement une perche pour le son, une caméra estampillée RAI s'approche gauchement de lui. Si l'on ajoute que la majeure partie de l'exposé de Renoldi en vient à être superposée à des images d'un ballet d'avions sur les pistes de l'aéroport de Rome-Fiumicino, d'où Sam et Giulia s'apprêtent à s'envoler pour rentrer aux États-Unis, on saisira combien la tonalité ludique et désinvolte de cet *explicit* n'a rien à envier à l'épilogue de *La Fille qui en savait trop* de Bava…

S'insérant dans le sillage mimétique du giallo *redux* d'Argento, tout en faisant occasionnellement signe, plus en amont, vers l'archétype historique bavien[10], le dénouement de *La Tarentule au ventre noir* de Paolo Cavara vaut également d'être mentionné, serait-ce de manière peu flatteuse. Une ironie sans doute involontaire y est à l'œuvre, tant les explications fournies par un psychothérapeute dans le rôle d'exégète ou d'herméneute *ex machina* apparaissent fumeuses et caricaturales. Il appert ainsi que le coupable, psychopathe devenu paranoïaque, doublé d'un impuissant, en est venu à se débarrasser de sa femme qui le trompait et le ridiculisait, avant de jouer les aveugles pour mieux amadouer ses autres victimes féminines. Un tel amphigouri en guise de mot de la fin ne fait pas que laisser pantois l'inspecteur Tellini, déjà passablement au bout du rouleau, lui qui a bien failli perdre sa femme et n'a cessé de se dire, depuis les premiers pas de l'enquête, qu'il n'était pas taillé pour ce métier. Il indiffère aussi et surtout la plupart des spectateurs, lassés par un film dont le maniérisme visuel, la qualité de la production, la bande-son très efficace d'Ennio Morricone, la brochette de starlettes en vue de l'époque et la finesse du jeu de Giancarlo Giannini dans le rôle principal peinent à masquer le manque de substance d'un scénario laborieux et poussif – contrairement à la très grande originalité, notamment scénaristique, du seul autre giallo de Cavara, *E tanta paura*.

Quant au *Venin de la peur*, il nous présente de même un inspecteur et ses subordonnés menant une enquête sérieuse et ne négligeant aucune des nombreuses (fausses) pistes, ingrédient incontournable du genre que Fulci ne se fait pas faute de systématiser, chacun des personnages principaux étant tour à tour suspect. En revanche, malgré son habileté apparente d'interprète des rêves, l'analyste (le docteur Kerr), personnage à part entière du film et présent dès le début, se fourvoie du tout au tout sur sa patiente qui a fait passer pour simple extravagance onirique la sombre réalité de son crime. Il faut dire que Lucio Fulci ne fit jamais mystère de son hostilité à la psychanalyse... Au-delà, cette dernière tend, on le voit, à recevoir un traitement ambivalent, voire suspicieux au sein du genre, qu'il s'agisse d'un jugement auctoriel tacite ou d'un expédient narratif commode. Donnons-en une dernière illustration. Dans *Toutes les*

---

10 Perpétré, parmi des mannequins de couture, sur la propriétaire d'une maison de fourrure servant de couverture à un trafic de narcotiques, le second meurtre du film de Cavara ne peut, en effet, qu'évoquer certains des éléments fondateurs de *Six femmes pour l'assassin*.

couleurs du vice, dont la séquence d'ouverture cauchemardesque et surréelle rivalise en ingéniosité visuelle avec celle du *Venin de la peur* (et, plus en retrait, avec la fameuse scène onirique de *La Maison du docteur Edwardes* dont Salvador Dalí conçut les décors), Sergio Martino instaure très tôt une tension entre psychiatrie et pharmacologie, avant que le satanisme ne vienne se subroger au second pôle dans la majeure partie du récit. Travaillant pour une entreprise pharmaceutique, Richard gave Jane de médicaments et traite de « charlatan » le psychiatre recommandé par la sœur de Jane, dont il se dit convaincu qu'il a Freud pour vulgate et assez de bagout pour mystifier ses patients. « Je t'en conjure, laisse la psychanalyse en dehors de toutes ces histoires[11] », lui intime-t-il à propos des abominables rêves qui la tourmentent. De fait, il voit l'origine de ces affres nocturnes dans une fausse couche provoquée, un an plus tôt, par un accident de voiture, tandis que le docteur Burton préfère la faire remonter à un traumatisme d'enfance (le meurtre de la mère de Jane). On sera, enfin, tenté de voir une forme de hasard objectif dans le fait que le psychanalyste est interprété, dans le film de Fulci comme dans celui de Martino, par le même acteur, George Rigaud…

11 La version anglaise du dialogue est encore plus cinglante à l'égard de la cure psychanalytique : « Si tu t'embarques dans cette histoire de thérapie, tu ne t'arrêteras jamais. » (je traduis).

PRIMO INTERVALLO

ENNUI DU GIALLO

ENNUI À L'ÉCRAN ET DANS LA SALLE

La *terza visione* et ses limites

La misanthropie susmentionnée de Fulci explique sa défiance égale, dans ses deux premiers *gialli*, envers la libéralisation des mœurs au temps du Flower Power et l'hypocrisie d'une bourgeoisie nantie et oisive. Ce qui relie aussi ces deux phénomènes ou ces deux groupes sociétaux – et ce qui en fait, par là même, un objet commun du mépris fulcien, même si les causes peuvent différer –, c'est l'ennui manifeste qui en émane. Il convient de se pencher sur cette notion, étrangement absente des travaux critiques sur le giallo[1], et, subséquemment, sur son symétrique inverse apparent (au niveau des affects), avec lequel les genres affiliés du giallo et du poliziesco se trouvent plus communément associés. À savoir, l'angoisse et la paranoïa générées par le contexte contemporain des *anni di piombo*, période d'extrême tension politique et de violence sanglante en Italie sur fond de corruption ou de collusion et de lutte armée (les Brigades rouges rivalisant avec les néofascistes et les anarchistes). Elle fut marquée, à ses débuts, par l'attentat à la bombe de la piazza Fontana (le 12 décembre 1969) et, en fin de cycle, par l'enlèvement et l'assassinat du président de la Démocratie chrétienne, Aldo Moro (mars-mai 1978), ainsi que l'attentat terroriste de la gare de Bologne (le 2 août 1980). Pour les spectateurs non-italiens d'aujourd'hui, ce dernier effet de miroir ne peut relever que d'une appréhension à un niveau thématico-diégétique (récit et actants) ou d'une mise en perspective historico-analytique. En revanche, la catégorie de l'ennui concerne aussi concomitamment, voire consubstantiellement (le public étant alors à l'unisson des personnages), l'expérience spectatorielle elle-même.

1 À l'exception notable d'une étude suggestive et originale de Chris Fujiwara, tout au moins dans sa première partie : "Boredom, *Spasmo*, and the Italian System", in Jeffrey Sconce (ed.), *Sleaze Artists*, Durham, Duke University Press, 2007, p. 240-258. La question de l'ennui a par ailleurs été traitée, sans réelle armature théorique, chez une figure de cinéaste, on l'a dit, séminale pour le giallo : Aimé Agnel, *Hitchcock et l'ennui. Une psychologie à l'œuvre*, Paris, Ellipses, 2011. On sait que Hitchcock se plaisait à définir le cinéma (ou le « drame ») comme « la vie sans ses aspects ennuyeux »…

La plupart des passionnés du giallo l'admettraient probablement de mauvaise grâce. Il n'empêche que le plaisir anticipé de la répétition, inhérente aux formes et formules, tant discursives que thématiques et visuelles, du *filone* – autrement dit, l'horizon jouissif du retour des acteurs, des types, des situations, des fausses pistes ou des *twists* en cascade, des outrances de tous ordres et, ponctuant le tout, des morceaux de bravoure débridés et galvanisants – est maintes fois entamé, voire aboli ou neutralisé par une chape de lassitude, un engluement dans le désintérêt s'emparant inexorablement du spectateur. Un tel état ne résulte pas simplement d'une impression de *déjà vu* (qui, comme on vient de le dire, peut *a contrario* se révéler une part constitutive de la *consommation* du genre), non pas même de l'invraisemblance ou de l'incohérence d'une intrigue saturée de rebondissements trop fréquemment « téléphonés », d'un doublage souvent si risible qu'il semble disjoindre corps, voix et sens, d'un jeu actoriel emprunté, de dialogues indigents (moins *lost in translation* qu'analogues à une traduction dont l'original se serait perdu…), ou d'effets de zoom appuyés. Tous obstacles qui, tout en entravant et en empoissant, selon ses détracteurs, le genre depuis ses débuts, n'ont rien de nécessairement rédhibitoires pour les amateurs invétérés qui, par jeu, s'en délectent, ou aux yeux des esthètes qui, par visée(s) autre(s), passent outre. Bien plutôt en va-t-il d'un sentiment de vacuité et de platitude, de monotonie et d'insignifiance qui n'est, somme toute, que le reflet de l'inactivité, de la torpeur et de l'inappétence des personnages, confinant parfois à l'aboulie et à l'anomie. En ce sens, qu'un acteur volontiers inexpressif, voire empesé, tel que Jean Sorel (accordé, par exemple, à la singulière « anémie des sentiments et des pulsions[2] » véhiculée dans *Una sull'altra* ou, dans une moindre mesure, dans *Le Venin de la peur*), soit devenu un habitué du genre n'est pas qu'un pur concours de circonstances. Pour un peu, ses rôles de mort en sursis – harnaché dans la chambre à gaz (*Una sull'altra*), cataleptique (*Je suis vivant !*) ou agonisant (*La controfigura*) – s'apparenteraient même à des clins d'œil pour initiés… Il est vrai qu'avec le George Dumurrier fulcien, Sorel n'a guère qu'un pantin falot et jobard, dénué de toute profondeur, à se mettre sous la dent, là où l'instabilité morbide et le bouillonnement intérieur du Marco de *La Mort a pondu un œuf*, incarné avec aisance par Jean-Louis Trintignant, tantôt affleure tantôt éclate sous le flegme d'une

2 Jean-François Rauger, in *Lucio Fulci, poète du macabre*, *op. cit.*, p. 80.

indifférence et d'un détachement, on l'a vu, tout antonioniens. Au plan de l'intrigue, on pourrait, en outre, de *slow and boring* à *slow burning*, associer lenteur et ennui à ce que les critiques anglo-saxons se plaisent à qualifier de films à combustion lente (*slow-burners*). Ainsi, entre autres exemples, de la première demi-heure d'*Una sull'altra* de Fulci, laquelle semble se perdre en des errances sans but et des dédoublements systématiques, comme si récit et espace étaient soumis à des effets de (dé) zoom quelque peu gratuits, créant paradoxalement une sensation moins de dynamisme que de stase.

Posons que notre perception de spectateurs tend grossièrement à s'imprégner de la *Stimmung* d'un récit (sa tonalité affective ou sa disposition poétique) et à réverbérer l'état d'âme des personnages. Or, rapportés au giallo, ces éléments diégétiques ne sont pas uniment ni uniquement tissés d'ennui, aussi ontologique celui-ci puisse-t-il paraître. Ils oscilleraient plus volontiers entre ce pôle et son opposé, que l'on pourra nommer excitation, effervescence, transe ou émoi. Revenons à Fulci. Sous l'emprise de la drogue, les hippies du *Venin de la peur* balancent entre prostration et agitation, entre présence et absence. Il n'est que de songer à ce jeune couple vêtu de cafetan, témoins sans le savoir du meurtre « inaugural ». Leur *trip* de LSD les a alors rendus « aveugles » à la réalité en leur faisant halluciner quelque « lézard à peau de femme », selon le titre original du film – variation pour le moins ironique sur le trope giallesque du *testimone oculare*. Sous l'empire de l'alcool, les bourgeois décadents ou « branchés » vacillent, pour leur part, entre hébétude et emportement, entre indolence et « prédation ». Ainsi la provocante Patrizia de *La longue nuit de l'exorcisme*, passant le plus clair de son temps à bronzer dans le plus simple appareil sous une lampe à UV dans son appartement ou à musarder dans les rues du village dans des tenues suggestives, aguiche-t-elle de très jeunes adolescents pour tromper son ennui de Milanaise exilée, suite à une affaire de toxicomanie, au fin fond de la région de la Basilicate.

Ce qui s'avère pour les personnages vaut-il de même pour la diégèse et la réception spectatorielle ? On se souvient qu'une mécanique narrative radicale fut mise en place, dès *Six femmes pour l'assassin*, par Mario Bava (qui la reprit en l'absurdisant dans *L'Île de l'épouvante*, en la poussant à un nouveau point-limite dans le proto-slasher *La Baie sanglante*[3]), avant que Dario Argento ne vienne la systématiser et la baroquiser, notamment dans

3 Voir *infra* pour ces deux films.

ces trois sommets que sont *L'Oiseau au plumage de cristal*, *Frissons de l'angoisse* et *Ténèbres*. Une prise en compte de la distribution en salle des films dits « populaires » propre à l'Italie des années 1960-1970, selon une division en trois circuits (*prima, seconda* et *terza visione*), pourrait permettre, a-t-il été avancé[4], de mieux appréhender le dispositif narrativo-visuel en question. Le premier de ces circuits était réservé aux films « sérieux », ou d'art et d'essai, passant donc dans les meilleures salles d'exclusivité implantées dans les grandes villes (outre Rome, celles du nord du pays, pour l'essentiel) et visant en priorité un public instruit, jeune et de classe moyenne. Les deux autres, en revanche, concernaient soit des salles moins cotées de ce même tissu urbain, soit des zones moins densément peuplées, où le prix des billets était moins élevé et l'affiche renouvelée fréquemment, parfois quotidiennement. Proches dans leur programmation des *drive-ins* et autres *grindhouses* américains de la même époque, spécialisés dans les films de série B et d'exploitation, les cinémas de la *terza visione* étaient plus particulièrement situés dans les régions pauvres et rurales du *Mezzogiorno* (Italie méridionale, Sardaigne et Sicile comprises). S'y retrouvait donc un public issu des classes populaires, moins éduqué et moins averti, pour lequel le spectacle filmique en salle, avant que la percée de la télévision dans leurs foyers ne prenne tout à fait sa place, tenait davantage de la détente, de la socialisation et de la convivialité (manger/boire/fumer/converser) – à tous les sens du mot, de la *distraction* – que de l'appréciation esthétique d'une forme artistique ou même de l'attention soutenue pour les méandres d'une trame diégétique. On pourra, au reste, se faire une idée sociétalement assez juste et représentative de la faune bigarrée peuplant à l'époque certaines salles de seconde et troisième exclusivités en visionnant ne serait-ce que le premier quart d'heure menant au meurtre de la victime inaugurale d'un métafilm tel que le giallo tardif *Circuito chiuso*, tourné par Giuliano Montaldo pour la RAI et se déroulant dans un cinéma des faubourgs de Rome[5]. Est-ce un hasard si, parmi l'assistance, on dénote un sociologue… myope, qui n'en

4 Voir Mikel J. Koven, *La dolce morte. Vernacular Cinema and the Italian* Giallo *Film*, Lanham, Md., The Scarecrow Press, 2006. Sur le système de classification des salles et les modes socio-culturels de visionnage correspondants, Koven s'inspire d'une étude pionnière de Christopher Wagstaff menée à partir du western : "A forkful of westerns : industry, audiences and the Italian western", in Richard Dyer & Ginette Vincendeau (ed.), *Popular European Cinema*, London, Routledge, 1992, p. 245-261.

5 Précisons que ce film en forme de huis clos vaut d'être regardé en son entier, notamment pour sa réflexion originale sur la puissance et la consommation des images.

jouera pas moins un rôle déterminant dans la « résolution » de l'énigme, particulièrement alambiquée en ce qu'elle brise le fameux quatrième mur ?

C'est dès lors, à un certain *habitus* de la *terza visione*, si l'on nous passe ce gauchissement du concept bourdieusien, que se serait peu ou prou adaptée, à la faveur aussi d'un certain relâchement des habituels tabous de la censure, la *formule* quelque peu sensationnaliste, voire racoleuse, des *filoni* populaires à base de violence, de sexe et de nudité – des péplums aux *mondos*, en passant par les westerns spaghettis et les *poliziotteschi*. Dans le cas plus spécifique du giallo, il s'agirait, de surcroît, d'un canevas narratif type, d'un axe ou d'une trajectoire *ad hoc*. Ou de ce que l'on pourrait nommer, plus justement encore, sa vibration sinusoïdale en termes visuels, sa périodicité rythmique en termes plus musicaux – ses pleins et ses déliés en termes typographiques. Inversant le primat discursif qui caractérise généralement le cinéma traditionnel, qu'il soit de type « art et essai » ou commercial, le giallo fait basculer le récit au second plan, réduisant ainsi sa fonction à une sorte de tissu conjonctif ou interstitiel, de liant – au pire, de bouche-trou ou de *temps mort*. Et ce, afin de mieux hypostasier et spectaculariser des scènes-chocs ou *temps de la mort* : instants d'acmé ou poussées d'adrénaline qui ne sont pas sans rappeler, notamment chez un Dario Argento, le précédent sanguinolent du Grand-Guignol. Autant de tableaux vivants (qui sont, plus littéralement, des « natures mortes » !) ou de compositions élaborées – de *scènes à faire*, dirait-on en bonne dramaturgie théâtrale. Dans le mauvais genre qui nous requiert, celles-ci demandent surtout à être stylisées, ritualisées ou fétichisées, s'agissant de séquences de meurtre, le plus souvent fortement sexualisées, *pleines de bruit et de fureur*, à la fois dynamiques et statiques, où prévaut l'impact audio-visuel. Tout en crescendos et decrescendos, le fil du giallo fait donc alterner, selon une tension qu'il ne serait pas incongru de qualifier de libidinale, des phases préliminaires, des moments paroxystiques ou orgasmiques et des périodes post-coïtales de récupération. D'où aussi, si tant est que l'on recycle, à l'exemple de Mikel J. Koven[6], une dichotomie toute pasolinienne, l'hypothèse d'un récit *prosaïque*, où se mêlent (selon un dosage et une « platitude » variables[7]) enquête amateur ou procédure policière, badinage

6 Voir, plus particulièrement, le chapitre 9 (« The *Giallo* as Cinema of Poetry ») de son ouvrage (*op. cit.*, p. 141-157).

7 L'éventail peut éventuellement se complexifier par les variantes d'un même opus, exemplairement *Les Frissons de l'angoisse* d'Argento, dont une version, plus longue, s'attarde

ou conflit amoureux, et divertissement comique ou humoristique. Lequel récit serait ponctué d'éruptions de *poésie* dite « vernaculaire », au sens où cette dernière, en phase avec une communauté spécifique, contourne ou subvertit les présupposés tant populaires qu'artistiques.

Résumons. La prose du giallo, typiquement fondée sur la psychologie du récit, n'aurait droit, au mieux, qu'à une attention flottante ou intermittente de la part du public de *terza visione*. Se déportant de l'écran, le spectacle serait alors plutôt dans la salle, où tend(ait) à régner une interaction sociale disons « artistiquement désinhibée ». Une concentration spectorielle pleine et entière, d'ordre avant tout physiologique, serait à rebours réservée à ces segments, qui, pour être brefs et intenses, n'en sont pas moins la substantifique moelle giallesque et voient l'horreur confiner au sublime, le fétichique à l'opératique, le concret à l'abstrait, le pulsionnel à l'haptique. Ce sont, pour manier l'oxymore, des points d'arrêt cinétiques[8], à la fois de haute tension et à forte saturation sensorielle. Est ici fait retour, on le voit, à la bipolarité posée plus haut entre ennui (ou platitude) et « excitation » (ou excès), sur un plan tant narratif que visuel et spectatoriel. Cela posé, pour séduisante et pertinente qu'une telle approche industrielle et commerciale puisse paraître, elle ne saurait être prise trop à la lettre sous peine de verser dans une conception réductrice, homogénéisante et mécaniste de la spectatorialité en termes purement démographiques. Outre que des représentants éminents du genre ont pu, à la faveur d'interviews figurant en supplément d'éditions DVD ou Blu-ray de leurs films, démentir ou invalider l'idée d'un formatage préalable en fontion d'un « public-cible » prédéterminé de *terza visione* (selon les critères socio-économiques décrits ci-dessus), le *maestro* lui-même, Dario Argento, ayant grandi dans le sérail (notamment auprès de Salvatore, son producteur de père), a bénéficié dès ses premiers pas d'une large visibilité en première exclusivité, autrement dit dans des programmations de *prima visione*. Et ce fut assurément le

notamment sur les péripéties à la fois investigatrices et romantico-comédiques. Sur l'histoire passablement emmêlée de la réception et des divers remontages de ce film, on pourra utilement se reporter à la petite monographie d'Alexia Kannas : *Deep Red*, New York, Columbia University Press, 2017, p. 29-35.

8 Je renvoie sur ce point à mon essai : « Le "scintillement de la putrescence". Poésie, cinéma, fantastique, horreur », art. cité. Rappelons que, dans la langue anglo-saxonne, le terme *showstopper* sert volontiers à désigner ce type de séquences-phares dont on pourrait encore faire, presque littéralement, autant de « clous du spectacle »…

cas aussi de bien d'autres, dont Sergio Martino, Lucio Fulci ou Luciano Ercoli. Qu'il en alla, enfin, de même pour les seconds couteaux, après un passage dans des salles de *seconda* ou *terza visione*, tombe sous le sens au regard de l'extrême popularité du giallo au début de la décennie 70 et de l'économie du *filone* : pour être rentable à bas coût dans ses infinies répliques, une « formule » se doit d'abord d'obtenir des succès notables au box-office.

Ce filtre déterministe de la *terza visione* a pour autre défaut de reconduire, entre cinéma d'auteur et cinéma de genre, à un clivage qui a trop longtemps eu cours sur le plan de l'historiographie officielle, y compris et peut-être surtout parmi les critiques transalpins, le giallo étant, jusqu'à une période récente, largement dénigré ou, plus radicalement encore, occulté des dictionnaires ou des encyclopédies du cinéma italien. Sont pourtant innombrables, entre art noble et artisanat populaire, les points de contact ou d'intersection, les effets de porosité ou d'hybridation, voire de pollinisation croisée. Jean-François Rauger n'hésite pas, par exemple, à évoquer, à défaut de pleinement l'exemplifier, un « dialogue souterrain » entre, d'un côté, des génies canonisés tels que Visconti, Antonioni, Pasolini ou Fellini et, de l'autre, les « petits-maîtres du cinéma bis » que furent Bava, Cottafavi, Freda, Margheriti, ou Argento[9]. Tenons-nous en pour lors à quelques cas concrets et incarnés s'appliquant plus spécifiquement à notre *filone*. Le bataillon le plus fourni est, sans surprise, celui des interprètes. Outre Jean Sorel et Jean-Louis Trintignant déjà mentionnés, citons Marc Porel, jeune premier qui quitta l'Hexagone pour tourner avec Visconti (*Ludwig, ou le Crépuscule des dieux*, puis *L'Innocent*) tout en étant à l'affiche de plusieurs gialli (*La longue nuit de l'exorcisme, L'Emmurée vivante*, *La Sœur d'Ursula*), sans compter maints *poliziotteschi* et comédies érotiques, avant que la drogue ne l'emporte précocement. À l'évidence, un David Hemmings fut en bonne part sélectionné par Dario Argento comme acteur principal de ses *Frissons de l'angoisse* pour son rôle vedette préalable dans *Blow-up* d'Antonioni. Pensons aussi à Franco Citti qui, parallèlement aux personnages qu'il interpréta pour Pasolini, s'illustra dans des gialli comme *Il gatto dagli occhi di giada* d'Antonio Bido. Ou à Giancarlo Giannini, qui, on l'a vu, fit ses premiers pas dans le *Libido* de Gastaldi avant d'exercer ses talents pour les Lina Wertmüller, Ettore

9 *L'Œil qui jouit*, Crisnée, Yellow Now, 2012, p. 158.

Scola, Alberto Lattuada, Luchino Visconti et autres Mario Monicelli (pour ne considérer que le pan italien de sa carrière), non sans effectuer une nouvelle incursion giallesque en tenant le rôle du commissaire Tellini dans *La Tarentule au ventre noir* de Paolo Cavara. Ou encore à Pier Paolo Capponi, dont la carrière se répartit à peu près également entre des films de Zurlini, de Rosi, ou des frères Taviani, d'une part, et des gialli (*Photo interdite d'une bourgeoise, Le Chat à neuf queues, Le Tueur à l'orchidée*) ou des *polizieschi*, de l'autre. Ou enfin à Tomás Milián, cinéaste américain d'origine cubaine et naturalisé italien, dont l'importante carrière transalpine navigua entre une myriade de *poliziotteschi* et de westerns spaghettis, quelques *gialli* (dont *La Victime désignée* de Lucidi[10] et *La longue nuit de l'exorcisme* de Fulci) et le cinéma d'auteur (Bolognini, Visconti, Pasolini, Bertolucci, Antonioni, Cavani, Festa Campanile). Côté actrices, on put admirer une Ida Galli, pendant deux bonnes décennies, aussi bien chez Fellini et Visconti que chez Lenzi, Fulci, Martino, (Romano) Scavolini, Tessari ou Bazzoni. Irène Papas exerça ses talents tant pour des auteurs reconnus (dont Cacoyannis, Monicelli, Petri ou Costa-Gavras) que dans de multiples genres, dont le giallo en deux circonstances : *Meurtre par intérim* de Lenzi et *La longue nuit de l'exorcisme* de Fulci. De même pour la Brésilienne Florinda Bolkan, qui se partagea entre films d'auteurs (chez Griffi, Visconti, Petri, …) et cinéma bis (chez Fulci, Bazzoni, Mingozzi, …). Et l'on n'aura garde d'oublier Lucia Bosè, ancienne égérie du néo-réalisme qui travailla pour les plus grands (Antonioni, Bolognini, mais aussi Buñuel et Duras), et que l'on retrouve dans *La controfigura* de Romolo Guerrieri. Dernier exemple saisissant : un giallo aussi transgressif que *La Baie sanglante* de Bava réussit la gageure de réunir trois comédien(ne)s italien(ne)s aussi émérites qu'Isa Miranda (ancienne star de la période fasciste), Leopoldo Trieste (jusque-là plutôt habitué des plateaux de Fellini, Risi ou Germi) et Laura Betti (actrice fétiche de Pasolini).

Faut-il préciser que les chefs-opérateurs, et parmi les plus prestigieux, ne furent pas en reste ? Vittorio Storaro sut se montrer aussi fidèle à Bernardo Bertolucci et Francis Ford Coppola qu'à son cousin Luigi

10 De ce film étonnant, qui tout à la fois oppose et unit Milián à un autre grand acteur, le Français Pierre Clémenti (abonné, lui, au cinéma d'auteur ou expérimental), on a pu dire que « si Visconti avait signé un *giallo*, ce serait [celui-là] » (Jean-François Rauger : https://www.cinematheque.fr/film/78580.html) (consulté le 01/11/2024).

Bazzoni, et épaula l'apprenti-réalisateur Dario Argento sur *L'Oiseau au plumage de cristal*. Luciano Tovoli, qui exerça ses talents auprès non seulement d'Antonioni mais aussi de réalisateurs français aussi divers que Pialat, Deray, Molinaro ou Veber, fut recruté par Argento pour *Suspiria* et *Ténèbres*. Le très versatile Luigi Kuveiller, proche collaborateur d'Elio Petri, signa par ailleurs la photographie des *Frissons de l'angoisse* d'Argento, ainsi que celle du *Venin de la peur* et de *L'Éventreur de New York* de Fulci. Aldo Tonti travailla aussi bien pour des Lattuada, Rossellini et autres Monicelli que pour Lucidi, Sollima, Tessari ou De Martino. Pour ce qui est des compositeurs, il n'est que de retenir l'immense et prolifique Ennio Morricone, dont la notoriété s'étend bien au-delà du cercle des amateurs de films de genre, et qui, tout au long des années 1970, façonna le paysage sonore et musical d'une pléthore de gialli, dont la « trilogie animalière » de Dario Argento (*L'Oiseau au plumage de cristal – Le Chat à neuf queues – Quatre mouches de velours gris*). Il serait loisible d'élargir le recensement à d'autres postes-clés de la création cinématographique. Le très fellinien Bernardino Zapponi, par ailleurs auteur de nouvelles fantastiques, ne co-scénarisa-t-il pas *Les Frissons de l'angoisse* d'Argento et *E tanta paura* de Cavara ? Mario Serandrei, grande figure du cinéma italien d'après-guerre, fidèle collaborateur de Blasetti, Visconti, Zurlini ou Rosi, ne monta-t-il pas aussi plusieurs films de Bava, dont *La Fille qui en savait trop* ? Pupi Avati, qui co-écrivit le *Salò* de Pasolini, n'oscilla-t-il pas, sa carrière durant, entre cinéma horrifique et cinéma, sinon d'auteur, tout au moins plus classique ?

De peur de lasser, laissons là cette tentative d'inventaire, non sans souligner, toutefois, que les auteurs les plus illustres, Antonioni et Visconti en tête (Petri étant un cas idiosyncrasique plus retors), auront à leur manière « flirté », parfois avant la lettre, avec le giallo, ou tout au moins se seront positionnés par rapport à lui (que ce soit au titre de polar générique ou de thriller spécifique à l'italienne). Dans la carrière du premier, on pensera notamment à *L'avventura* (que nous serons amenés à recroiser), *Blow-Up* (dont a déjà été relevée l'influence notable sur le Dario Argento des *Frissons de l'angoisse*, mais aussi sur le Tinto Brass d'*En cinquième vitesse*), et peut-être même *Profession : reporter* (pour lequel Antonioni dira avoir délibérément réduit le suspense à la portion congrue). Du second, on pourra faire une manière de précurseur avec

Les Amants diaboliques ou même *Nuits blanches*[11]. Sans oublier *Sandra*, « un giallo comme l'Orestie », selon le sous-titre donné au scénario, « un *giallo* inhabituel », selon Visconti lui-même qui précise : « un policier où tout est clair au début et obscur à la fin », pour autant qu'une apparente transparence mène à une profonde énigmaticité[12]. On verra que ces deux pôles, une fois rapprochés, sinon confondus, ne sont pas étrangers à la question de l'ennui.

11 Voir l'étude de Jean Regazzi : « Blanc profond. Le giallo selon Visconti », in Jean-Louis Leutrat (dir.), *Cinéma & littérature : le grand jeu*, vol. 2, De l'Incidence éditeur, 2011, p. 401-418.

12 L. Visconti, "Un dramma del non essere", in Pietro Bianchi (dir.), *Vaghe stelle dell'Orsa di Luchino Visconti*, Bologna, Cappelli, 1965, p. 34. Une traduction française de l'essai de Visconti a paru, sous l'intitulé « Un drame du non-être », dans les *Cahiers du cinéma* (n° 174, janvier 1966, p. 53-56). Voir aussi Suzanne Liandrat-Guigues, *Les Images du temps dans* Vaghe stelle dell'Orsa *de Luchino Visconti*, Paris, Presses de la Sorbonne Nouvelle, 1995, p. 195-199.

PEINTURE DE L'ENNUI

L'Île de l'épouvante (Mario Bava), *Le Tueur à l'orchidée* (Umberto Lenzi), *Photo interdite d'une bourgeoise* (Luciano Ercoli)

L'Île de l'épouvante (*Cinque bambole per la luna d'agosto*) est l'un des films les plus méconnus de Bava. Et pour cause : volontiers minoré par les inconditionnels du cinéaste, qui lui-même se plaisait à en faire son plus mauvais opus[1], il fut tourné au pied levé à partir d'un scénario indigent (une pâle resucée des *Dix petits nègres* d'Agatha Christie) et avec une équipe (acteurs et techniciens) déjà constituée. Le film constitue pourtant un moment-charnière dans le corpus bavien : il s'inscrit dans l'esprit de *Six femmes pour l'assassin* tout en servant de galop d'essai ou de brouillon au proto-*slasher* que sera, l'année suivante, *La Baie sanglante*. De ce dernier, il est, dans le même temps, le pendant inverse. Certes, ce n'est pas sans un certain panache dans l'exubérance teintée d'humour noir que *L'Île de l'épouvante*, annonciateur du *body count*, empile une à une les victimes. Ou bien plutôt les suspend-il, enlinceulées de simple plastique opalescent (à la semblance des dépouilles des astronautes, eux « ressuscités », de *La Planète des vampires*), à des crocs de boucher dans une chambre froide, en compagnie de quartiers de bœuf et sur fond de cageots de fruits et de légumes. En lieu et place, cependant, de la sauvagerie *gore* plein écran de *La Baie sanglante*, les meurtres sont sciemment et systématiquement laissés hors champ. Les cadavres s'apparentent dès lors au sens strict à des *faits accomplis*, sans parfois d'autre transition entre la découverte du corps et son *accrochage* (et l'on verra bientôt le rapport à l'art pictural) qu'un bref passage au flou, comme dans le cas de Peggy, l'épouse de Jack. Que l'on considère que le cinéaste bâcle un travail strictement « mercenaire » ou sabote à dessein une histoire dont il pense pis que pendre pour mieux se livrer, en guise

1 Entretien avec Luigi Cozzi (*Horror* n° 13, 1971).

de rédemption ou de sublimation d'un matériau calamiteux, à un pur exercice de style et composer « une véritable symphonie en bleu[2] », il fait peu de doute que Mario Bava filme avec une désinvolture mêlée de raillerie des personnages à la fois insipides et blasés, qu'on croirait tout droit sortis d'un vulgaire roman-photo. Un cynisme de classe quelque peu forcé peut même poindre lorsque la très volage Marie et le très tolérant Nick, moins époux, semble-t-il, qu'associés en affaires, discutent du domestique Jacques, vu un peu plus tôt roucoulant dans les bras de Marie. À celle-ci qui fait effrontément de cette toquade un geste charitable pour « aider la classe ouvrière », Nick objecte une faute de goût (*una questione di buon gusto*), même si c'est pour mieux canaliser la nymphomanie de sa femme, ou orienter ses appâts, vers une proie au contraire fort juteuse : à savoir, le Professeur Fritz Farrell, détenteur d'un secret de fabrication industrielle. Difficile de ne pas voir ici une forme d'auto-dérision, dans la mesure où Bava déploie de part en part une esthétique kitsch, un décor hétéroclite à la fois imposant et de mauvais aloi, où le modernisme architectural s'allie à l'art abstrait et avant-gardiste quand il ne côtoie pas des antiquités et un néo-classicisme « pompier ». Peut-être évoquerait-on plus justement un esthétisme à dessein dégradé ou démystifié[3], visée de dépréciation que l'on retrouverait d'ailleurs sur le plan de la scientificité avec cet improbable MacGuffin hitchcockien qu'est la « formule » d'une résine synthétique révolutionnaire développée par Farrell (*formule* que l'on pourrait aussi entendre comme autoréférence ironique au *filone*…). Dès la bacchanale ouvrant le film, le meurtre giallesque ritualisé s'avère un simulacre farcesque de sacrifice de la vierge de la tribu. Laquelle n'est autre ici, sous les atours d'une jeune débutante dénommée Edwige Fenech et promise à un avenir d'icône du genre, que Marie, la « garce » du groupe, dont la plaie apparemment sanglante est, en réalité, maculée de banal jus de tomate que de l'eau de Seltz, pulvérisée par l'un des invités, a tôt fait de rincer.

La première mort non feinte est celle du valet de chambre dont le corps, d'abord découvert par Marie sur une couchette de la vedette,

2 Pascal Martinet, *Mario Bava*, Paris, Edilig, 1984, p. 27.

3 Alberto Pezzotta va jusqu'à parler d'« esthétique du laid » : « La laideur devient un gaspillage, une arabesque gratuite, une volute pop. En un mot, elle devient belle. » (*Mario Bava. Un désir d'ambiguïté*, Condé-sur-Noireau, La tour verte, 2018, p. 175).

gît un peu plus tard, inexplicablement, sur le rivage. Juste avant d'en arriver à cette macabre révélation, la caméra panote en gros plan sur des « débris » jonchant le sable mouillé : toile immaculée, pinceaux, tubes de peinture, palette, chevalet renversé (Fig. 15), avant de remonter sur la longue robe d'été chamarrée de Jill en état de choc. Un plan en plongée s'élargit en zoom arrière pour enchâsser le cadavre de Jacques au sein d'une composition de rebuts marins échoués sur la grève. On devine qu'après s'être essayée un peu plus tôt à la *nature morte* (un faisan sur un plat, accompagné de fruits et de légumes) dans la cuisine de la villa, Jill s'était aventurée sur la plage pour peindre cette fois-ci, sinon *sur le vif*, sur le motif – ce dernier n'étant d'évidence pas celui qu'elle escomptait... En ce sens, le dispositif sépulcral[4] des dépouilles successives suspendues telles des carcasses dans la chambre frigorifique, au son de la même ritournelle incongrûment enjouée, tient à la fois du tableau vivant (pour manier le paradoxe), de l'*installation* lugubre et de l'inscription dans une longue tradition picturale de représentation de la viande (cuisines, tablée, étal, abattoir, etc.) (Fig. 16). On pourra plus particulièrement penser à Rembrandt et son *Bœuf écorché* (1655), dont un Chaïm Soutine ou un Francis Bacon sauront s'imprégner à trois siècles de là. Ce dernier ne déclarait-il pas : « C'est sûr, nous sommes de la viande, nous sommes des carcasses en puissance. Si je vais chez un boucher, je trouve toujours surprenant de ne pas être là, à la place de l'animal[5]... » ? Quant à Jill, elle se trouvera ultérieurement désignée comme victime imminente par un montage *cut* nous faisant passer de la défunte Marie dans son fourreau de plastique, dodelinant lentement au bout d'une corde, à un (auto)portrait naïf, sur fond de majestueuses tentures écarlates, trônant sur son support

4 Rappelons que le cinéma fantastique ou d'épouvante a produit quelques exemples frappants de *display* macabre. Ainsi du *Chat noir* d'Edgar G. Ulmer, où les corps de femmes naguère aimées sont conservés sous verre, dans son laboratoire, par le satanique et sadique Poelzig. Ou du *Moulin des supplices* de Giorgio Ferroni, aux accents baviens indéniables, où trône un carrousel mécanique de statues de cire qui ne sont autres que d'innocentes victimes arrangées par un savant fou en scènes de martyre. Sur le versant spécifique du *giallo*, mentionnons *L'Affaire de la fille au pyjama jaune* de Flavio Mogherini, où le corps embaumé d'une inconnue au visage calciné est placé dans une vitrine et exposé au regard tantôt écœuré, tantôt concupiscent du public. Ou encore : *Frissons d'horreur* d'Armando Crispino, et son effroyable « musée des horreurs » de la police médico-légale.

5 Francis Bacon, *L'Art de l'impossible. Entretiens avec David Sylvester.* Cité par Gilles Deleuze, in *Francis Bacon. Logique de la sensation*, Paris, Ed. de la Différence, 1981, p. 21.

dans la chambre de la plasticienne transformée en studio de peintre. Son mari, George, lui demande sans obtenir de réponse ce que peut bien signifier cet étrange minois aux yeux écarquillés, strié de haut en bas, à partir de la chevelure, d'inquiétants filets rouge sang (Fig. 17), avant que la scène ne se conclue par un plan éminemment pictural, tout en volutes et arabesques chromatiques, du reflet dans un miroir de Jill en pleurs sur son lit, se prenant le visage dans les mains. À la séquence suivante, lors d'un pugilat entre George et Nick (en partie filmé à travers une cloison en bois à claire-voie créant un effet de mosaïque presque abstrait), une table basse et l'artéfact moderne qui y reposait sont renversés, faisant s'éparpiller une myriade de billes en verre, lesquelles dévalent l'escalier et nous mènent jusqu'à la baignoire où gît Jill, les poignets tailladés, son sang se mêlant à la mousse du bain. On voit combien Mario Bava procède, avec ses moyens propres mais fidèle à sa vocation première de plasticien, par touches visuelles, par compositions picturales, par référence détournée, ou sur un mode grotesque (lequel a aussi ses lettres de noblesse), à la « grande » peinture.

FIG. 15 – Mario Bava, *L'Île de l'épouvante*, 1970.

FIG. 16 – Mario Bava, *L'Île de l'épouvante*, 1970.

FIG. 17 – Mario Bava, *L'Île de l'épouvante*, 1970.

En écho, involontaire ou imitatif, une séquence du *Tueur à l'orchidée* (*Sette orchidee macchiate di rosso*, 1972) d'Umberto Lenzi voit l'artiste Cathy Adams rentrer, après un vernissage, dans son appartement-atelier.

Alors qu'elle nourrit ses chats, bientôt terrassés par le lait ingurgité, une ébauche de portrait féminin en bleu – ou s'agit-il là encore d'une forme d'auto-représentation ? – reposant sur un chevalet a été mystérieusement aspergée de peinture ou teinture rouge vif, des larmes de « sang » s'écoulant ainsi des yeux du visage sur la toile (Fig. 18)[6]. Cathy se précipite sur le téléphone (couleur grenat, peut-être en hommage aux premiers gialli de Mario Bava), mais le tueur aux gants de cuir parvient à l'étrangler avec le cordon du combiné avant même qu'elle n'ait pu appeler les secours. Elle expire sur un ultime échange de regard en gros plan entre ses yeux rougis au point lacrymal sous l'effet de l'asphyxie et ceux, dégoulinant de « sang » comme on l'a dit, du tableau. La scène s'achève sur une autre forme de *dripping* transgressif[7], le corps affalé de Cathy, quasi « mannequinisé » (autre trait bavien, s'il en est) dans le trépas, faisant office de surface à « badigeonner ». Sa tête et ses épaules s'inscrivent ainsi dans un châssis ancien en bois doré, et son buste dénudé est éclaboussé par de la peinture s'égouttant de vulgaires pots renversés sur des étagères en surplomb[8] (Fig. 20). Et ce, sans qu'on puisse tout à fait déterminer, tant le montage est nerveux et elliptique (à l'instar, derechef, de celui de *L'Île de l'épouvante*), si c'est là le résultat de la lutte avec l'assaillant ou une mise en scène perpétrée avec un esthétisme de circonstance, en un pâle mimétisme de Dario Argento. Il serait dès lors tentant de voir dans le film de Bava comme dans celui de Lenzi des velléités moins de cannibaliser que de « carnavaliser » la veine esthétisante ou le maniérisme baroque affiché(e) d'emblée par Dario, en successeur putatif de Mario. De trivialiser, en quelque sorte, les abondantes

---

6 Loin d'une telle « finesse » perversement artistique, le Christian de *Spasmo* se contentera, non sans rage froide, de projeter de la peinture rouge sang sur le portrait qu'avait exécuté son ex-petite amie (qu'il vient d'étrangler) (Fig. 19).

7 Voir aussi, dans *Le Venin de la peur* de Fulci, la jeune hippie Jenny recluse dans un hangar, lançant de toutes ses forces des couteaux trempés dans des pots de couleur qui viennent se planter et dégouliner sur une immense toile blanche. Dans la version anglaise, elle définit génériquement son art comme « de la peinture » (*painting*). En italien, il s'agit dans sa bouche de *dipping* [*sic*]… Quant à son « œuvre » présente, elle la qualifie au choix, sans qu'on sache s'il faut y voir de la part de Fulci, une touche ironique d'autodénigrement quant à son film, de *yellow muck* (« mocheté jaune »), ou de *putrefazione* !

8 Rappelons qu'avant même Jackson Pollock, Max Ernst eut l'idée au tout début des années 1940 de tracer des courbes de Lissajous en remplissant de peinture une boîte percée en son fond, de manière à laisser goutter la couleur au-dessus de la toile, selon un mouvement de balancier.

références picturales qui parsèmeront l'œuvre argentien, ainsi que la place centrale qu'y tiendront le « grand art » et le milieu artistique, tout en sachant aussi allier ces derniers à des formes plus artisanales ou populaires, voire kitsch. À cette réserve (qui n'est pas mince….) que le processus s'accomplirait paradoxalement par anticipation ! Car, d'une part, la sortie de *L'Île de l'épouvante* coïncide très exactement avec celle de *L'Oiseau au plumage de cristal*, ce qui forclôt *de facto* tout type d'innutrition, que ce soit de manière unilatérale ou réciproque. Et de l'autre, *Le Tueur à l'orchidée*, s'il fait bien suite à la *trilogia zoologica* d'Argento, précède nettement les grandes scènes picturo-filmiques argentiennes que sont : la galerie de portraits, ou plutôt de *grotesques*, où se tapit l'identité de l'assassin, et le bar sur la grand-place inspiré du *Nighthawks* de Hopper dans *Les Frissons de l'angoisse* ; le tableau conclusif, proche d'une « Composition suprématiste » à la Malevitch, du premier (double) meurtre de *Suspiria*, film d'horreur surnaturel aux inflexions volontiers giallesques ; la gerbe d'hémoglobine giclant du bras sectionné à la hache de Jane sur la surface immaculée d'un mur (variante verticale du *dripping* sanguinolent) dans *Ténèbres* ; sans parler, bien plus tardivement, du *Syndrome de Stendhal* immergeant son héroïne dans les chefs-d'œuvre qu'abritent les *Uffizi* de Florence.

FIG. 18 – Umberto Lenzi, *Le Tueur à l'orchidée*, 1972.

FIG. 19 – Umberto Lenzi, *Spasmo*, 1974.

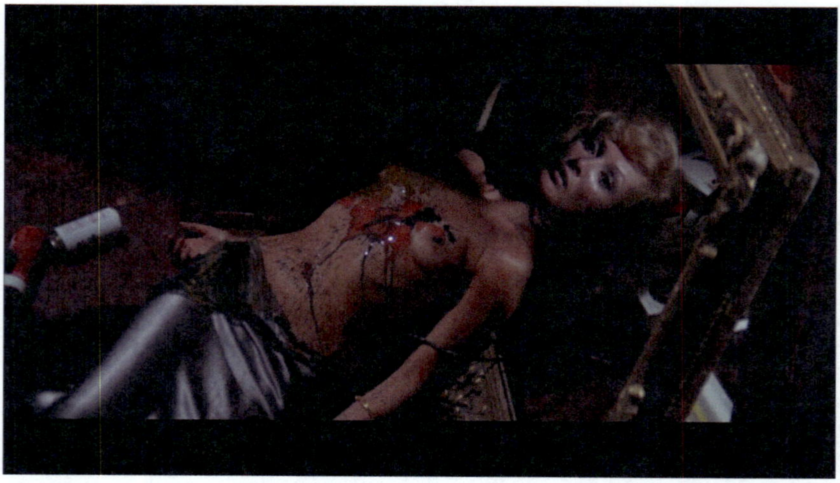

FIG. 20 – Umberto Lenzi, *Le Tueur à l'orchidée*, 1972.

La part délibérément désacralisante ou consciemment parodique des exemples de Bava et de Lenzi est donc mal assurée par rapport au paradigme promu par Dario Argento et dont on peut penser qu'un héritage à double détente le sous-tend. Pour le dire vite : celui de

Thomas de Quincey considérant l'assassinat comme « l'un des beaux-arts[9] » ; celui d'Edgar Allan Poe, déjà cité, faisant de « la *mort* d'une *belle femme* » « le plus poétique sujet du monde », une fois la Mort (et non pas l'agonie, donc) définie comme le plus mélancolique de tous les sujets et la Beauté comme « l'atmosphère et l'essence de la poésie » (représentation langagière et non visuelle, donc)[10]. À quoi l'on pourrait encore ajouter, pour faire bonne mesure (misogyne), mais aussi selon une perspective à la fois plus cinématographique et contemporaine, tel propos d'Alfred Hitchcock faisant des blondes « les meilleures victimes » : « elles sont comme la neige immaculée qui fait ressortir des traces de pas ensanglantées ». Ce même Hitchcock s'ingéniant, par ailleurs, à « filmer[r] les scènes d'amour comme des scènes de meurtre et les scènes de meurtre comme des scènes d'amour », selon une célèbre tournure chiasmatique du *Hitchcock/Truffaut*… Quoi qu'il en soit, il serait loisible de vérifier plus avant la posture à mi-chemin de la démarque et de l'irrévérence vis-à-vis d'Argento, mentionnée ci-dessus, à partir de cas ultérieurs, n'était qu'entrant, au mitan de la décennie 1970, dans une phase descendante, c'est le giallo *in toto* qui tend à devenir l'ombre flétrie ou le travestissement caricatural de lui-même. De *L'Île de l'épouvante* au *Tueur à l'orchidée*, il est, en revanche, un autre fil rouge qui, à défaut sans doute d'être ontologiquement constitutif du genre, ne le traverse pas moins de part en part, et ne peut que nous ramener à un questionnement d'abord mené sous l'angle de la *terza visione* : l'ennui. Se pourrait-il dès lors que la dévaluation (par tour de vis prosaïque et *tongue-in-cheek*) d'une certaine esthétisation visuelle, telle qu'on l'a décrite plus haut, aille de pair avec, ou soit contrebalancée par, une esthétique ou une stylistique de l'ennui ? Si bien que, pour le formuler plus succinctement, trouverait à s'accomplir un plaisir – qui sait, même, une volupté – dans ou de l'ennui. Roland Barthes n'écrivait-il pas, à propos de la lecture : « L'ennui n'est pas loin de la jouissance : il est la jouissance vue des rives du plaisir[11]. » … ?

---

9 *On Murder Considered as one of the Fine Arts*, essai d'abord paru en 1827 en revue, puis en 1854 sous sa forme développée et définitive. *Suspiria de Profundis*, roman du même auteur, fut une source d'inspiration pour la « Trilogie des trois mères » de Dario Argento.

10 « La Genèse d'un poème », *Histoires grotesques et sérieuses*, *op. cit.*, p. 358 et 354 (les italiques, ajoutées par Baudelaire, accentuent encore la pertinence par rapport à l'esthétique argentienne).

11 *Le Plaisir du texte*, Paris, Seuil, 1973, p. 43.

Il ne fait pas de doute que, dans leur trépidante consécution, les premières séquences du film de Lenzi participent d'une geste giallesque pleinement iconique. Meurtres successifs, dont celui sur lequel nous nous sommes précédemment penchés, sans lien apparent entre eux et le plus souvent en plan subjectif ; gants de cuir noir et signature fétichiste du maniaque (un croissant de lune argenté, déposé sur le corps de sa victime) ; motif musical enivrant de Riz Ortolani, dès l'ouverture. Passé ce premier quart d'heure prometteur, *Le Tueur à l'orchidée* s'enlise, toutefois, dans une enquête qui induit d'autant plus un sentiment de lassitude chez le spectateur qu'elle est elle-même dédoublée. D'un côté, donc, s'engage une « procédure » policière classique qui ne saurait, cela va de soi, aboutir ; or, comme aimait à le rappeler Hitchcock, si personne n'appelle la police dans ses films, c'est tout bonnement que celle-ci est à coup sûr synonyme d'ennui... De l'autre, délaissant bien précipitamment leur lune de miel, un jeune couple (Giulia et Mario, personnages ternes, interprétés par des acteurs peu inspirés, auxquels on serait bien en peine de s'intéresser) se lance dans des investigations parallèles interminables, non sans emprunter, au passage, des techniques « officielles » telles que l'établissement par un spécialiste d'un portrait-robot. Libre dès lors à chacun de rêver, durant la séance ou après, nonchalamment ou diligemment, à un remontage qui ne conserverait, en les attelant les unes aux autres, que les scènes de meurtre, efficaces à défaut d'être tout à fait originales. On retiendra notamment, bien qu'hâtivement exécutée tant narrativement que visuellement, une mort par « noyade » dans une baignoire, modelée, en amont, sur une séquence infiniment plus « poétique » de *Six femmes pour l'assassin* de Bava, et, en aval, « raffinée » par ébouillantement dans *Les Frissons de l'angoisse* d'Argento. Et cette autre par perceuse, dans le sous-sol d'un immeuble, que Brian De Palma s'ingéniera à recréer dans son très hitchcockien *Body Double*[12].

La question de l'ennui acquiert une tout autre tonalité dans *L'Île de l'épouvante*, dans la mesure où elle s'y trouve verbalisée et thématisée, non sans une pointe d'ironie goguenarde de la part de Bava, à l'endroit de sa réalisation comme de son public. À tout juste trois minutes d'intervalle, Peggy déclare à Jack : « Je sens qu'il va arriver quelque chose », et Trudy confie à Jill que « tout le monde semble attendre une

12 La même année que *Le Tueur à l'orchidée*, *Folie meurtrière* de Tonino Valerii (voir *infra* l'analyse du film) comporte une scène particulièrement *gore* d'homicide à la scie électrique.

chose qui n'arrive jamais[13] ». Ces deux observations interviennent à un point du film où l'histoire est, de fait, de plus en plus *encalminée* par réduction à des vignettes de personnages, esseulés ou en duos, souvent figés ou épinglés par un zoom, contemplant le large ou devisant au bord de l'eau. L'attente, la non-événementialité, le creux (de la vague, si l'on ose dire...), la stase se taillent, narrativement et visuellement, la part du lion. Il en résulte un *suspens sans suspense*, dont il ne serait peut-être pas inopportun de faire une définition synthétique de l'ennui giallesque, comme le confirmeront encore les *bambole* lenziennes de *Spasmo* accrochées aux arbres, à la fois surréelles et magnétiques[14]. C'est à se demander si Bava n'a pas malicieusement souhaité que son film soit, de place en place, bel et bien *suspendu* ; qu'il ballotte mollement, à l'instar des victimes, engoncées dans leurs gaines mortuaires transparentes, au bout de leur corde. Lesquelles paraissent *attendre* aussi qu'un(e) semblable vienne les rejoindre... ce qui ne manque pas de survenir. C'est qu'à ce stade du récit un entre-deux prolongé s'est installé : plus le moindre cadavre en vue entre la 20e et la 41e minute. Cette « pénurie » est à présent près de prendre fin, non sans passer par un bref moment équivoque, ponctuant de nouveau ce sentiment de virtualité indéterminée, d'advenue différée sur un mode à la fois titillant et lassant.

C'est ainsi à travers une alliance de gros plans extrêmes et d'un jeu de bascule répété entre net et flou qu'on entrevoit l'adolescente Isabelle (la fille du garde-chasse, lequel a dû s'absenter), armée d'un fusil à lunette, abattre Fritz Farrell qui s'écroule sur le sable. Or, le temps pour Jill et Trudy d'aller chercher du secours, le corps du savant s'est évaporé. À l'inverse des personnages, les spectateurs devinent que cet apparent tour de passe-passe est le fait de l'auteure du tir qui a traîné sa victime jusque dans les flots. Or, sous diverses formes, ce jeu de cache-cache ne cesse de... réapparaître. Peu après la « volatilisation » de Farrell, les survivants « s'activent », ou plutôt errent, à tout sens et en tous sens, à la recherche de Jack (sur la grève, parmi les dunes rocheuses, dans la palmeraie – tous lieux également déserts), sous le regard impassible et

13 Les sous-titres français sont en l'occurrence fidèles aux versions audio italienne et anglaise. Le doublage français va, par contre, dans le sens d'une explicitation dans le premier exemple (« Je suis sûre que le meurtrier va recommencer »), et se contente d'une reformulation maladroitement formelle dans le second (« Tout le monde semble être paralysé dans l'attente d'un évènement qui n'arrive pas. »).

14 Voir *infra* la section consacrée à ce film.

surplombant d'Isabelle se balançant sur une escarpolette de fortune. La séquence s'éternise sur deux bonnes minutes pendant lesquelles rien ne se passe, sinon que, comme livrés à eux-mêmes ou à leur propre ennui, les personnages passent et repassent (avant de trépasser !) à l'écran, à l'instar du mouvement de va-et-vient d'Isabelle. Tous vocifèrent à qui mieux mieux : « Jack… où es-tu ? ». De retour à la résidence, ils découvrent ledit Jack avachi sur un canapé, non pas occis mais simplement assoupi – serait-ce par inaction ou par détachement, à la semblance, en somme, d'un spectateur finissant par « décrocher » d'une narration léthargique ou inane… ? Comme par carambolage, une question, toutefois, fuse : « Où est Marie ? » Cette fois-ci, vitesse et ellipse priment, comme si la question appelait, par court-circuit ou magie visuel(le), réponse immédiate : un effet vertigineusement accéléré de balayage optique s'interrompt brutalement pour nous projeter sur un gros plan du buste de Marie, ensanglanté par un poignard. Un zoom arrière fulgurant nous présente incontinent la jeune femme les poignets liés par une corde, telle une martyre, à un palmier. Nouveau ralentissement : la caméra passe, en s'y attardant, d'un visage des rares survivants à l'autre. Coupe franche : ensaché dans du plastique, le visage de Marie tangue avec une morbide indolence dans le local réfrigéré. On conçoit qu'un tel montage « à sauts et gambades », pour parler comme Montaigne, ne saurait se fondre commodément dans le *tempo* conventionnel, non plus que dans les mentalités usuelles, de la *terza visione.* Les changements de rythme brusques et imprévisibles, tout autant que les décapantes salves d'humour noir et d'autodérision, s'évertuent à miner ou à déconstruire le récit, dans le même temps que la *distribution* s'amenuise…

Un ultime alanguissement survient dans le dernier quart du film, lié de nouveau à un double phénomène d'endormissement et d'escamotage des actants. Après s'être enivrés, George, Jack et Trudy, les trois personnages restant en lice (hormis Nick qui a préféré fuir… pour mieux finir, lui aussi, en pièce de viande suspendue) semblent sombrer dans un irrépressible et profond sommeil – qui en travers d'un divan, qui à même la moquette. Or, revenant inopinément sur l'île, le capitaine du yacht des Stark, encadré de ses hommes, trouvent la maison parfaitement rangée et entièrement inoccupée, à commencer par le spacieux salon où les rescapés venaient tout juste de succomber à leur torpeur alcoolisée. Trois plans saccadés en légère plongée et en pleine profondeur de champ nous restituent le décor surchargé d'objets et de mobilier, mais à présent débarrassé de toute présence humaine, comme s'il s'agissait d'un monde parallèle, d'une brèche spatio-temporelle. Affecté d'une discrète inclinaison, l'un de ces plans n'est-il point fait pour suggérer une embarcation qui gîte et ainsi brouiller davantage, entre mer et terre ferme, la perspective et la topographie ? Quant à la villa vue de l'extérieur, n'a-t-elle pas – pure chimère façonnée par Bava, fidèle à sa coutume, en *matte painting* (peinture sur verre) – les allures d'un OVNI posé à même la falaise ? L'équipage nautique une fois reparti, on retrouve comme par enchantement[15] les personnages où on les avait laissés, avant qu'ils ne reprennent un à un leurs esprits et ne réalisent que l'un d'entre eux avait drogué leurs verres.

On pressent peut-être avec cette dernière scène combien le traitement foncièrement ludique et métafilmique auquel Mario Bava soumet un matériau scénaristique qui le fait, à n'en pas douter, le premier bâiller d'ennui pourrait tout aussi bien prendre une autre direction, comme c'est le cas dans nombre d'autres gialli. L'expectative et le suspens, l'ensommeillement et l'illusionnisme y sont alors subrogés par – ou infléchis vers – d'autres états ou d'autres contextes, eux-mêmes susceptibles, indépendamment de toute considération d'intentionnalité, de « déteindre » sur la conscience spectatorielle, qu'ils soient d'ordre hallucinatoire (ou hallucinogénique), onirique, hypnotique ou encore somnambulique. Une première et très remarquable illustration nous en avait été livrée, à la marge du genre, par le *Donna del lago* de Luigi Bazzoni. Las sans doute de rester confinés au salon ou de se terrer dans leurs chambres respectives, pris au piège d'un huis clos sartrien où « l'enfer, c'est les autres » (et d'autant plus les autres que chacun est un suspect potentiel aux yeux d'autrui…)[16], les personnages de *L'Île de l'épouvante* se mettent, eux, on l'a vu, à déambuler alentour de la luxueuse villa. Un peu au hasard et vaguement hébétés, tels des *somnambules en plein jour*, en quête d'un des leurs qui ne s'était en fait jamais *éclipsé* du logis – tout au plus *mourait-il d'ennui*… Faut-il voir ici une pierre dans le jardin d'Antonioni, qui ne fut pas seulement un cinéaste du vide, de l'absence ou de l'abandon, mais

15 De fait, l'impression produite n'est pas très éloignée des effets et des trucages du cinéma des premiers temps, Méliès en tête. Une explication « rationnelle », bien que très giallesquement tirée par les cheveux, ne manquera pas d'être fournie au dénouement.

16 À noter que Chris Fujiwara assimile, avec justesse, la villa côtière du *Spasmo* de Lenzi à une sorte de *purgatoire* pour les personnages ("Boredom, *Spasmo*, and the Italian System", art. cité, p. 248).

se montra surtout hanté par le battement, ontologiquement filmique il est vrai, entre apparition (souvent épiphanique) et disparition (parfois, réapparition) ? Tout au moins pourra-t-on penser, plus spécifiquement, à une sorte d'inversion parodique de *L'avventura*, ce film que son auteur alla jusqu'à qualifier de « giallo à l'envers », si l'on en croit le critique américain Seymour Chatman qui, ne précisant davantage sa source, a pu tout aussi bien puiser à une étude plus ancienne, française celle-là, appliquant la formule à la fois à *Chronique d'un amour* et à *L'avventura*[17].

Par ailleurs et plus largement, s'est dégagée et déployée, dès les prémices du genre, on l'a dit, la peinture d'une existence oisive, évidée, débauchée ou décadente, les sempiternelles intrigues giallesques gravitant autour de personnages désœuvrés ou abouliques, selon une recette simplissime mais éprouvée : argent-sexe-drogue-alcool. De sorte que, l'ennui étant intrinsèquement « le tombeau des passions » (selon la docte définition qu'en donnait l'*Encyclopédie* de Diderot et d'Alembert), les machinations, manigances, chantages, agressions et autres actes de violence ou de turpitude innervant ces films pourraient se concevoir comme autant de « diversions[18] ». Ou, pour le dire autrement, comme autant de pulsions à tous sens *déviantes*, propres à combler cet état de vacance ou de somnolence qui les entoure, voire les enveloppe. Propres aussi à compenser ce *farniente* qui n'en est d'ailleurs peut-être pas un, puisqu'il n'est pas même assuré que les intéressés y trouvent une quelconque détente ou le moindre plaisir. Un *farniente* cru ou dévalué, donc, qu'on le rapporte à la *dolce vita* de Federico ou à l'*antoniennui*[19] de

17 Seymour Chatman, *Antonioni, or The Surface of the World* (Berkeley, University of California Press, 1985, p. 16) : « *"a* giallo *in reverse" (his own phrase)* » (un giallo inversé (selon sa propre expression)) ; Roger Tailleur & Paul-Louis Thirard, *Antonioni* (Paris, coll. « Classiques du cinéma », Éditions universitaires, 1963, p. 105) : « *L'avventura* marque comme un retour à la *Chronique* : *giallo* ("policier") à rebours, mais *giallo* quand même, comme le premier ». Quoi qu'il en soit, cette appellation flottante de *giallo* serait anachronique si elle ne s'entendait pas, y compris dans la bouche « hypothétique » d'Antonioni, au sens plus générique de polar. D'où la précision de « policier » chez Tailleur et Thirard, et de « film noir » hollywoodien, surtout à propos de *Chronique d'un amour*, chez Chatman.

18 Au sens du titre français, étonnamment à rallonge, de *La noia* (1963), film éponyme de Damiano Damiani adapté du roman *L'Ennui* (1960) d'Alberto Moravia : *L'Ennui et sa diversion, l'érotisme*. Rappelons qu'outre de nombreux films policiers, Damiani est aussi l'auteur d'un film aux contours giallesques, librement inspiré d'un autre récit de Moravia (« La marcia indietro ») : *Una ragazza piuttosto complicata*.

19 Mot-valise mi-facétieux mi-admiratif forgé par Andrew Sarris, qui fut longtemps l'un des critiques les plus influents outre-Atlantique. « Ennui » est à prendre au sens fort

Michelangelo... De tous ces traits, *La Mort a pondu un œuf* (le giallo en forme d'hapax de Giulio Questi) pourra faire figure d'exemplaire démonstration, comme on l'a précédemment analysé, plus particulièrement sur le versant sociétal de l'anomie, celle-ci encourageant, par contrecoup, les violents fantasmes sadomasochistes du protagoniste.

Il n'en demeure pas moins que l'exemple de *L'Île de l'épouvante* est là pour témoigner de ce que l'ennui spectatoriel peut être transcendé par la beauté visuelle et plastique de certains plans qui, aux yeux des « esthètes » du genre, fait tout le prix et le miel de ce type de cinéma, dont l'œuvre de Bava constitue indéniablement une forme d'apogée. Comme si, flâneur ou butineur, un rapport d'ordre strictement artistique aux images était à même d'évacuer toute « participation affective » et tout « transfert perceptif », peu ou prou inhérents à l'expérience du cinéma narratif ou « de diégèse[20] ». Était apte, en somme, à se déprendre des effets de suture narrative, de projection identificatoire ou d'illusion mimétique. On serait presque tenté d'appliquer au film le commentaire de Nick sur Trudy : « belle et glaciale », à l'exemple de ces images inlassablement reprises des corps emballés de plastique et suspendus dans la chambre... froide. Il est vrai que Mario Bava possédait une inventivité artistique exceptionnelle, tout en sachant faire preuve d'une distance ironique vis-à-vis de sa création ou ménager des effets de mise en abyme par rapport à un matériau inepte, comme on a pu le voir.

Tournons-nous, par souci de comparaison, vers un cinéaste bien moins talentueux, et d'abord producteur : Luciano Ercoli. On lui doit, au début des années 1970, trois gialli scénarisés par Ernesto Gastaldi et connus des seuls fans du genre : *Photo interdite d'une bourgeoise*, *Nuits d'amour et d'épouvante* et *La mort caresse à minuit*, ces deux derniers mettant en vedette son épouse, l'Andalouse Nieves Navarro *alias* Susan Scott. Première évidence : Ercoli ne répugnait pas, au besoin, à plagier son génial aîné. À preuve, cette arme très « gothique » qu'est le gantelet d'acier médiéval hérissé de pointes acérées[21] utilisé pour lacérer et défigurer à mort le mannequin de mode, Nicole, dans *Six femmes pour l'assassin*,

---

(existentiel ou métaphysique) qu'il revêt ordinairement en anglais, et que, par un emprunt symétrique, la langue française, via Baudelaire, mit à l'honneur sous le nom de *spleen*.

20 Voir Christian Metz, « Le film de fiction et son spectateur », *Communications*, n° 23 (« Psychanalyse et cinéma »), 1975, p. 108.

21 On retrouve l'usage de cet instrument de combat anachronique jusque dans le néo-giallo de François Gaillard et Christophe Robin, *Last Caress*.

et que reprend, en version *gore*, au début de *La mort caresse à minuit*, le tueur sadique tel qu'il est « visualisé » – mirage ou clairvoyance ? – par Valentina, top model (autre lien avec le film de Bava) milanais, lors d'un *trip* hallucinogène expérimental. Cela étant, l'opus d'Ercoli n'est pas dépourvu de séquences efficaces et bien orchestrées. Il n'est que de considérer la première « confrontation » de l'héroïne avec la figure du psychopathe, dont le climat angoissant de menace croissante est encore rehaussé par l'ambiguïté de la scène. Des moments en caméra subjective font, en effet, pressentir une nouvelle « hallucination » de Valentina, que semble en fin de compte dissiper un plan *a priori* objectif. Celui-ci crée un effet de split screen par cadrage en opposant au sein de deux moitiés de l'image, coupée en son milieu par un mur de l'immeuble, le couloir par lequel l'intrus s'enfuit subrepticement et la terrasse où se tient la jeune femme en compagnie du sculpteur Stefano. Quant au sexy giallo *Nuits d'amour et d'épouvante*, il vaut surtout, et par exception au regard de la production giallesque prise dans son ensemble, pour la double enquête qui étaie son intrigue, aussi alambiquée et rocambolesque soit-elle. *Photo interdite d'une bourgeoise*, enfin, est *a contrario* déparé par un scénario soporifique, à la fois prévisible (rebondissement ultime inclus) et invraisemblable (dans le sous-genre déjà fort éculé de la machination-manipulation). Seul vient le relever un éblouissant sens chromatique et pictural digne, là encore, d'un Mario Bava, mais ici dû au remarquable travail du chef-opérateur Alejandro Ulloa. Ce dernier, plus fréquemment associé au western italien (notamment pour des films d'Enzo G. Castellari, Umberto Lenzi, Sergio Corbucci, Tonino, Valerii, Terence Young), signa aussi la photographie du giallo de Fulci, *Una sull'altra*, dont nous avons eu l'occasion de détailler les qualités techniques.

Non pas qu'il s'agisse, dans *Photo interdite d'une bourgeoise*, de morceaux de bravoure stylisés, baroques ou grand-guignolesques, comme chez Dario Argento et consorts à la même époque. Luciano Ercoli est, à l'inverse, aussi sage et prude sur le plan de la violence que sur celui de la sexualité – ce qui est un comble au regard du climat sadomasochiste du film. Une exception à cette pusillanimité affleure sous les espèces d'une longue étreinte érotique s'achevant par des coups et des supplices infligés à Minou (mariée à un homme d'affaires en proie à des difficultés financières) par un maniaque impitoyable qui la harcèle. La séquence semble, de prime abord, le produit d'une rêverie éveillée de la jeune femme lors d'une soirée avec son époux et son amie Dominique, avant de se révéler rêve nocturne, dont la nature est toutefois indécise. Était-ce un simple cauchemar (par peur de ce qui pourrait se (re)produire) ? un fantasme de ménagère bourgeoise délaissée et frustrée (par désir de ce qui devrait se produire) ? une réminiscence de ce qui s'est déjà produit (et s'apparente bien, en l'occurrence, à un mélange de contrainte et de soumission, de sévices et de plaisir, de coups et de caresses) ? L'insert à deux reprises au cours de la scène d'un zoom en gros plan sur un petit diablotin sculpté, rouge vif et à la ressemblance de Fu Manchu[22], n'est pas fait pour dissiper une telle ambivalence, puisque cette figurine ne comptait pas au nombre des multiples bibelots de la garçonnière où l'agresseur avait précédemment donné rendez-vous à Minou. En termes plastiques, d'aucuns crieraient sans doute, à propos de ce film, à la sucrerie colorée – au mieux contrebalancée par un intermittent jeu de clair-obscur, au pire en écho criard au roux flamboyant de la chevelure de Dagmar Lassander dans le rôle-titre de Minou[23] et au soin qu'elle apporte à sa toilette, elle aussi haute en couleur. Signalons, plus généreusement, une sensualité et une picturalité des coloris, que vient compléter, conformément à un flagrant parti pris « artiste », une attention – proche de la saturation, mais, somme toute, proportionnée au goût extravagant, entre kitsch et rococo, des propriétaires – au détail de la décoration intérieure, qu'il s'agisse de l'appartement de Peter et de Minou ou du studio du persécuteur et maître-chanteur. Dans ce dernier cas, le contraste sera par la suite d'autant plus frappant, lorsque les lieux apparaîtront incongrûment vides et inusités au cours d'une perquisition officieuse.

La séquence la plus visuellement et dramatiquement réussie est sans doute celle, à la source de la nébulosité onirique abordée plus haut, où Minou se rend chez son tourmenteur pour la première fois. Gravissant lentement un long escalier filmé, dans le goût d'Hitchcock[24], en surplomb, l'héroïne

22 Faut-il y voir un précurseur du ludion démoniaque figurant parmi les objets fétiches liés à l'enfance de la meurtrière argentienne des *Frissons de l'angoisse*… ?

23 L'actrice allemande venait de s'illustrer dans le très original giallo psychédélique et S&M de Piero Schivazappa, *Le Duo de la mort*, où la misandrie le dispute à la misogynie, ainsi que dans *Une Hache pour la lune de miel* de Mario Bava, qui fait glisser le psycho-thriller vers la comédie noire. Elle sacrificiera de nouveau au giallo « classique » dans deux piètres spécimens : *L'Iguane à la langue de feu* de Riccardo Freda et *Il vizio ha le calze nere* de Tano Cimarosa.

24 Voir aussi, tout autant imprégnée de *Sueurs froides*, la scène en décors extérieurs (mais dont un plan incongru s'apparente à une incrustation de studio) où, sur fond de ciel bleu rosacé, Minou sort de sa poche une cassette audio bleue et blanche assortie à sa tenue, avant de jeter à l'eau cet objet indésirable et de repartir dans sa Mini rouge, laquelle n'est pas sans trancher sur ce pastel entre chien et loup.

pénètre avec précaution et appréhension dans un domicile enténébré. Dès le seuil l'y accueille, insolite, une sculpture en plâtre de main ouverte, dédoublée par son ombre portée sur le mur du couloir d'entrée. D'autres exemplaires sont d'ailleurs en évidence dans la chambre, un écho visuel reliant même, plus tard, l'un de ces moulages à la main de Minou ligotée par l'inconnu pour son plaisir sadique. Le visage aux yeux bleus délavés de la jeune femme, entouré d'un foulard strié de bleu et de vert, plonge dans l'obscurité, puis réémerge partiellement dans une semi-pénombre, avant de s'inscrire dans l'entrebâillement de tentures rouge écarlate et de s'attarder sur le bric-à-brac environnant, dont un masque aux orbites creuses où sont fichés de fins bâtonnets de bois, le reste se voulant vaguement orientalisant. La lumière vive d'une lampe suspendue, soudainement braquée sur Minou, signale la très littérale prise de possession, ou prise en main des opérations, par son oppresseur qui dénoue aussitôt le foulard des cheveux de la rousse captive tout en le laissant un moment autour de son cou, tel la bride d'un cheval, pour l'attirer à lui. Peu après, Minou lui ayant tendu de l'argent en échange d'une cassette compromettante, un plan en plongée, visiblement inspiré de *Danger : Diabolik !* de Bava (sorti deux ans auparavant), nous fait admirer la retombée en pluie, sur le « couple » assis sur le lit, des billets de banque lancés en l'air en signe de défi par le maître-chanteur (Fig. 21).

FIG. 21 – Luciano Ercoli, *Photo interdite d'une bourgeoise*, 1970.

On pourrait multiplier à l'envi les exemples de ce glacis visuel qui, conscient de lui-même et conjugué à l'effet quasi narcoleptique de l'intrigue et des dialogues, transforme et constitue le film en tant que tel en artefact, en *objet*. Or, le chantage sexuel exercé par le bourreau de Minou, tout autant que les sourdes menées de Peter selon des modalités typiquement *gaslighting*[25], font bien de la femme, aussi, un être objectifié. Qu'un type d'objectivation ou de *devenir-objet* (le film) soit là pour refléter ou mettre en abyme l'autre (la protagoniste), voilà bien qui relève ici d'une intentionnalité auctorielle fort improbable. Notons tout au moins l'effet de dédoublement qui s'attache à l'incarnation féminine, malgré le singulier du titre (« une bourgeoise »). À l'opposite de Minou, craintive et insatisfaite, son amie Dominique (prénom épicène, s'il en est) se montre, en effet, indépendante et sexuellement entreprenante, au point d'objectifier, à son tour, les mâles sur lesquels elle entend jeter son dévolu. Au dénouement, alors que de faux indices pouvaient laisser croire que l'insatiable « vamp » était de connivence avec les « prédateurs », c'est en fait Dominique qui, en prévenant la police, sauve *in extremis* Minou d'une mort certaine. Les deux femmes tombent littéralement dans les bras l'une de l'autre, avant d'offrir un effet de miroir aux plans de fin. Toutes deux pimpantes dans leurs robes imprimées, semblablement coiffées d'un chapeau aux larges bords, et riant aux éclats, elles sont l'image triomphante de la solidarité ou de la complicité féminine – féministe serait assurément trop dire – et d'une certaine liberté sexuelle. Gageons que pour ce qui est du (trop ?) fameux *male gaze*, il aura retiré du film, jusqu'à ce point ultime, un plaisir moins voyeuriste que lassé ou blasé…

25 Peter escompte, en effet, se débarrasser de son épouse en la rendant folle et pouvoir ainsi toucher à son décès le capital des assurances-vie souscrites à son nom. Les deux gialli à suivre d'Ercoli feront encore ressortir cette thématique d'une menace manipulatrice émanant du partenaire sexuel d'une héroïne vulnérable, dont, sous un même titre original (*Gaslight*), les films de Thorold Dickinson et de George Cukor avaient posé les jalons dès les années 1940.

MÉDIOCRITÉ DE L'ENNUI

Spasmo (Umberto Lenzi), *Une Hache pour la lune de miel* (Mario Bava)

Il reste à examiner une dernière modalité importante de l'ennui giallesque résultant, elle, d'un scénario, d'une mise en scène ou d'un montage incohérent(e) moins par défaut que par choix. Moins soporifique, surtout, que somnambulique, moins préétabli(e) qu'expérimental(e), moins indigent(e) ou trivial que surréel(le), pour ne pas dire surréaliste. Une mise en scène ou un montage, enfin, jugé(e) à l'aune d'une certaine proximité avec l'automatisme (le *cadavre exquis* semblant tout indiqué pour le genre !) et la technique du collage. Au total, moins ennuyeux(se) qu'hypnotique. Avant-dernière incursion dans le giallo du stakhanoviste Umberto Lenzi qui s'apprête déjà à passer au *poliziottesco*, *Spasmo* (1974) s'ancre, sauf à la toute fin, dans un contexte non urbain sans être véritablement rural[1], à l'image de *L'Île de l'épouvante* de Mario Bava dont « certaines trouvailles quasi *surréalistes* » n'avaient, du reste, pas laissé indifférent tous les critiques[2]. Les points communs entre les deux films ne s'arrêtent pas là. C'est de même à la toute dernière minute, par exemple, que Lenzi, après défection de Fulci, semble-t-il, se voit confier un projet qu'il va remanier à son goût. Avec plus de latitude, certes, que n'en eut Bava, et selon une tout autre orientation que le réalisateur toscan baptisera d'« exercice psychologique[3] », ce qui, sauf à faire uniment du canevas du film le reflet, ou la sécrétion, d'un esprit détraqué, pourra en dérouter plus d'un… Au

---

1 Disons plutôt balnéaire ou littoral : plage, marina, phare portuaire, manoir ancien doté d'une tourelle surplombant la mer – à quoi il faut ajouter bois, motel, carrière et usine. Le film fut tourné en Toscanie, à Ansedonia et Orbetello (dans la province de Grosseto d'où était originaire Lenzi), sur la mer Tyrrhénienne. Pour la question plus large de la ruralité, voir l'interlude suivant (*Secondo intervallo*).

2 Ce sont là les mots du célèbre critique italien Tullio Kezich, rapportés par Alberto Pezzotta (*Mario Bava. Un désir d'ambiguïté*, *op. cit.*, p. 167, je souligne).

3 Voir l'entretien accordé en 2004 par Lenzi figurant en bonus sur l'édition DVD de *Spasmo* chez Néo Publishing (2007), et repris sur le Blu-ray de BQHL (2020).

protagoniste, Christian[4], qui se plaint de vivre (dans) un cauchemar, un dénommé Malcolm suggère, il est vrai, à demi-mots que c'est peut-être lui, Christian, qui, dudit cauchemar, est le créateur et la matière – à la fois sujet et objet. En ce sens, le « héros » de *Spasmo* serait plutôt à rapporter à celui d'*Une Hache pour la lune de miel*, giallo qui, répétons-le, n'en est pas tout à fait un, en l'absence d'assassin-mystère et sous l'ascendant du surnaturel. De John Harrington on a pu faire, à raison, tout au moins avant sa chute, « une sorte de meneur de jeu qui commenterait l'action à une distance respectable » ou un « personnage de metteur en scène dans la fiction » – soit, une « métaphore du cinéaste lui-même[5] ». À cette différence près que les monologues intérieurs en voix off du film de Bava, que Lenzi ne se prive pourtant pas de piller, nous plongent bien plus efficacement dans la psyché d'un tueur en série, paranoïaque impuissant, et estompe bien plus intelligemment les limites entre réalité et hallucination.

C'est que, se déroulant, là encore comme chez Bava, en plein jour et… en plein soleil, *Spasmo* s'écarte résolument du paradigme argentien des précédents gialli de Lenzi (dont *Un tueur pour l'orchidée*, analysé plus haut). Si la thématique de la folie présidant à ceux-ci est bien conservée, la violence et l'érotisme sont, en revanche, édulcorés ou gauchis. Le premier de ces deux pôles constitutifs du genre a de quoi déconcerter dans sa version lenzienne. Avant qu'ils ne s'amoncellent à la toute fin – à partir du meurtre par étranglement de Barbara et en un bref flash-back dans la cervelle dérangée de Christian –, les rares cadavres du film paraissent, en effet, doués de l'étrange faculté de « ressusciter »… À telle enseigne que des scènes sanglantes additionnelles auraient été tournées par nul autre que George A. Romero, à la demande du distributeur américain ! Quant à la composante libidinale (sinon libidineuse…), absente du scénario original si l'on en croit Lenzi, elle s'affiche, d'emblée, sous la forme dérangeante – plus lugubre que lubrique – d'effigies de femmes grandeur nature, le plus souvent affublées de lingerie affriolante, (sus)pendues à des branches ou ligotées au pied d'arbres (Fig. 22), une dague parfois plantée dans leur flanc. S'il semble s'agir là de l'œuvre d'un psychopathe

4 Le rôle est tenu par l'Autrichien Robert Hoffman, qui avait déjà gagné ses galons gialesques dans des « spécimens » mineurs tels que *Le Tueur frappe trois fois* de Massimo Dallamano, *Perversion* d'Alberto De Martino, *Le Manoir aux filles* d'Alfonso Brescia et *Chassés-croisés sur une lame de rasoir* de Maurizio Pradeaux.

5 Jean-François Rauger, in Jean-Louis Leutrat (dir.), *Mario Bava* (Liège, Éditions du Céfal, 2002), p. 115 et 116.

fétichiste, le statut de ces « créatures » est pour le moins équivoque. Tout en possédant une apparence plâtreuse, elles sont dites en « caoutchouc » par un personnage ; tout en n'ayant rien de poupées gonflables, les voilà qualifiées de *bambol[e] sexy* par un autre. Égrené au fil du récit, sans être, à proprement parler, développé ou thématisé (encore moins systématisé), le motif fera retour, selon une variante plus classique – et plus directement héritée des mannequins « sur pied » du Bava de *Six femmes pour l'assassin* et *Une Hache pour la lune de miel* –, à la toute du film, comme on le verra plus loin. Contentons-nous dans l'immédiat de postuler que l'on tient peut-être là, avec ce motif dissonant et incongru, le peu qui, paradoxalement perdure, de *Spasmo* dans l'esprit et la mémoire de quiconque n'a pas abandonné le visionnement en cours de route, car, pour le reste, sur un plan diégétique, la vérité semble sortir de la bouche des protagonistes (bien qu'il ne s'agisse pas d'enfants…). On se souviendra en ce sens des propos de certains personnages de *L'Île de l'épouvante*, si ce n'est qu'avec *Spasmo* il serait même difficile de soutenir que qui que ce soit, personnage ou spectateur, (s')attend (à) quoi que ce soit… « Tout cela est si absurde », confie ainsi Christian à Barbara, en constatant, perplexe, la disparition du corps de l'inconnu qu'il pensait avoir tué dans la salle de bains d'un motel. Encore n'est-ce là que l'arbre cachant la forêt, si l'on ose dire.

FIG. 22 – Umberto Lenzi, *Spasmo*, 1974.

Quoi de plus « absurde », en effet, que cette intrigue s'articulant autour d'une conspiration orchestrée dans l'ombre par le frère de Christian, Fritz (il ne fera son entrée en scène qu'au bout d'une bonne heure de métrage), dont il ressortira qu'elle consiste, ni plus ni moins, à rendre fou un… fou (Christian) pour qu'il perçoive… sa propre folie, par ailleurs héréditaire. Encore que d'autres motivations (vengeance du suicide du père, captation de l'affaire familiale) soient aussi effleurées au fil des péripéties… C'est, en tout cas, Fritz (interprété par Ivan Rassimov, habitué des gialli de Sergio Martino, notamment) qui en viendra *in fine* à se pénétrer de l'idée que lui-même est – inexorablement ou absurdement ? – atteint de démence. Le contraste est patent avec *Une Hache pour la lune de miel* qui fait de John Harrington un fou lucide et conscient, s'assumant parfaitement comme tel. Tandis qu'il se mire dans son miroir, une moitié du visage déjà rasée, l'autre encore couverte de mousse avant le passage de la lame (ce qui suggérerait plutôt une triade narcissisme-schizophrénie-fétichisme), ses toutes premières paroles en voix off sont on ne peut plus explicites dans la définition de sa propre paranoïa :

> Je suis paranoïaque. « Paranoïaque ». Quel mot charmant, civilisé, plein de possibilités. En fait, je suis complètement fou. Après m'avoir ennuyé[6] au début, maintenant, cela m'amuse. Cela m'amuse même beaucoup.

Il est vrai que, suite à un très ironique revirement de situation, le fou Harrington croira devenir… fou face à la taraudante présence d'outre-tombe (disons plutôt, d'outre-incinérateur…) de son épouse, mais sans qu'on sache jamais s'il est le jouet d'un manège ou s'il s'agit d'un phénomène surnaturel : de tous les personnages alentour, il semble être le seul incapable de *voir* Mildred…

On pourrait dire, en somme, qu'entre folie et absurde le Lenzi de *Spasmo* ne sait pas choisir ou, plutôt, qu'il tend à rabattre l'une sur l'autre. Or, « ce qui est absurde est dangereux », croit utile d'énoncer Christian, usant de l'une de ces tournures aussi sentencieuses qu'ineptes – entremêlant truisme, illogisme et cliché – dont fourmillent des dialogues confinant eux-mêmes fréquemment au surréel. Pour exemple, à Christian complimentant Alex, le compagnon de Barbara, sur la fête organisée sur son yacht, celui-ci réplique avec flegme que c'est le genre

6 Au sens ici d'agacement ou de contrariété, et non pas de lassitude.

de propos que l'on tient lorsqu'on s'ennuie. Il ne serait pas tout à fait saugrenu d'appliquer un tel « raisonnement » au film lui-même et aux (non-)évènements qui s'y déroulent, la beauté et l'opulence visuelle (*bella barca, bella festa, bella giornata*, pour reprendre les platitudes de circonstance enfilées par Christian) ne pouvant, en l'occurrence, faire pièce à l'ennui. Il faut dire que l'ironie autoréflexive préalablement perçue dans les bribes de dialogue de *L'Île de l'épouvante* ne semble guère avoir cours dans le *Spasmo* de Lenzi. À l'exception, qui sait ?, d'une autre formule de Christian pour définir la trame narrative : « cette sale affaire » selon les sous-titres français, ou, plus littéralement à partir de l'anglais *this stupid mess*, « cet embrouillamini stupide » (avec le *pasticcio* de la version italienne, nous sommes entre le gâchis, le pétrin et la pagaille). À son ex-femme, il parlera encore, avec une emphase touchant au ridicule cette fois-ci, d'« énigme terrifiante ». Mais le fin mot ne revient-il pas à nouveau, peu avant l'épilogue justement et à la limite de l'acte manqué peut-être, à Alex avouant à Barbara : « Toute cette histoire est horriblement stupide. Mais tu dois essayer de l'oublier »… ?

À l'image de ce plan qui, par une prompte bascule de point associée à un léger zoom arrière, nous fait passer de trois taches vermeilles indécises sur un arrière-plan de clapotis de vagues à trois roses carmin du jardin de Malcolm dominant la mer, c'est sur le fond chaotique, confus et indistinct dégagé ci-dessus que s'enlèvent les inserts « surréalistes » d'éléments inanimés dans un cadre naturel : des mannequins de femmes, on l'a dit, accrochés aux branches des bosquets environnants. Ces *apparitions* soudaines et imprévisibles semblent promises à agir hypnotiquement sur le « visionneur », à la manière d'un pendule qu'un magnétiseur animerait sous ses yeux. Encore que la méthode ou la modalité soit quelque peu hétérodoxe, sinon paradoxale : non pas insistante, déterminée et continue, mais au contraire aléatoire, immotivée et sporadique. Aussi un renversement s'opère-t-il : ce sont, en définitive, ces mannequins surgis de nulle part et sans raison apparente qui tirent spectateurs et spectatrices de l'état de quasi-narcose où le film, dans son ensemble, tend par ailleurs à les enfoncer. Peut-être en va-t-il de même pour un motif beaucoup plus ponctuel, singulatif même, mais tout aussi contingent : celui des oiseaux, ici empaillés aux murs, là vivants mais enfermés dans des cages (certaines suspendues, d'autres posées sur un piédestal). On pensera encore à ce sécateur, le plus souvent maculé de sang, qui ne cesse, çà et là, de s'immiscer à l'écran. Il serait, cependant, hâtif, de poser que cette manière de collage de *motifs sans motif* est irrémédiablement exempt de *telos*. Le principal d'entre eux (les simulacres féminins) est, certes, lui-même si mineur qu'il en semble presque *ignoré* par la diégèse. Il n'y est fait, en tout et pour tout, qu'une seule mention explicite, au reste assez triviale, dans les dialogues, et plusieurs plans nous dévoilent à la dérobée les mannequins pendus aux branches sans que le(s) personnage(s) ne les remarque(nt) ou n'y prête(nt) même attention. Au pré-générique, en revanche, si le spectateur avise, à la faveur d'un lent mouvement de caméra, la présence de la silhouette accrochée à un arbre avant même le couple d'amoureux tout à leur juvénile passion, ces derniers finissent par confronter de près et avec effroi, puis à dépendre, ce qu'ils prennent d'abord pour une suicidée. Au générique, des *bambole* (très fardées, mais teint cireux ; têtes en gros plans ou bustes exposés en plan rapproché) s'intercalent, par effet de « clignotement » quasi stroboscopique, parmi les noms des participants inscrits en lettres blanches sur fond noir (là où la séquence correspondante de *Six femmes pour l'assassin* de Bava appariait plus strictement mannequins et acteurs). À la scène d'ouverture, la mystérieuse Barbara gît face contre sable dans une petite crique déserte en contrebas, assoupie ou frappée d'insolation plutôt que sans vie, en tous points semblable à un mannequin (à y regarder de près, c'est de fait une simple doublure de carton-pâte, et non pas l'actrice Suzy Kendall, qui repose sur la grève, lorsque le personnage est d'abord capturé de loin par le zoom de Lenzi, puis, diégétiquement, par le téléobjectif de l'épouse de Christian). S'esquisse ainsi d'emblée un motif en mosaïque dont les fragments resteront disséminés sans jamais dessiner un tout solidaire.

Or, si chaque homicide perpétré par le psychopathe *d'Une Hache pour la lune de miel* le rapprochait un peu plus de son trauma originel, à la manière d'une séquence qu'il s'agirait de progressivement remonter ou restaurer, l'incipit à tiroirs et les résurgences du motif fétiche qui jalonneront *Spasmo* semblent rétrospectivement conduire le film de Lenzi, en écho et d'un frère à l'autre, vers son ultime scène. Lui aussi inexorablement rongé par une tare héréditaire, Fritz assène des coups de stylet rageurs, après l'avoir attouché, à l'un des spécimens de sa collection de mannequins perruqués, grimés et vêtus de dessous aguichants, qu'il héberge, à l'abri des regards, dans une pièce secrète et fermée à double tour de sa demeure, toute en ors et en pourpre à la semblance d'un lupanar (Fig. 23). Cette « estocade » violemment répétée n'est-elle pas faite pour rappeler les intrusions intempestives, elles aussi pareilles à des entailles ou à des perforations, des *bambole* au cours du film ? L'ensemble ne s'apparente-t-il pas derechef à une version assez grossièrement simplifiée du chef-d'œuvre d'humour noir de Mario Bava, l'antre à la fois imposante et dissimulée de la villa de John Harrington, autre fétichiste patenté, recelant une multitude de mannequins en atours de mariée ?

FIG. 23 – Umberto Lenzi, *Spasmo*, 1974.

Aussi le motif du mannequin est-il l'alpha et l'oméga baviens d'un film qui, ainsi balisé aux deux bouts, n'est lui-même qu'un *spasme*, manifestation physiologique transitoire par définition dépourvue de signification particulière. À la différence de l'implacable mécanique axée, chez Bava, sur un devenir-mannequin (*Six femmes pour l'assassin*) ou un devenir-viande (*L'Île de l'épouvante*) des personnages, les protagonistes de *Spasmo*, plutôt que de prendre part au récit, paraissent s'y soustraire[7]. Ou tout au moins s'évertuent-ils à s'en échapper. C'est aussi, plus globalement, que le sens du film, signification et direction confondues, se dérobe, avant même que certain(e)s d'entre nous songions peut-être à nous en détourner avant terme. Ce qui n'implique pas nécessairement

7 Chris Fujiwara, « Boredom, *Spasmo*, and the Italian System », art. cité, p. 248.

qu'il y ait un lien de causalité entre ces deux formes de *fuite* (dérobade du sens / détournement du regard), non plus qu'un prolongement potentiel vers un très improbable détournement de type debordien[8]. Il n'est, du reste, pas assuré qu'il y ait un sens à *saisir*, ou à reconstruire. Le propre de *Spasmo* serait non plus d'intégrer ou d'articuler l'incohérence, l'invraisemblance et l'incongruité consubstantielles au genre au sein d'un puzzle de type énigme policière et/ou à base de pièce manquante décisive (*confer* Dario Argento), mais de les tirer vers une matrice surréaliste (cadavres – ou *bambole* ! – exquis, collage, association libre, dictée de l'inconscient, écriture automatique). Ou, si l'on préfère, de réduire ces traits à un assemblage ou à une galerie de type *fotobusta*, du nom de ces affichettes cartonnées, dont le cinéma italien, notamment populaire, était à l'époque très friand, aux fins d'annonce et de promotion – mais, aussi bien, à titre de support kaléidoscopique pour *fantasmer* un film… Et ce, tout en évitant (autre forme d'esquive !) de thématiser ou de mettre explicitement en abyme un tel jeu, y compris lorsque, peu avant le dénouement de *Spasmo*, est projeté sur écran un film de famille dont la cinématographie et le montage se révèlent très vite n'avoir rien d'amateur[9]. Tout en éludant, pour le dire autrement, d'en faire un pur exercice formel d'étrangeté, d'exhiber des références ou de surligner un intertexte, aussi transparents soient ces derniers pour les connaisseurs (dans le cas de Bava, par exemple)[10].

Il en ressort, par rapport à la dérision ludique d'un Mario Bava ou au maniérisme un peu tape-à-l'œil d'un Luciano Ercoli, une impression, chez le Lenzi de *Spasmo*, de platitude, presque de grisaille que baigne à l'image, très paradoxalement, un radieux soleil tyrrhénien. En dépit de son positionnement temporel (le mitan des années 1970 signalant l'amorce du crépuscule ou d'un délitement du giallo en tant que *filone*), on pourrait parler d'un film médiocre – moins, cette fois-ci, en termes axiologiques qu'au sens étymologique de « moyen » ou « au milieu »

8 *Ibid.*, p. 256-257.

9 Voir l'analyse de cette séquence proposée par C. Fujiwara (*ibid.*, p. 253-254). On trouvait déjà, dans un précédent giallo de Lenzi, *Formule 1*, une scène de projection d'un film amateur en 8mm, moins explicatif que potentiellement incriminant.

10 Sur tous ces points, je me différencie nettement de la position d'Alexandre Fontaine Rousseau pour qui « *Spasmo* assume pleinement sa dimension autoréflexive ». Il faut dire que le critique veut voir, plus largement, dans ce film rien moins que la mise en place d'« un authentique contre-langage cinématographique »… (*Vies et morts du giallo, de 1963 à aujourd'hui*, *op. cit.*, p. 187 et 188).

(*medius*). De là sans doute qu'il génère un certain ennui, aussi bien pour un public assoiffé de sensations fortes que pour un spectatorat amateur d'intellectualisme dans le propos ou de sensualisme dans l'image. Modulons la double négation pour (in)définir ce statut insaisissablement *médiocre* de *Spasmo*. Le film ne verse ni dans « l'exploitation » ni dans la « réflexion ». Ou bien : il est elliptique, décalé et ex-centrique sans être expérimental. Ou encore : son style visuel n'est ni léché ni fruste. Ou enfin : certaines situations sont de l'ordre du *nonsense* (par exemple, un rasage de barbe comme préalable au coït imposé, de manière à la fois impérieuse et désinvolte, par une partenaire que l'on vient à peine de rencontrer…) sans jamais faire signe vers aucune des traditions ou des imaginaires qui le véhiculent[11]. Très littéralement, « ni fait ni à faire », donc – soit, toujours déjà en cours…

11 On verra au dernier chapitre de l'ouvrage que c'est *a contrario* le cas avec des films comme *Le Parfum de la dame en noir* de Francesco Barilli (et son usage de la figure carrollienne d'Alice), sorti la même année que *Spasmo*.

SECONDO INTERVALLO

L'ART DE LA RURALITÉ

PRÉAMBULE

Nous avons constaté, avec des œuvres que parfois tout sépare, tant sur la forme que sur le fond, telles que *La donna del lago* de Luigi Bazzoni et *Spasmo* d'Umberto Lenzi, que le genre du giallo, historiquement citadin dans sa très grande majorité, pouvait éventuellement s'épanouir dans des zones à la périphérie ou en dehors des grands centres urbains (Rome, Milan, Turin, notamment). Nous avons également considéré, non sans réserves, le possible impact du système italien de *visione* alors en vigueur sur le développement et le formatage du giallo. Notons, au passage, que ceci vaudrait encore pour un giallo tardif tel qu'*Il gatto dagli occhi di giada* d'Antonio Bido[1]. Outre qu'il se déroule à parts égales à Rome, puis à Padoue, en Vénétie (avec retour dans la Ville Éternelle au dénouement)[2], il correspond d'assez près dans sa structure archétypale, aussi dénuée soit-elle de morceaux de bravoure véritablement baroques ou grand-guignolesques (exception faite du meurtre prolongé d'un dénommée Giovanni Bozzi écoutant le « Dies Iræ » du *Requiem* de Verdi dans son bain), aux attentes putatives d'un public de *terza visione*. La question n'est donc guère de savoir si une configuration hors-cité ou un ancrage rural sont opératoires au sein d'un genre que l'on qualifierait trop vite d'aussi ontologiquement urbain que le film noir. Disons-le plus clairement : il y a bien, en proportion certes inégale, un giallo des villes et un giallo des champs.

1 Littéralement : « Le chat aux yeux de jade », intitulé zoonymique restant dans la lignée de la trilogie animale d'Argento. Le film de Bido, dont la musique est par ailleurs très proche de celle composée par les Goblin pour *Les Frissons de l'angoisse* ou *Suspiria*, est plus connu sous son titre d'exploitation aux États-Unis : *Watch Me When I Kill*.

2 L'année suivante, pour son second et dernier giallo (*Terreur sur la lagune*), le cinéaste choisira de tourner sur l'île de Murano, dans une Venise hivernale, dont le réseau labyrinthique de canaux et de venelles sert de toile de fond à une intrigue elle-même éminemment tortueuse. L'ambiance des deux films d'Antonio Bido est également redevable à *La Maison aux fenêtres qui rient* de Pupi Avati (*cf. infra*), le premier rôle masculin revenant chez Avati comme chez le Bido de *Terreur sur la lagune* à Lino Capolicchio, l'un des acteurs les plus présents sur les écrans italiens dans les années 1970.

Il n'est que de considérer, très en amont, *Les Amants diaboliques*. Tourné aussi bien sur les rives du Pô que dans les villes d'Ancône et de Ferrare[3], le film de Visconti n'est pas seulement l'initiateur du néo-réalisme, ce mouvement qui devait lui-même osciller entre milieux citadin (emblématiquement, Rome) et rural (plaine du Pô, village de pêcheurs sicilien, etc.). Il s'apparente encore à un hybride de film noir (il transpose, sans le créditer, le chef-d'œuvre *hardboiled* de James M. Cain, *Le Facteur sonne toujours deux fois*) et de giallo avant-coureur. À ce dernier titre, le rôle tenu dans *Les Frissons de l'angoisse* par Clara Calamai, ancienne vedette de films historiques et de *telefoni bianchi*, n'est pas sans faire rétroactivement signe, à plus de quarante ans de distance, vers le personnage de femme adultère et maricide qu'elle incarnait chez Visconti. Aussi l'enjeu serait-il plutôt de se demander quel impact spécifique peut avoir la ruralité sur un genre qui, insistons-y, est loin de délinéer tout uniment une représentation dystopique de la ville (post)moderne (exemplairement, les métropoles de l'Italie septentrionale), à partir d'un paysage urbain en crise (parcs industriels démantelés, immeubles de bureaux ou d'habitation à l'abandon, entrepôts délabrés, terrains vagues sinistres, passages souterrains menaçants) et autour d'une thématique de la rupture (aliénation, fragmentation, incommunication, instabilité, insécurité, illisibilité)[4]. Si ces divers éléments sont bien factuellement, idéologiquement ou symboliquement présents dans maints gialli (*Journée noire pour un bélier* de Luigi Bazzoni étant sans doute l'exemple le plus saillant[5]), ils sont, à tout prendre, plus nombreux encore dans le genre affilié du *poliziesco*, tout entier informé et innervé par le chaos politique des années de plomb.

Un rappel territorial dans ses grandes lignes n'est pas ici inutile. Il règne moins, dans la péninsule, une dichotomie entre capitale et province (selon le modèle centralisateur français) qu'une bipartition entre un Nord économiquement et urbainement développé, et un Sud plus pauvre et rural (dont certaines zones sont, en outre, sous emprise

---

3 Région chère à Pupi Avati, natif de l'Émilie-Romagne, comme en témoigne notamment sa *Maison aux fenêtres qui rient* (voir *infra*).

4 Pour une illustration spécifique du giallo perçu comme miroir du crépuscule d'un certain urbanisme fonctionnaliste, voir, plus particulièrement, le chapitre 3 (« No place like home. The late-modern city ») de *Giallo ! Genre, Modernity and Detection in Italian Horror Cinema* d'Alexia Kannas (Albany, State University of New York Press, 2020).

5 Voir *infra*.

mafieuse). Les raisons historiques en sont connues qui ont trait à l'histoire moderne de la nation italienne, caractérisée par une évolution asymétrique. Ainsi la *questione meridionale* se fait-elle jour dans le sillage du *Risorgimento*, mouvement d'unification nationale dans la seconde moitié du XIXe siècle. Au siècle suivant, l'industrialisation et l'essor de la société de consommation aidant, cette même « question » prendra une nouvelle acuité, avec le boom économique des années 1950. Sa pertinence, toutefois, se révèle tout autant au niveau de la culture populaire et des consciences collectives, en désignant la construction « mythologique » d'un Sud sous forme d'altérité radicale, où la barbarie et le primitivisme le disputent à la violence et à l'irrationnel, l'archaïsme à la féodalité, la féminité à l'africanité. On voit dès lors comment, tant historiquement que culturellement, la spécificité du Mezzogiorno ne saurait se diluer dans, ou se confondre avec, la ruralité, la provincialité ou la régionalité, quand bien même on pourrait ponctuellement déceler une réversion de certains traits de l'imaginaire du « Midi » italien ou un retour du refoulé « sudiste » au sein de gialli strictement citadins.

ART ET RURALITÉ EX-CENTRIQUES

L'Oiseau au plumage de cristal (Dario Argento), *Torso* (Sergio Martino)

Prenons l'exemple de *L'Oiseau au plumage de cristal* de Dario Argento, giallo (re)fondateur du genre, comme on sait, et, en tant que tel, éminemment urbain, l'action se déroulant intégralement à Rome. À une séquence près, toutefois : celle où l'écrivain américain Sam Dalmas retrouve la trace de Berto Consalvi, l'auteur de la peinture naïve décrivant une scène de meurtre dans un paysage de neige, évoquée en début d'ouvrage à propos du jeu entre couleur et noir et blanc. Peu avant, un indice avait déjà conduit Sam dans la baraque sordide d'un boxeur en périphérie de la ville, au sein d'un décor nocturne de friche industrielle. Dans l'espoir de rencontrer l'artiste Consalvi, il doit à présent s'éloigner résolument de la capitale pour se rendre dans « une petite ville à une heure et demie de train » de la capitale : Alviano, en Ombrie. Une vieille guimbarde roulant sur un chemin de terre à travers champs le dépose de jour (là où les extérieurs urbains sont tournés en grande majorité de nuit, dans la continuité de la séquence de tentative de meurtre inaugurale) devant une masure isolée, qui n'est pas sans lointainement préfigurer, bien que sa façade ne s'orne d'aucun motif, la structure éponyme perdue en pleine nature du giallo-culte de Pupi Avati (*La Maison aux fenêtres qui rient*). La plupart des ouvertures ayant été murées pour décourager les intrus, Sam doit grimper à une échelle, que lui jette le propriétaire sans se montrer, et passer par une fenêtre du premier étage pour pénétrer dans les lieux. Nous n'en verrons pas davantage de la campagne environnante, le reste de la scène étant confiné dans l'antre du peintre. Reclus, hirsute (au physique comme au figuré), habillé à la diable, se nourrissant de chats qu'il enferme dans des clapiers pour les « engraisser », Berto Consalvi (interprété par l'inimitable et boulimique Mario Adorf) n'est pas que le stéréotype caricatural de l'artiste excentrique, sinon fou. La séquence est certes empreinte d'humour et d'ironie comique. Le héros citadin est d'abord gagné par une sourde crainte face à un original aussi fruste et inquiétant dans un lieu aussi rustique, insalubre même, et reculé. Mais c'est la réalisation soudaine qu'il vient très probablement de consommer un ragoût de chats qui précipite sa fuite épouvantée, alors que le peintre s'entête à baisser le prix d'un tableau qu'il voudrait lui vendre. Le spectateur est, pour sa part, frustré ou soulagé, c'est selon, à l'égard d'un moment de suspense diffus se finissant en queue de poisson (ou de chat !). Ou serait-ce que, dans ces félins séquestrés, le protagoniste a reconnu une version de lui-même en quelque sorte décalée et enfouie ? Non pas chat, mais oiseau (plumage de cristal ou non…) *en cage*, par remontée aussi de cette expérience obsédante que fut, au début du film, le sas des portes vitrées coulissantes d'une galerie d'art où il se trouva pris au piège, et que préfigurait peut-être, à la séquence précédente, la myriade de volatiles empaillés aperçus, au fil de travellings successifs, dans les vitrines et les armoires en verre garnissant la Fondazione Wilkinson. À l'autre bout de l'opus, lors de la scène du zoo, la panthère derrière ses barreaux ou la fameuse grue du Caucase seule dans sa volière se chargeront de réactiver ce sentiment de claustrophobie carcérale, dont le point d'orgue et quasi final sera cette monumentale sculpture aux pointes acérées, plus tôt qualifiée d'« art cosmique », s'abattant sur Sam et l'immobilisant, impuissant. La très sadique Monica peut dès lors le tourmenter à sa guise, comme le ferait tel enfant avec de pauvres insectes tombés dans ses griffes.

Au-delà de ces diverses références animalières, on peut estimer que la confrontation avec l'altérité « monstrueuse », qui façonne globalement le genre à travers la figure du tueur psychopathe (en tant qu'incarnation d'une violence aveugle et/ou d'une folie sanglante), se trouve réfractée dans *L'Oiseau au plumage de cristal* au prisme d'une autre forme de *grotesque*, à l'évidence plus bénignement « pittoresque ». Le barbouilleur Consalvi condense, en effet, en sa personne sauvagerie (son apparence physique et son mode de vie), primitivisme (sa peinture) et religiosité (la phase « mystique » qu'il prétend traverser sans vouloir la définir). Ce dernier terme s'accorderait, au fond, davantage à une sorte d'autel contenant fleurs et bougies qu'à la manifeste continuation d'une peinture pastorale au vu des récentes toiles au mur, dont deux nouveaux paysages de neige. Quoi qu'il en soit, ce sont là tous traits constitutifs d'une certaine représentation imaginaire de l'Italie méridionale telle qu'on a pu en dresser les contours sommaires un peu plus haut. Il serait à cet égard loisible d'ébaucher un corpus, certes restreint, de gialli qui situent entièrement ou partiellement leur action dans le nord (ou le centre) de l'Italie, tout en proposant de brèves incursions dans quelque province rurale ou même, plus rarement, en se réappropriant des caractéristiques communément attribuées au Mezzogiorno. En résulte le plus souvent, dans le cadre d'une antinomie entre région(alité) et nation(alité), une série de tensions ou de conflits plus ou moins sous-jacents : tradition/modernité, passé/présent, conservatisme/progressisme, etc. Ainsi, dans *La Victime désignée* de Maurizio Lucidi, de l'antagonisme entre, d'une part, un Milan moderne et actif et, de l'autre, une Venise « provinciale » et alanguie dans les brumes, que vient pondérer, en quelque manière, une imposante et très aristocratique villégiature dans la région des lacs. On relèverait de même l'opposition spatiale sous-tendant les deux segments signés Argento de la mini-série télévisée diffusée sur la RAI en 1973, *La porta sul buio*. « Il tram » est situé, de jour comme de nuit, en plein cœur de Rome et de son intense circulation ; « Testimone oculare » est composé de lieux isolés (route de campagne nocturne, villa spacieuse perdue en forêt), exception faite d'une brève séquence où l'héroïne, arpentant les trottoirs bondés de la ville, est violemment poussée devant une camionnette. Citons encore *L'Homme sans mémoire* de Duccio Tessari dont l'action se déroule pour l'essentiel, après un prélude à Londres, tout près de Gênes, à Portofino, le contraste ici s'établissant ainsi entre deux variantes de « septentrionalité ».

On peut penser, toutefois, que l'exemple le plus éclatant demeure *Torso* de Sergio Martino. La trame se déroule d'abord à Pérouse, ville médiévale à mi-chemin entre Florence et Rome, riche en architecture et surtout connue comme pôle universitaire pour étudiants internationaux (« Università per stranieri di Perugia »), aspect que le film ne se fait pas faute de faire valoir (ou d'« exploiter »...). Elle se déplace ensuite à Tagliacozzo dans les Abruzzes, région historiquement intégrée au Mezzogiorno mais de nos jours plus volontiers associée à l'Italie centrale, au regard non seulement de sa position géographique mais surtout de sa vitalité économique. En un sens, la bipartition topographique recoupe un glissement générique – du giallo vers le slasher

– que *La Baie sanglante* de Mario Bava, avait déjà initié, dans un décor « écologique » *stricto sensu*[1], ironiquement bucolique même, le tournage ayant eu lieu à une heure au sud de Rome, entre Sabaudia et Latina, dans une zone côtière anciennement marécageuse. Dans une optique misanthrope et entomologique qui lui est propre, Bava opposait alors à une nature sauvage, indifférente et immarcescible, une « civilisation » profondément viciée, une humanité irrémédiablement corrompue par l'appât du gain. Martino construit, lui, plutôt son film en diptyque ville/campagne. Un premier pan de *Torso*, urbain et cosmopolite, sert donc de cadre à une dynamique classiquement giallesque. L'illustre patrimoine artistique de Pérouse est d'emblée rappelé par une discussion quelque peu compassée, au sortir d'un cours d'histoire de l'art. Elle se rapporte au peintre de la Renaissance Pietro di Cristoforo Vannucci, dit « Le Pérugin » (en référence à la ville près de laquelle il naquit et dont il fut plus tard fait citoyen d'honneur), à son agnosticisme putatif (il aurait douté de l'immortalité de l'âme) et à l'absence de sang sur le corps de ses suppliciés. Au-delà du *genius loci*, cette figure tutélaire vectorise donc une dualité chair-esprit, également palpable dans une Pietà du même Perugino que l'étudiante Jane et le professeur Franz auront, par la suite, l'occasion d'admirer dans une église. L'ouverture du film est, sur la même thématique, d'une toute autre teneur. Les crédits du générique, où la crudité du titre n'est pas en reste[2], se déploient sur fond d'une scène sexuelle, tantôt nette tantôt floutée, aux allures de triolisme pour le moins complaisant et scabreux, puisque se mêle aux ébats une poupée de porcelaine aux orbites énucléées après que le partenaire masculin a de ses deux doigts brusquement enfoncé ses yeux (Fig. 24). Y succède, sans transition aucune, un commentaire professoral sur « le Martyre de saint Sébastien » (1505) du Pérugin qualifiant le peintre d'« humble campagnard qui transfigurait les paysans du cru en madones et en saints[3] ».

---

1 Rappelons que l'un des multiples titres du film est *Ecologia del delitto*. Voir *infra* pour un traitement plus détaillé du film.

2 Version originale : *I corpi presentano tracce di violenza carnale* (« Les corps portent des traces de viol »). Version anglophone : *Carnal Violence / Torso* (« Violence charnelle / Torse »).

3 À noter que cette introduction « magistrale » ne figure que dans la version américaine du film. On verra plus loin que la figure du saint martyr romain, représenté sur une fresque peinte par l'artiste Legnani que le héros Stefano est censé restaurer, revêtira une dimension bien plus complexe dans *La Maison aux fenêtres qui rient* de Pupi Avati.

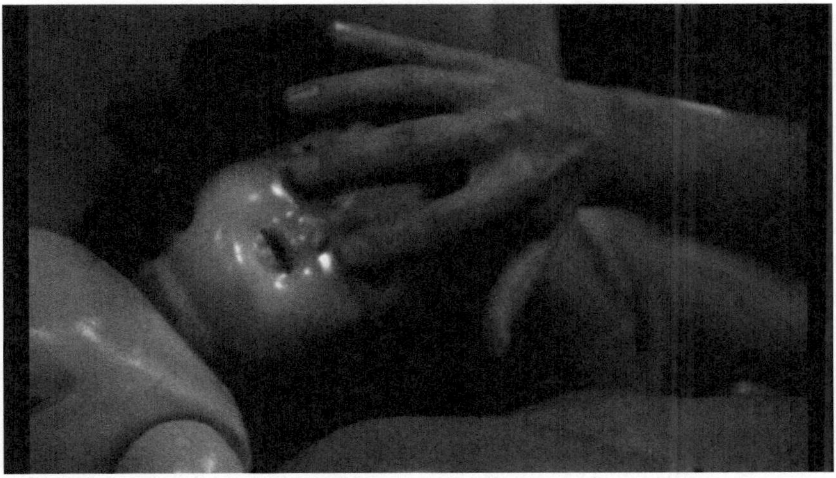

FIG. 24 – Sergio Martino, *Torso*, 1973.

Un jeu subtil peut également s'instaurer entre l'ancien et le moderne, entre l'art et la technologie. On en voudra pour preuve cette scène où le policier responsable de l'enquête se substitue brièvement au professeur d'histoire de l'art (soit, à son insu, au coupable !), dans une majestueuse salle du Palazzo Gallenga Stuart, pour projeter aux étudiants l'image insolite d'un fragment de l'écharpe rouge et noire du meurtrier retrouvé sous les ongles de sa victime. Le cliché est en tous points semblable à la fois à un détail d'œuvre abstraite, et, à la faveur d'un montage *cut*, au filet de sang coulant le long du bras de la jeune Carol, tandis qu'elle expire sur le sol fangeux de la forêt. Le reste du film, notamment dans sa pente précocement *slasher* (le prototype de ce genre typiquement nord-américain, *Black Christmas* de Bob Clark, ne sortira que l'année suivante), sera d'une toute autre tonalité. Il se chargera, non pas d'esthétiser ou de spectaculariser les chairs violentées comme dans le cinéma maniériste d'Argento (le massacre des trois étudiantes dans la villa des Abruzzes sera même éludé à l'écran), mais de détailler frontalement et froidement une version en quelque sorte *post mortem* du martyre (dépeçage des corps sans vie), exempte de toute spiritualité comme de toute sensualité. Les propos initiaux du pédagogue Franz faisant de l'art du Pérugin une très oxymorique « indifférence quasi lyrique » dans le traitement de « la tragédie de la douleur » étaient, à cet égard, prophétiques et programmatiques. Et pour cause : il se révèlera être le tueur sadique en personne…

Dans la première moitié de *Torso*, le centre historique de la ville est continûment privilégié, de ses charmantes venelles à sa grand-place grouillant de monde. Comme le vendeur de foulards l'explique à l'inspecteur Enzo di Salvo, sur la *piazza* « les gens vont et viennent, de toutes les races, de toutes sortes de couleurs ». Ce qui revient moins à rappeler la dimension internationale de la communauté estudiantine de Pérouse qu'à attirer l'attention sur l'une des quatre étudiantes qui vont former le noyau principal du récit (après les disparitions successives de Flo et de Carol, premières victimes du tueur). À savoir, l'Afro-américaine Ursula, interprétée par Carla Brait, qui venait, l'année précédente, de tourner dans deux gialli, *L'etrusco uccide ancora* d'Armando Crispino et *Les Rendez-vous de Satan* de Giuliano Carnimeo. À peine arrivée à Tagliacozzo, Ursula sera, dans la deuxième partie, l'objet d'un intérêt tout particulier et burlesquement exoticisant de la part des jeunes mâles concupiscents du coin. Contemplant les cuisses exposées de l'étudiante noire juchée, cigarette aux lèvres, en haut d'un tracteur sur la place du village, l'un d'eux s'émeut (tout au moins dans la version audio anglaise) qu'on croirait « voir la source du Nil »… Un autre, dénommé Baloc, cordonnier muet du village et tête de Turc de ses congénères, paiera un peu plus tard de sa vie d'avoir profité en voyeur d'une scène de lesbianisme interracial entre Ursula et sa camarade, Katia, dont le caractère gratuitement « sexploitatif » est hélas flagrant, peut-être en écho à la scène de générique commentée plus haut.

Avant d'aborder plus avant cette facette rurale du film, relevons que c'est au sein d'un espace en quelque sorte intermédiaire et indéterminé (tout au plus peut-on dire qu'il ne participe pas du tissu strictement urbain de Pérouse) qu'évolue la séquence la plus réussie et la plus palpitante, aussi bien stylistiquement que narrativement, de la première moitié de *Torso*. Subitement soucieuse de s'extirper des griffes de deux jeunes compagnons un peu trop entreprenants, Carol fuit l'entrepôt désaffecté, sis en dehors ou aux marges de la ville, où se rassemble une jeunesse plus ou moins « hippie » pour danser, fumer et… copuler (ce qui est l'occasion d'une autre scène « sexploitative » à souhait). Une fois dehors, la voilà qui se retrouve imperceptiblement à fendre un rideau de joncs et de roseaux, puis à patauger dans une forêt bourbeuse, nappée de brume et nimbée d'une lumière bleutée – serait-ce par projection de l'esprit de la jeune femme, qu'on peut présumer embrouillé par les vapeurs de marijuana… ? Un zoom ne tarde pas à faire progressivement apparaître dans le lointain, parmi l'entrelacs des futs d'arbres, une silhouette encagoulée, aussi hiératique, par anticipation, que le Michael Myers du *Halloween : La Nuit des masques* de John Carpenter. La figure du tueur s'évanouit presque aussitôt, pour réapparaître peu après, comme par sortilège, face à sa victime rampant dans la fange, saisie d'effroi et frappée d'impuissance. Gageons que certains « accros » du giallo sauront ici mettre au jour un équivalent sylvestre et nébuleux du meurtre de Nicole, la seconde des six femmes éponymes de Bava promises à l'assassin, se déroulant, lui, dans un vaste appartement au décor surchargé. Il y règne à la fois une féerie expressionniste de couleurs et le clair-obscur d'une lumière clignotante dont l'effet stroboscopique confère une tournure tout aussi surhumaine au tour de passe-passe qui fait surgir, pour aussitôt l'escamoter, le maniaque au visage dissimulé par un bas écru.

Le second volet de *Torso*, nous le disions, s'ancre dans une ruralité que caractérisent non seulement l'éloignement du lieu et son manifeste sous-développement économique, mais encore l'étroitesse de vues ou le conservatisme des mœurs qui s'y expriment sans détour. Ces parages sont d'autant plus « reculés » que le cœur de l'action va constituer en un tragique huis clos. C'est, en effet, tout en haut d'une falaise abrupte et crayeuse dominant le village qu'est perchée une villa isolée qui a tout l'air d'« une prison », observe, à la vue de grilles aux fenêtres, l'une des étudiantes qui s'y sont en quelque sorte mises au vert (Fig. 25), pensant être ainsi à l'abri du *serial killer* « urbain » qui – suprême ironie – a déjà investi la place… Les linéaments « gore » du slasher, genre qui dans son âge d'or tendra à privilégier les environnements suburbains ou naturels, vont dès lors pouvoir pleinement s'épanouir. Le tueur psychopathe dispose de temps et d'espace, autrement dit de la « tranquillité » nécessaire pour parachever sa barbare besogne : le démembrement méthodique de ses victimes à la scie à métaux. Ce qui ne manque pas de sel, si l'on ose dire : l'oncle de Dani, propriétaire de la villa, ne vantait-il pas un exil bénéfique loin de « l'air pollué de la ville ». Et pour ne rien dire de la devise des Abruzzes : « *Forte e gentile* » ! Il n'en demeure pas moins que, comme on l'a souligné plus spécialement à propos d'Ursula, ces étudiantes étrangères sinon délurées, tout au moins libérées et décomplexées, créent un attroupement bigarré (d'où de gros plans font émerger des « gueules » masculines amochées ou « arriérées » accentuant encore la couleur locale ou le dépaysement folklorique) et suscitent à la fois stupéfaction et excitation, lorsqu'elles débarquent dans ce village « préservé » de l'évolution des modes, des mœurs et des mentalités. Le machisme fanfaron des jeunes des environs, tout comme l'infantilisme censément drolatique du cordonnier ou du laitier, cachent mal une libido insatisfaite. Ces deux traits vont ainsi servir de repoussoir à la sexualité assumée des jeunes femmes dans l'intimité (scène saphique déjà mentionnée) et à leur nudité affichée en plein air (bain de soleil avant le petit-déjeuner, trempette sous une cascade). Outre qu'il participe d'une évidente sexploitation, ce contraste fait mine de laisser planer l'éventualité d'une nouvelle menace : la frustration érotique comme motivation criminelle. Or, le seul et réel danger demeure inchangé, se parant, précisément, des atours trompeurs de l'art et de l'éducation, soit de l'*urbanité* (au sens de civilité), à l'opposite de la rusticité et de l'inculture. Poursuivant ses proies dans leur exil agreste, Franz, le professeur homicide, qui finira, lui, par reconnaître son impuissance sexuelle causée par un trauma d'enfance, n'a fait, somme toute, que « migrer » depuis la ville. Pour un motif inexpliqué, Roberto, le séduisant médecin (incarné par le Français Luc Merenda, grande vedette des *poliziotteschi* des années 1970), en fera autant, partageant même le compartiment des étudiantes dans le train à destination du village des Abruzzes – manière de jouer les suspects avant de défaire le vrai coupable au dénouement.

FIG. 25 – Sergio Martino, *Torso*, 1973.

Le jeu haletant et glaçant du chat et de la souris, dans la Villa Aselli, entre Jane et Franz aboutit à une même stupeur lorsqu'ils finissent par mutuellement se reconnaître. Pour Franz, Jane est « différente » de ses camarades, « vulgaires poupées de chair et de sang » qu'il s'est vu contraint d'éliminer. Il va jusqu'à la désigner comme « pure » dans la piste en langue anglaise. Sachant de surcroît qu'elle réchappe, avec l'aide *in extremis* de Roberto, de cette ultime confrontation, on conçoit que la *final girl*, tel que ce trope des slashers des années 1970-1980 sera plus tard défini et théorisé[4], est remarquablement en germe chez le personnage de Jane (auquel la Britannique Suzy Kendall, déjà croisée dans *L'Oiseau au plumage de cristal* et *Spasmo*, prête ses airs de blonde ingénue). Si celle-ci est donc la dernière survivante, c'est aussi que, à rebours de la figure du touriste en Italie ou de l'Américain exilé à Rome, si souvent montrée, notamment chez Argento, comme inadaptée et hors de son élément, elle a su en un sens *s'acculturer*. Ou tout au moins traverser, à la fois indépendamment et en dialogue avec les « autochtones », les différentes couches de l'urbanité et de la ruralité, des cultures et des nationalités – ainsi que les préjugés qui peuvent en résulter. Franz ne s'était-il pas très tôt dit surpris, avec une morgue tranquille doublée de muflerie, de ce qu'une Américaine (réifiée en « produit de la technologie américaine », dans la piste en anglais !) puisse être « émue par des œuvres d'art témoignant d'un passé qui, au fond, *ne lui appartient pas* » ? Jane avait alors rétorqué, avec tact mais fermeté, n'être pas certaine de devoir prendre cette remarque comme un compliment. Avant d'ajouter pince-sans-rire : « C'est bien la preuve que certains Américains savent être moins américains que d'autres »... Le clivage entre ville et campagne s'inscrit aussi, en définitive, dans un contexte plus global, en l'occurrence transatlantique, à une époque qui voit refluer en Europe l'influence du modèle américain, qui régna pourtant sans partage dans l'immédiat après-guerre.

4 Voir Carol J. Clover, *Men, Women and Chain Saws : Gender in the Modern Horror Film*, Princeton, New Jersey, Princeton University Press, 1992 (en particulier, le premier chapitre).

L'ART À LA CAMPAGNE

Du *locus amoenus* au *locus horribilis* (*La Maison aux fenêtres qui rient*, Pupi Avati)

L'indélébile générique d'ouverture de *La Maison aux fenêtres qui rient* se plaît à mêler en une séquence-choc deux pôles que nous avons vus alterner ou coexister dans *Torso*. D'une part, une esthétisation virant à l'abstraction. Tant le grain et les imperfections de la pellicule que les tons bistre et sépia de l'image, tant le contraste poussé (sous-exposition pour la victime dénudée ; surexposition pour les bourreaux) que le ralenti de type « expérimental » ritualisant la gestuelle assassine contribuent à conférer un cachet d'estampe ou un soupçon de *sanguine* à la séquence[1]. Ou, dit autrement, une très oxymorique aura de *tableau vivant de la mort*. D'autre part, une viscéralité rehaussée de gore : couteaux plongeant avec férocité et sans discontinuer dans les flancs ruisselant de sang du supplicié ; hurlements déchirants et réverbérés de ce dernier. Pour être, à bien des égards, programmatique, cette tension n'en est pas moins quelque peu déceptive. Le parti pris stylistique d'ensemble du film, tout en sobriété, langueur, ambivalence et rétention, se veut en effet radicalement opposé à la frontalité explicite de la partie abruzzaise de *Torso*, quand bien même fût-elle par endroits réfrénée par crainte de révéler l'identité du tueur. Reste que nombre des éléments déjà plus ou moins présents dans le proto-slasher de Sergio Martino vont acquérir, chez Pupi Avati, une place de choix et atteindre un point d'incandescence.

1 Le plan conclusif sur lequel vient s'apposer la signature du maître (« un film di PUPI AVATI ») ressemble à s'y méprendre, n'était cette dissonance d'un homme nu suspendu par les bras au beau milieu du cadre, à l'œuvre de quelque paysagiste classique (on pensera, par exemple, à Claude Lorrain), avec cette silhouette d'un majestueux pin parasol sur la droite et d'un frêle portique dans le fond (Fig. 26).

FIG. 26 – Pupi Avati, *La Maison aux fenêtres qui rient*, 1976.

Ainsi en va-t-il de la question des rapports entre art et « physicalité », ou entre esthétique et mise à mort, emblématisée dans le film d'Avati par un étrange Saint Sébastien dont les chairs sont transpercées, en écho à l'infortuné supplicié du générique, de dagues plutôt que des traditionnelles flèches. Le personnage figure sur une fresque de l'église du village dont on ne sait trop, à vrai dire, si Buono Legnani, le défunt « peintre des agonies », l'a laissé inachevée ou si elle a été (serait-ce intentionnellement ou accidentellement ?) endommagée – si elle est à compléter ou à restaurer. Il se peut qu'Avati ait songé au protagoniste, en charge de la restauration d'une église vénitienne (comportant une mosaïque ancienne à reconstituer), de *Ne vous retournez pas*, un quasi-giallo signé par le Britannique Nicolas Roeg dont la réputation était alors déjà établie. Ou à celui des *Frissons de l'angoisse* de Dario Argento faisant affleurer, sous une couche de plâtre qu'il s'applique à gratter à la manière d'un palimpseste, une scène elle aussi morbide et violente, dessinée par un enfant au mur d'une villa abandonnée à l'architecture Art nouveau. Le Stefano de *La Maison aux fenêtres qui rient* n'est montré à pied d'œuvre que très épisodiquement et très fugitivement, tamponnant ici raclant là. Tant et si bien que les deux figures féminines, peut-être sororales, en tenue blanche de lavandières, bouche hurlante comme leur victime[2], semblent « apparaître » soudainement sur la fresque au bout de trois-quarts d'heure de film (Fig. 27)… avant de « disparaître » une vingtaine de minutes plus tard, défigurées à l'acide, semble-t-il, de même que la partie supérieure de Saint Sébastien. Tel geste d'effacement n'est pas sans renvoyer, dans des registres différents, à l'idée de l'œuvre d'art palimpsestuelle comme à la loi du silence régnant dans la bourgade.

FIG. 27 – Pupi Avati, *La Maison aux fenêtres qui rient*, 1976.

On verra, en tout cas, dans cette fresque détaillant un rituel barbare de mise à mort, une nouvelle mise en abyme picturale de la scène archétypale du genre du giallo, androgynie ou ambivalence genrée des violenteurs comprise, seul un mince et discret filet de rouge aux lèvres

2 Très éloignée stylistiquement de Francis Bacon, que nous avons précédemment convoqué à propos des « pièces de viande » de *L'Île de l'épouvante* de Bava, la fresque de Legnani en est *a contrario* proche sur un plan thématique : violence, cruauté, souffrance, tortures infligées au corps humain, bouches béantes. Audible au prologue dans *La Maison aux fenêtres qui rient*, le cri de la victime retentira encore, dans un tout autre contexte et à la toute fin, dans un film ultérieur d'Avati, *Zeder*. On rappellera que l'ambition avouée de Bacon était de « peindre le cri plutôt que l'horreur » (comme il le confiait à David Sylvester en 1976), de têtes papales en scènes de crucifixion, de portraits anonymes en figures indéfinissables (on en retrouve, au reste, quelques reproductions aux murs de l'appartement des Hammond dans *Le Venin de la peur* de Fulci). Ajoutons, pour finir, le tropisme baconien pour le format du triptyque, à quoi le « chef-d'œuvre » de Legnani pourrait être lointainement assimilé, avec son martyr que flanque de chaque côté un personnage tortureur.

féminisant ces derniers dans l'œuvre murale de Legnani. On est aussi justifié à se demander, ce dont la critique paraît pourtant s'être curieusement abstenue, si le restaurateur Stefano ne serait pas plutôt l'héritier ou le continuateur – mieux, le *co-créateur* – d'un ouvrage qui lui inspire d'emblée une admiration et une fascination manifestes, presque excessives pour un premier coup d'œil : « Seul un grand artiste donne un sens aussi vrai à la mort… Il a tout compris. », s'ébahit-il. Or, le jugement du héros est ici moins aigu ou prémonitoire que prématuré : en ce point du film, lui n'a (encore) rien compris. Tout en faisant mine d'afficher le peu d'estime qu'il porte, à l'inverse de Stefano, à l'œuvre maîtresse de Legnani, la qualifiant crûment de *boiata* (croûte) ou de *schifezza* (saleté), le prêtre avait dès l'abord laissé entendre, par une tournure elliptique aussi intrigante qu'inquiétante, la possibilité d'une poursuite du travail du peintre autochtone : la fresque a « besoin d'être restaurée, *etc., etc., etc.* » Encore rehaussée par des plans d'ombre portée du héros venant se superposer, par l'effet de l'éclairage, au corps agonisant dès son inspection préliminaire de la fresque, l'identification putative de l'artisan (Stefano) avec l'artiste (Legnani) pourrait, en outre, tenir de la compensation, si l'on considère, avec son ami Antonio, que Stefano n'est après tout qu'« un peintre raté ». On pourra concevoir que ce type de nuances et de subtilités n'est pas tout à fait anecdotique, rapporté à un cinéaste qui a longtemps tendu à minorer la part pourtant non négligeable, et peut-être la plus réussie, de thriller ou de terreur au sein d'une prolifique production (que, fringant octogénaire, il continue d'enrichir), où se côtoient plus régulièrement drames, comédies sentimentales, films d'époque et biopics…

On peut dès lors s'interroger aussi, par rebond, sur le statut de cette séquence paratextuelle du générique qui n'est pas sans rappeler un autre *incipit*, celui des *Frissons de l'angoisse*, précédemment analysé en détail, à ceci près qu'il s'agit moins chez Avati d'un lointain *amont* hantant la diégèse du film qu'une scène primitive traumatisante, si l'on veut, pour les spectateurs eux-mêmes. Qu'est-ce à dire, au juste ? Rétrospectivement, il semble se faire jour que l'ouverture correspond à l'une des séances de mise à mort orchestrées par les sœurs de Legnani. S'est-elle déroulée, toutefois, du vivant de leur frère, ou postérieurement à son supposé suicide ? Ou bien n'a-t-on pas plutôt affaire à de pures images mentales, voire, qui sait, à une projection ou à une « émanation » fantasmatique du protagoniste lui-même ? Et se pourrait-il alors que celle-ci soit coextensive au récit à suivre ? C'est ce à quoi pourrait nous inciter, outre les caractéristiques visuelles ou techniques de la scène inaugurale dégagées plus haut, le fondu au noir qui la clôture et auquel vont succéder le remous d'un sillage et le bruit d'une sirène de bac, dans le décor bucolique du delta du Pô et sur fond de mélodie sirupeuse. Davantage encore qu'un contraste saisissant est ainsi instaurée une césure radicale entre le générique et le début de la diégèse à proprement parler. C'est aussi et surtout la voix mi exaltée, mi-extatique du peintre[3] tout entière portée par une fétichisation chromatique qui confère au prologue ce statut à la fois irréel et sanguinaire, à mi-chemin entre fantasme et fantôme, notamment en ce que s'y trouvent amalgamés couleurs et sang dans les veines, bras et palette, contamination (syphilitique[4]) et auto-purification, « meus deus » et « filho de puta » (reliquat luso-brésilien d'une période d'exil, on l'apprendra ultérieurement, de la famille Legnani à Rio de Janeiro…). Là encore, la nature de la voix pose question. Est-ce celle, diégétique bien qu'acousmatique, du peintre lui-même, *in praesentia* bien que hors champ ? Ou sourd-elle d'un enregistrement d'outre-tombe tel celui qui, au grenier de la villa où loge Stefano, se déclenchera, impromptu, sur un magnétophone à fil d'acier magnétique ? Une telle présence-absence ne trouve guère à s'incarner qu'à la faveur de brefs flash-backs au cours du film, lorsque, armé de son carnet de dessin et d'un fusain, Buono Legnani se rend au chevet de la mère du chauffeur Coppola sur le point de rendre l'âme, ou lorsqu'il s'immole par le feu.

Le cas le plus frappant demeure, accroché au mur parmi d'autres œuvres de l'artiste, celui de l'autoportrait qu'on pourrait dire *transgenre* réalisé par un Legnani « déjà fou », aux dires de Poppi, le propriétaire de la *trattoria*, avant même d'être connu comme « le soi-disant "peintre des agonies" ». Telle hybridité genrée serait peut-être à *croiser* (c'est bien le moindre !) avec

3 Elle trouve une manière d'écho silencieux – autre forme d'identification ou de transfert – dans la tête renversée et la bouche écartée du Saint Sébastien, entre béatitude et agonie, de la fresque. À cet égard, l'observation de Stefano n'est que partiellement judicieuse qui oppose l'art de Buono Legnani à l'iconographie martyrologique ou hagiographique classique : « Assez de l'hypocrisie des martyres souriants… La mort se montre enfin dans toute son horreur. » On pourra éventuellement y entendre un présage oblique de la maison éponyme du film, dont les bouches rieuses semblent issues de quelque affiche de cirque. Stefano omet, du reste, de mentionner ce qui constitue, peut-on penser, la plus grande transgression opérée par Legnani. À savoir, la métamorphose en sadiques tortionnaires (ou en Furies de la Grèce antique) des personnages féminins entourant traditionnellement le saint martyr de leurs soins, que ce soit dans le *Saint Sébastien soigné par sainte Irène* (v. 1645) de Georges de La Tour, par exemple, ou *Le Martyre de saint Sébastien* (1836) d'Eugène Delacroix.

4 Don Orsi rapportera plus tard à Stefano une rumeur selon laquelle l'une des sœurs Legnani, la vieille paralytique alitée, souffrirait en fait d'une maladie vénérienne…

cet ultime coup de théâtre que sera la découverte du travestissement d'une des deux sœurs sous les dehors du prêtre Don Orsi[5]. Les conditions de l'exécution de cette toile ne vont pas, cependant, sans quelque paradoxe ou incohérence. Faute de modèle féminin disposée à poser nue pour lui, Legnani aurait dû se résoudre, à en croire Poppi et le flash-back qui illustre son micro-récit, à se déshabiller lui-même devant une glace et à enduire son bras droit de gouache avant de se mettre à l'œuvre. Or, le résultat est un splendide corps d'odalisque alanguie, surmonté du visage assez peu gracieux et agrémenté d'une chevelure plus féminine que masculine, du peintre fixant l'observateur de son regard rimmellisé (comme le révèle un gros plan). À ses pieds, on distingue difficilement une poupée ou un baigneur à la chevelure blonde posé(e) sur des coussins (Fig. 28). L'image ou l'identité de soi « objectivement » reflétée dans le miroir est donc déformée, déviée, recréée, fantasmée. Pour un peu, on jurerait le symétrique inverse (relativement à l'orientation des corps) de cette autre *chimère* qu'est *Le Sphinx de Barcelone* (1939), portrait-collage de Salvador Dalí encore dénommé « Shirley Temple, le plus jeune monstre sacré du cinéma de son temps », qui représente la célèbre enfant-star en lionne rougeoyante à la poitrine naissante et dont la tête (sur laquelle s'est posée, toutes ailes déployées, une chauve-souris vampire de couleur mauve) est extraite d'une photographie de Shirley dans un journal (Fig. 29). On voit bien, en tout cas, en quoi le faux-autoportrait de Legnani pourrait, en retour, remettre en question la *légende* locale de mises à mort perpétrées par les sœurs et peintes par le frère *in actu* (sur le motif ou d'après nature). Et ce, dans le sens d'une *réécriture* de la symbolique « Sébastienne » certes iconoclaste, mais sans doute moins, à tout prendre, que la très *gender-bending Sainte Sébastienne* (1992) d'une Louise Bourgeois qui en faisait, au demeurant, un autoportrait[6]… Il n'en reste pas moins qu'à travers la question du *gender La Maison aux fenêtres qui rient* de Pupi Avati radicalise encore l'articulation de l'histoire de l'art et de la théologie comme de la spiritualité et de la sexualité que le *Torso* de Sergio Martino avait commencé d'activer allusivement par la figure, notamment, du Pérugin.

5 L'origine de cet élément transgressif remonterait à une histoire relatée au réalisateur dans son enfance : une bombe ayant éventré, pendant la guerre, toutes les tombes du cimetière de son village, il aurait été découvert que le prêtre de la paroisse récemment défunt était en réalité une femme…

6 Rappelons que la figure de Saint Sébastien a été, dès le XIXe siècle et jusqu'à aujourd'hui, maintes fois réappropriée à titre d'emblème homoérotique et d'icône gay.

FIG. 28 – Pupi Avati, *La Maison aux fenêtres qui rient*, 1976.

FIG. 29 – Salvador Dalí, *Shirley Temple, le plus jeune monstre sacré du cinéma de son temps*, 1939, Musée Boijmans Van Beuningen, Rotterdam.

En définitive, c'est peut-être la folie « visionnaire » de Buono Legnani qui a « contaminé » celui qui était en charge de le *restaurer* et non pas de le *ressusciter*, comme ont censément fait ses sœurs en le préservant dans le formol avant de recréer *in fine* la scène de la fresque, avec Stefano en ultime victime sacrificielle. Se pourrait-il que la sirène retentissant à la toute fin du film (et renvoyant subtilement, en un effet de bouclage, à celle de l'embarcation du début) ne signale pas l'arrivée de la police de Ferrare, malgré le coup de fil du maire, Solmi, mais celle d'une ambulance devant transporter Stefano dans un asile psychiatrique… ? Ou bien est-ce le monde environnant immédiat, ce microcosme perdu au beau milieu des Valli di Comacchio, terres marécageuses du parc du delta du Pô, qui a, sinon tout entier sombré dans une profonde déraison, pris le parti de protéger ceux ou celles s'adonnant, en son sein, à des pratiques déviantes et meurtrières ? La prise en considération de l'ancrage sociétal et rural du récit aurait-elle quelque chance de nous conduire à une relecture plus « réaliste » ou moins « expressionniste » d'un film éminemment retors et ambigu ? À l'égal, dans le premier cas (réalisme), des machinations et autres complots tendance *Gaslight* routinement ourdis, on l'a vu, dans la période initiale du giallo : une communauté s'attacherait, en l'espèce, à rendre fou pour mieux l'expulser un invité devenu intrus. À l'exemple, dans le second (expressionnisme), du *Cabinet du docteur Caligari* de Robert Wiene, dans le droit fil de l'hypothèse proposée ci-dessus d'un protagoniste peu ou prou délirant.

C'est en réalité le chronotope qu'il convient de prendre en compte, la dimension temporelle de *La Maison aux fenêtres qui rient* étant d'autant moins négligeable qu'elle fait exception à la contemporanéité de la majorité des gialli. L'intrigue se situe, en effet, au début des années 1950, voire à la fin des années 1940, comme semble l'indiquer une référence fugitive et voilée, dans les dialogues en italien, à « [Antonio] Ligabue à Guastalla[7] ». Soit, diégétiquement, au moins vingt ans après la disparition du peintre Buono Legnani et, historiquement, dans l'ombre de la tutelle nazie qui fut imposée à l'Italie du Nord (et du Centre) lors des deux dernières

7 C'est en effet en 1948, dans cette ville d'Émilie-Romagne, que ce peintre naïf fut hébergé par le sculpteur Andrea Mozzali. Il n'est pas interdit de percevoir certains échos entre les tableaux de Legnani aux murs de la trattoria et l'art de Ligabue. On retiendra également de ce dernier un autoportrait où il se représente chevauchant une moto rouge dans la campagne de Reggio d'Émilie, ce qui n'est pas sans évoquer le side-car de même couleur de Coppola, conduit par Stefano au dénouement.

années du deuxième conflit mondial. Don Orsi confie très tôt à Stefano que, peu avant sa prise de fonctions sacerdotales à la paroisse, l'église servit de refuge aux SS, puis de dépôt de wagons pour les morts, ce qui suggère une première forme d'avilissement ou de flétrissure du sacré. Un peu plus tard, alors que le protagoniste est contraint de quitter son hôtel au fallacieux prétexte de l'arrivée imminente d'un car de curistes « étrangers », l'une des femmes de chambre fait remarquer, non sans sarcasme, que « les derniers touristes à s'être rendus ici sont ces cochons d'Allemands… en 40[8] ! ». Pour autant, cette vaste zone du delta du Pô entre terre et mer, ces canaux serpentant parmi les maisons colorées de cette petite Venise qu'est Comacchio (principal lieu de tournage du film), semblent bien hors du temps…

C'est justement le « tourisme » que le maire Solmi souhaiterait développer ou redynamiser, afin de sortir sa bourgade du point mort où elle s'est enkystée au fil du temps. Si ce pan d'activité vient à manquer dans une localité comme celle dont il a la charge, « c'en est fini », les eaux thermales ne suffisant plus à attirer les visiteurs, se lamente-t-il auprès de Stefano, à peine les présentations faites sur le débarcadère en début de film. Son seul espoir est qu'une fois l'œuvre de Legnani complétée par Stefano, la fresque de l'église devienne « l'une des quatre spécialités du coin, avec les femmes, l'eau et le silence »… S'il n'y ajoute pas la gastronomie, pourtant réputée dans cette partie de l'Italie et évoquée dans les scènes de *trattoria* (au déjeuner, par exemple, le plat du jour est un « exceptionnel *cotechino* », ou saucisse de porc cuite), c'est sans doute qu'elle se trouve grotesquement dévoyée au cours du récit. Ainsi du sacristain, Lidio, qui exhibe fièrement un rongeur tout en prétendant que rats et souris constituent toujours des mets de choix dans la cuisine locale. Ou de la nouvelle maîtresse d'école, Francesca, ouvrant un frigo ne contenant qu'une multitude d'escargots « en liberté », accolés à ses parois (image presque « surréaliste » que l'on s'attendrait plus volontiers à rencontrer chez un Walerian Borowczyk !). Le « major » (*maresciallo*), quant à lui, enfoncera peu après le clou de la désertification rurale. L'absence de travail et de divertissement rend la région bien peu propice à l'épanouissement de la jeunesse, constate-t-il, fataliste, tout en déambulant aux côtés de Stefano dans un paysage plat et désert, en effet,

---

8 Pupi Avati ne collabora pas par hasard avec Pasolini, un an auparavant, au scénario de *Salò ou les 120 journées de Sodome*…

hormis une masure isolée qui semble posée sur la lagune à l'arrière-plan. La première institutrice, sur le point d'être mutée (peut-être en raison de sa nymphomanie), mâchait moins ses mots, qui se réjouissait de voir en Stefano « un nouveau visage dans ce trou à rat », le *merdaio* italien désignant sans doute aussi bien la localité que sa population, dont l'accent régional ou le parler dialectal sont volontiers perceptibles dans les dialogues…

De fait, c'est une tension dichotomique entre lieux clos et espaces ouverts, généralement associée à un contraste en clair-obscur, que le film pris dans son intégralité met en place selon une perspective pour ainsi dire ethnologique. D'une part, nous est proposé un nouvel exemple de communauté rustique non seulement repliée sur elle-même et somnolente, mais potentiellement minée par un problème de *consanguinité*, au propre comme au figuré, au vu des tares physiques (nanisme du maire, Solmi ; « gueules » disgracieuses attablées à la terrasse de la *trattoria*) ou mentales (idiotisme du sacristain, Lidio), qui la déparent et sous lesquelles se tapissent des vices encore bien plus inavouables, dont les relations incestueuses entre le peintre et ses deux sœurs[9]. Une collectivité qui, volets clos, restera obstinément sourde, à la fin du film, aux appels à l'aide de Stefano, l'infortuné importun. Au-delà des limites du bourg, on notera la multiplication d'édifices ou de demeures écartés. Là où l'action de la seconde partie de *Torso* se concentrait sur une seule propriété retirée, *La Maison aux fenêtres qui rient* comporte, outre l'énigmatique masure éponyme en rase campagne, une villa patricienne délabrée et envahie par une végétation luxuriante, ainsi que l'église où la fresque de Legnani trône au-dessus du maître-autel, l'une et l'autre isolées mais non moins cruciales pour l'intrigue. D'où ces nombreuses allées et venues du protagoniste, tout au long du film, le plus souvent à vélo, parfois en side-car ou en voiture (avec Coppola), qui viennent aussi nourrir le rapport organique du récit au paysage. Voilà bien qui change de ces immanquables moments de carte postale touristique, comme autant de mini-*travelogues* artificiellement insérés, qui trop souvent ternissent la matière giallesque, comme nous avons déjà eu l'occasion de le relever.

---

9 Toutes choses égales par ailleurs, l'inceste frère-sœur était déjà présent dans ce « giallo » caché qu'est *Sandra* de Visconti. Il sous-tend également ce giallo atypique qu'est *Amour et mort dans le jardin des dieux* de Sauro Scavolini.

Car, d'autre part – et c'est là le second pôle de l'arc spatial –, les personnages de Pupi Avati s'inscrivent très souvent au sein d'une vaste étendue environnante, plate et marécageuse, sauvage et déserte, au gré de vignettes successives. Égrenons-en quelques-unes :

- Stefano et Antonio devisant sur la rive avant que le maire ne les rejoigne et qu'un plan ne dévoile, au loin, une femme cueillant des fleurs dans la lumière rasante du soleil couchant ;
- Stefano et Lidio sillonnant la campagne à vélo, au milieu des marais, puis à travers bois ;
- Stefano et Don Orsi pêchant à bord d'une barque ;
- Stefano faisant boire Coppola sur un ponton pour lui soutirer des révélations.

Là où, tout en installant un climat assez proche, *La longue nuit de l'exorcisme* de Lucio Fulci met en exergue, on va le voir, un mode de vie anachronique perdurant dans quelque *paese* éloigné du Mezzogiorno, les exemples ci-dessus de *loci amoeni* dépeignant une vie champêtre concourent, chez Avati, à l'image trompeuse du quotidien d'une bourgade assoupie, en apparence inoffensive, mais en réalité imprégnée d'une torpeur morbide et virant au *locus horribilis*. C'est ainsi tout un amas de terribles secrets et d'innommables péchés (pour ne rien dire d'une mémoire collective enfouie ayant trait au récent passé fasciste et à l'occupation allemande) qu'un protagoniste « allogène » est amené à confronter et à percer à jour, malgré l'hostilité latente, puis manifeste, de la population autochtone. Seule exception : le rôle d'adjuvant informateur qu'endosse le chauffeur Coppola. Porté sur la dive bouteille, il aidera à briser une conspiration du silence qui a tout d'une variante « nordiste » de l'omerta mafieuse. À moins qu'on ne préfère y reconnaître un schéma narratif typiquement lovecraftien, ce qui ne serait pas tout à fait pour surprendre venant d'un cinéaste qui, sans jamais passer par le prisme de l'adaptation, n'en parvient pas moins à instaurer, dans ses films d'horreur, en particulier dans *Zeder* qui reconduit l'ancrage régionaliste de *La Maison aux fenêtres qui rient*, des ambiances ou même des topoï chers au Maître de Providence[10]. Le seul autre réalisateur italien qui sut faire consonner, le plus souvent

10 Est-ce par ailleurs une coïncidence si la docufiction ludiquement spéculative de Federico Greco et Roberto Leggio, *H.P. Lovecraft. Ipotesi di un viaggio in Italia*, fait du Delta du Pô

implicitement, certains de ses films d'horreur avec l'imaginaire lovecraftien est sans conteste Lucio Fulci[11]. Il se trouve qu'il fut aussi l'un des rares, comme nous allons à présent le vérifier, à faire rimer ruralité et giallo avec talent et originalité.

un analogon géographico-culturel de la Nouvelle-Angleterre transfigurée dans l'univers fictionnel de H.P. Lovecraft ?

11 Je me permets de renvoyer ici à : Philippe Met, « H. P. Lovecraft tel qu'en *outsider* le cinéma le change », in Christophe Gelly et Gilles Menegaldo (dir.), *Lovecraft au prisme de l'image. Littérature, cinéma et arts graphiques*, Cadillon, Le Visage vert, 2017, p. 133-149.

LA LONGUE NUIT DE L'EXORCISME (LUCIO FULCI), OU VOYAGE EN ITALIE PROFONDE (MEZZOGIORNO)

Film privilégié par Fulci au sein de sa propre filmographie, *La longue nuit de l'exorcisme* (1972)[1] connaît, depuis les années 1990, un vif engouement parmi les passionnés du genre et une très notable réhabilitation critique, après avoir suscité l'indifférence ou l'incompréhension à sa sortie. Il n'est certes pas exempt de tout défaut. On pourra, par exemple, lui reprocher, même si la police ne s'y montre pas aussi grotesquement empotée ou inepte que dans maint giallo, de faire un peu trop traîner en longueur l'enquête des *carabinieri* ou de lui accorder, dans une démarche délibérément réaliste, une part trop importante et trop « prosaïque ». Il n'en tranche pas moins superbement sur la majorité de la production giallesque de l'époque, ne serait-ce que parce qu'il possède l'indéniable mérite d'avoir introduit le Mezzogiorno dans un *filone* très largement urbain et « nordiste ». Force est de noter qu'il ne fit guère d'émules. À dire vrai, ce n'est qu'au fil des moutures scénaristiques et sous la pression du producteur que s'opéra la localisation inédite du giallo-phare de Fulci[2]. Le script initial avait, tout au contraire, élu Turin (l'un des sommets, avec Milan et Gênes, du triangle industriel du Nord-Ouest de l'Italie) comme lieu de l'action et le monde ouvrier comme microcosme socio-économique, en l'occurrence l'entreprise Fiat, symbole à elle seule du *miracolo economico italiano*. De

1 Titre original : *Non si sevizia un paperino*, soit « On ne torture pas un Donald Duck », *Paperino* désignant en italien le personnage grincheux et colérique de Walt Disney. L'absurdité de la transposition française (pas plus d'« exorcisme » que de « longue nuit » dans ce film, qui se déroule en grande partie en plein jour, sous le soleil écrasant de l'Italie méridionale) repose sur une exploitation du succès de *L'Exorciste* de William Friedkin, le giallo de Fulci n'étant sorti en salle dans l'Hexagone qu'en 1978.

2 Selon les dires mêmes du réalisateur, dans un entretien figurant en bonus sur le DVD de son drame historique *Liens d'amour et de sang*, édité en 2007 par Néo Publishing.

cette dernière composante ne subsiste, en somme, que la Fiat 500 (dont le modèle inaugural portait le nom « Topolino » en référence à Mickey Mouse, ce qui ne serait pas sans faire corps avec le Donald Duck du titre italien...) conduite par les deux prostituées débarquant dans le village lors des premières scènes. Quant au sujet du film, il s'inspirera finalement d'un sordide fait divers, sur fond d'infanticides, survenu à Bitonto, dans la région des Pouilles, où de nombreux extérieurs furent d'ailleurs tournés : de la ville de Monte Sant'Angelo, d'où sont dépêchés les carabinieri menant l'enquête, au massif du Gargano (avec la forêt d'Umbra et le sanctuaire de Saint Michel Archange) en passant par la vallée de Carbonara. Accendura, le nom du petit village fictif (*il piccolo paese del Meridione*, pour reprendre une manchette du journal milanais dont Andrea Martelli est l'envoyé spécial sur place), fait, lui, référence à une commune authentique de la province de Matera (dans la Basilicate) : Accettura.

Cela posé, Fulci est loin de s'en tenir à la topographie et à la couleur locale. Sans verser dans un apparat ethnologique ou sociologisant, son film ne nous en offre pas moins une saisissante étude de mœurs dans un contexte socio-culturel particulier qui, sauf à titre de simple toile de fond, aura somme toute été assez peu abordé dans le cinéma italien. Cela vaudrait pour la production de genre, même si le Mezzogiorno participe tacitement d'un imaginaire de la « Frontière » dans le western spaghetti[3], comme pour le film d'auteur, en dépit d'exceptions notables telles que Pasolini choisissant lui aussi, outre les Pouilles et la Calabre, la ville lucanienne de Matera pour tourner son *Évangile selon saint Matthieu*, ou Francesco Rosi avec *Le Christ s'est arrêté à Eboli*. À la jonction des deux, on retiendra le cas d'*À chacun son dû* d'Elio Petri, adaptation libre d'un roman éponyme de Sciascia dénonçant, sur fond

3 Le film de Fulci n'est pas sans être subtilement investi par le genre du western – *all'italiana* ou non. À défaut d'être désertique, le paysage est aride et hérissé de promontoires rocheux, tout en ménageant ici et là des pâturages et des forêts. Une voie de communication moderne, l'*autostrada*, serpente sur ce territoire, à la manière du chemin de fer, symbole de la Conquête de l'Ouest. On songera aussi aux éléments proches des *missions* espagnoles du Mexique et du Sud-Ouest des États-Unis peuplant les westerns classiques : village écrasé de chaleur et habitations blanchies à la chaux, église, cimetière où se déroule une forme très particulière de lynchage. Mentionnons enfin une référence visuellement explicite, en l'occurrence doublée d'une ironie tragique, sous la forme d'un western que des parents regardent paisiblement à la télévision, tandis que leur fils Michele fait le mur pour se rendre à un rendez-vous fixé par le tueur dont il va de soi que le garçon ne reviendra pas.

de va-et-vient entre Palerme et la commune de Cefalù, le règne de la collusion d'intérêts rapprochant notabilité locale et Mafia. En sus de l'actrice et tragédienne Irène Papas, il n'est pas exclu que Lucio Fulci ait « emprunté » à ce riche matériau la démarche policière consistant à filmer un enterrement (celui du pharmacien Arturo Manno et du Dr. Roscio chez Petri, celui du jeune Michele chez Fulci), afin de mieux identifier les natifs et de se renseigner sur leur compte auprès des autorités locales[4]. Qu'il s'inspire ou non de pratiques réelles, ce dernier point ne relève pas du seul effet de mise en abyme ou d'auto-référentialité, aussi singulièrement appuyé puisse-t-il paraître dans la variante fulcienne. C'est en effet lorsque la bobine marquée « Secondo tempo » s'enclenche qu'un bourdonnement se fait entendre, l'image (qualité, teinte, positionnement du personnage) ne semblant pas, par ailleurs, raccorder parfaitement avec celle qui précédait (« Fine primo tempo »). Un arrêt sur image, qui s'inscrit ensuite sur l'écran d'une salle de projection, nous permet de comprendre que les responsables de l'enquête sont en train de visionner une séquence enregistrée lors de la messe d'obsèques et d'échanger leurs impressions concernant le comportement de celle que le village désigne sous le nom de « Maciara[5] ». La scène met aussi et surtout en évidence la dynamique régissant les rapports entre, d'un côté, le magistrat (substitut du procureur) et le lieutenant (*tenente*) des *carabinieri*, dépêchés du nord de l'Italie, et de l'autre, le *maresciallo* du cru (de manière révélatrice, c'est le seul parmi eux dont le nom est porté à notre connaissance : Modesti).

Le *maresciallo* joue un rôle essentiel de médiateur entre les mentalités nationales et régionales, de *truchement* qui tantôt interprète et décrypte le folklore ou les us et coutumes méridionaux auprès des enquêteurs « allochtones » avec qui il doit faire équipe, tantôt commente les décisions ou les dires de ces derniers. Face aux images projetées de la Maciara s'éclipsant précipitamment et subrepticement de l'église, Modesti assume

4 Voir aussi, plus loin, *L'arma l'ora il movente* de Francesco Mazzei où le commissaire, devant un banc de montage, informe le *procuratore* sur les participants aux funérailles du jeune prêtre. C'est également sur ces images filmées en noir et blanc que l'un d'eux, le sacristain, est identifié comme un ancien détenu pour homicide.

5 Le rôle est interprété par l'actrice brésilienne Florinda Bolkan, qui tourna principalement en Italie, aussi bien pour de grands cinéastes (entre autres, Visconti, Petri et De Sica) que dans des films de genre, dont des gialli : *Una ragazza piuttosto complicata* de Damiano Damiani, *Le Venin de la peur* de Fulci, *Le orme* de Luigi Bazzoni.

clairement la première de ces fonctions, en expliquant que la raison ne saurait en être une quelconque pratique des arts maléfiques, comme croit pouvoir le subodorer le procureur. De fait, proche de la sorcière, la *maciara* est une figure répertoriée de la culture populaire du centre-sud de l'Italie, en particulier de la Basilicate : dans de nombreuses légendes, elle est rattachée à des sacrifices d'enfants ou encore invoquée contre le *malocchio* (mauvais œil). Or, comme le précise Modesti, le personnage en question du film n'est tenu pour une sorcière par les villageois que parce qu'elle partage la vie de l'oncle Francesco, magicien réputé que l'on vient consulter non seulement de la Calabre ou de la Sicile, mais de toute l'Italie. À la scène suivante, Modesti, accompagné du jeune lieutenant, rend visite au vieil ours (interprété par Georges Wilson) dans son refuge en pierre délabré, perdu dans les montagnes dominant le hameau. Occupé qu'il est à façonner une poupée « vaudoue » noire de suie semblable à celles que l'on a vu la Maciara à maintes reprises percer d'épingles ou asperger de ses crachats avant de les enterrer et de les recouvrir de chaux[6], il se montre assez peu coopératif lorsqu'on l'interroge. Le brave *maresciallo* peine à contenir le fougueux *tenente* qui serait prêt à coffrer le madré nécromant : ce serait la meilleure façon, objecte Modesti, de déclencher une révolution à Accendura… Il ne s'était pourtant pas fait faute de faire valoir auprès de ses interlocuteurs « nordistes », en usant de l'expression idiomatique culinaire *pappa e ciccia* (« cul et chemise », dirait-on en français en termes vestimentaires), l'indivisible imbrication, dans le Mezzogiorno, de ces deux systèmes de croyance, de pensée ou de valeurs qu'une certaine modernité de vues s'est efforcée de disjoindre : la superstition et le catholicisme. Lesquels y forment une identité magico-religieuse ancestrale et donc pré-industrielle s'opposant à la rationalité moderne d'une Italie septentrionale émancipée et éclairée.

En un sens, la recherche d'une culpabilité – et, donc, d'une sanction – individuelle qui anime les représentants de l'ordre public étrangers à cette culture archaïque se heurte à la mentalité de groupe et donc à l'idée de responsabilité collective. Suite à la découverte du corps martyrisé de la *maciara*, le juge d'instruction fait part de son écœurement et de son

6 S'ils ont pour but essentiel de faire porter les soupçons des spectateurs sur la sorcière, ces fréquents inserts ne sont pas sans tisser des liens avec les brèves mais récurrentes plongées dans l'univers pulsionnel des assassins de Dario Argento autour d'objets-fétiches.

désarroi face à un crime aussi « répugnant » : « Nous savons construire des autoroutes, mais nous sommes impuissants face à l'ignorance et à la superstition… Maintenant, il nous faut retrouver les coupables et les punir. » À quoi le *maresciallo* mi-fataliste mi-désabusé répond *in petto* : « Autant arrêter tout le village… ». Il faut dire que, s'il avait été tenu compte de l'avis pragmatique et informé de Modesti (bien qu'innocente, mieux valait ne pas relâcher la suspecte trop tôt), la paix publique eût pu être garantie et la mort de la Maciara évitée. En lieu et place de quoi, celle-ci fut désignée comme nouvelle victime émissaire, le simplet du village, Giuseppe Barra, l'ayant précédé dans ce rôle, exposé qu'il fut à la vindicte d'une foule hystérisée et difficilement contenue par les policiers tentant de protéger le pauvre hère. Les vieilles crachent ainsi sur le passage de la Maciara dans les rues du bourg, avant que les pères des garçons décédés ne la soumettent à un supplice patriarcal, barbare et funeste, dans un cimetière à l'abandon[7]. Comme Modesti le soulignera plus tard en se référant à ses congénères massés sur une nouvelle scène de crime (où a été retrouvé le cadavre de Michele), ne se lit sur leurs visages qu'un sentiment de peur, et non de culpabilité. Pour autant, on voit mal qui, dans l'univers trouble de *La longue nuit de l'exorcisme*, pourrait s'ériger en parangon de la morale. Ne peut-on penser, pour s'en tenir à ce seul exemple, que la mise à mort de la *maciara* a été en quelque sorte préfigurée par une très littérale *chasse à la sorcière*, menée non pas par les habitants mais par les autorités juridico-policières elles-mêmes, dans le cadre d'une gigantesque battue à grand renfort d'hélicoptères, la *maciara* se trouvant harcelée et encerclée par les bergers allemands, tous crocs dehors, des *carabinieri* ?

Incarnée par Barbara Bouchet, actrice « ubiquitaire » des gialli, poliziotteschi et autres comédies érotiques italiennes de la décennie 1970, le personnage de Patrizia est le symétrique inverse tant de la *maciara* (sa marginalité est externe, plutôt qu'interne) que du *maresciallo* (elle est une transfuge, et non pas un intercesseur « ethnoculturel »). On apprend en effet qu'elle est originaire, par filiation paternelle,

7 Particulièrement remarquable à la fois comme premier exemple de sadisme *gore* fulcien (voué à être réinvesti et modulé à l'ouverture de *L'Au-delà*) et pour son utilisation tragiquement contrapuntique de la musique diégétique (Riccardo Cocciante, Ornella Vanoni) émanant d'un autoradio, cette séquence a été suffisamment commentée par la critique pour qu'on s'abstienne ici d'y revenir en détail.

d'Accendura. S'étant enrichi dans le Nord de l'Italie, son père a fait construire dans sa commune natale une villa extravagante (elle détonne très nettement par rapport à l'habitat traditionnel, dans un plan fugace du générique), où sa fille, impliquée dans une trouble affaire de drogue à Milan, a, pour se faire oublier, trouvé refuge. Si la sorcière est, en quelque sorte, *aliénée* par la structure sociétale du microcosme auquel elle appartient (grosse des œuvres de Francesco, à qui elle avait été confiée pour qu'il la désensorcèle, elle perdit son bébé dans des circonstances embrouillées, vivant depuis en marge de la communauté locale[8]), Patrizia, s'affiche, elle, comme une femme *libérée* – et ce, doublement. D'abord, sous la forme d'une (dés)acculturation pleinement désirée. Elle a, de fait, renié ses racines pour embrasser un mode de vie citadin et consumériste, dont sa voiture de sport et son buggy rouge ne sont que les signes les plus voyants. Sous les dehors, ensuite, d'un hédonisme provocateur, sinon malsain : elle se pavane dans le village en décolleté et mini-jupe, et va jusqu'à tenter de suborner, la première fois en tenue d'Ève sous une lampe à bronzer, le très jeune Michele, sans qu'on puisse déterminer si c'est par simple jeu ou par perversité. Aux enquêteurs, elle se fera fort de relater – affect déjà croisé et glosé, mais ici déplacé dans un contexte rural – *l'ennui* généré par ce retour forcé au pays natal tournant à l'exil intérieur tant l'entente (communication et compréhension) s'est rompue avec les autochtones. Et de reconnaître se rendre, à ses heures perdues, dans la retraite du vieux Francesco par intérêt présumé pour la magie noire, plus sûrement en quête d'un excitant « exotique ». Enfin, faisant écho aux propos antérieurement mentionnés de la maîtresse d'école volage de *La Maison aux fenêtres qui rient* à l'arrivée de Stefano, elle fera du journaliste Andrea, lui aussi de Milan, « le seul être civilisé qu[elle] connaisse dans ce maudit patelin ».

À l'évidence, *La longue nuit de l'exorcisme* puise profondément et intelligemment dans les complexités et les méandres d'un Mezzogiorno dont l'indéniable cohérence est aussi parcouru d'inéluctables lignes de faille. Si, nous l'avons posé d'emblée, on ne saurait prendre le film de Lucio Fulci pour une enquête ethnologique, non plus que pour une fresque folklorisante, son *incipit* pourrait presque laisser un instant croire à

8 De son côté, Aurelia Avallone, la mère de Don Alberto, ne semble être « tolérée » par la collectivité qu'en raison du statut clérical de son fils.

une approche de type documentaire ou (néo)réaliste. Au générique, un lent panoramique nous fait ainsi découvrir une campagne vallonnée, tandis que s'élève un chant de femme traditionnel auquel se mêlent des aboiements dans le lointain. La caméra zoome alors sur une première intrusion, technologique, de la modernité (auxquelles viendront bientôt s'adjoindre le battage médiatique et les investigations de la police judiciaire) : l'*autostrada*, plus précisément ici, l'autoroute A24 qui relie Rome à Teramo dans les Abruzzes (Fig. 30), dont elle suit le tracé sinueux défigurant le paysage. Peu après, une progression toute balzacienne nous fait passer de l'ensemble du paysage aux vignettes d'un village qui s'y niche à flanc de rochers : ses habitations chaulées, ses ruelles en pente, son clocher. Entre les deux moments s'est toutefois immiscé un élément qui, brusquement accompagné de cordes stridentes et saccadées sur la bande-son, ne jurerait pas dans un film d'épouvante : des mains de femme ensanglantées à force de creuser le sol crayeux d'un promontoire surplombant le viaduc de Pietrasecca, et déterrant un squelette de bébé. Passé le générique, la scène d'ouverture apportera une touche plutôt fellinienne avec ces deux prostituées opulentes engoncées dans leur Fiat 500, un transistor déversant une mièvrerie radiophonique vissé à l'oreille, venues offrir leurs services aux paysans du coin. On comprend tout au moins qu'un mélange des registres et un jeu sur les contrastes offrent d'entrée un condensé de la dynamique et des enjeux d'un film dont le positionnement idéologique s'avère instable ou fuyant. Avons-nous affaire, dans la droite ligne d'un paradigme nordiste hégémonique, à une vision stéréotypée et biaisée du Mezzogiorno, à une forme de réquisitoire contre l'archaïsme d'un microcosme paysan peu ou prou arriéré ? Ou s'agit-il, au contraire, d'un plaidoyer pour un attachement à une autarcie anachronique, de la défense et illustration d'une résistance authentique à un « envahisseur » corrosif et corrupteur ? Ou bien encore, assistons-nous à une fustigation conjointe de l'obscurantisme païen et du puritanisme catholique ? On a vu que la mise à mort de la *maciara*, aussi lente qu'acharnée, était le fait de la sauvagerie primale des hommes du village. Elle se trouve, en un sens, parachevée par ces vacanciers défilant dans leur véhicule sur l'*autostrada*, au pied de laquelle la pauvre martyre agonise (Fig. 31), sans que ceux-ci l'aperçoivent ou, pire sans doute, daignent lui prêter assistance (un conducteur détourne clairement le regard après l'avoir aperçue). Quelle meilleure allégorie d'une ruralité aussi « profonde » que moribonde, coupée de la croissance économique, et dépassée par une modernité *en route*, laquelle, indifférente ou aveugle, est ici réduite à un double emblème : l'automobile et les loisirs ?

FIG. 30 – Lucio Fulci, *La longue nuit de l'exorcisme*, 1972.

FIG. 31 – Lucio Fulci, *La longue nuit de l'exorcisme*, 1972.

Outre qu'elle sert un *topos* du genre alors en train de se constituer[9], l'insistance mise à « grand-guignoliser » la disgrâce du prêtre dévoyé en fin de film, à détailler sa chute tant morale (telle qu'elle sourd, dans toute sa paradoxale perversité, du monologue intérieur en voix off) que physique (gros plans sanglants et répétés du visage déchiqueté par les rochers), témoigne d'une autre forme de sadisme implacable de la part d'un cinéaste imprégné à parts égales de marxisme et de catholicisme, à l'exemple d'un Pasolini. Et l'on se souvient combien Fulci a su, de manière symétrique, mettre à nu, dans ses précédents gialli, les inavouables travers, les failles cachées et les perfides menées de personnages foncièrement citadins et « modernes », ostensiblement sophistiqués et cosmopolites. S'il est donc loin de se tenir en retrait, le très misanthrope Lucio Fulci ne tranche pas vraiment dans le vif du clivage historique entre le Nord et le Sud de l'Italie. Reste, avant d'être recouvert par le titre-phare d'Ornella Vanoni, le chant ancestral poignant qui enveloppe au début comme à la fin, en un effet de bouclage, la beauté austère et impassible de l'immuable paysage du Mezzogiorno…

9 La figure du prêtre criminel est notamment présente dans : *Le Tueur à l'orchidée* d'Umberto Lenzi ; *Mais… qu'avez-vous fait à Solange ?* de Massimo Dallamano ; *Qui l'a vue mourir ?* d'Aldo Lado ; *Terreur sur la lagune* d'Antonio Bido. Voir aussi *supra* le prêtre « imposteur » et travesti de *La Maison aux fenêtres qui rient* de Pupi Avati, cas peut-être moins idiosyncrasique qu'il n'y paraît, dans la mesure où on retrouve, bien que de manière plus édulcorée, un père, celui de la victime éponyme, se faisant passer pour un ministre du culte chez Dallamano, et un faux ecclésiastique se déguisant en vieille femme portant voilette, gants de laine et bottines chez Lado (voir *infra*)…

SECONDO TEMPO

NOIRCEUR(S) DE L'ENFANCE

PRÉLUDE

Ébauche de classification (enfance meurtrie / meurtrière)

Qu'elle soit des villes ou des champs, l'enfance ne connaît guère d'autre représentation dans le genre du giallo que sous la forme de la meurtrissure – de l'âme (ou de la psyché) comme du corps. Si celle-ci peut être subie ou infligée, c'est le plus souvent au sens fort et ancien du terme qu'il faut l'entendre : avant la Renaissance, « meurtrir » signifie « donner la mort », « tuer ». Les *bambini e bambine* et autres *(pre)adolescenti* tendent donc à se répartir en deux grandes catégories : soit victimes, soit agents de la violence homicide. Cela étant, suspense et ambivalence propres au genre obligent, le statut n'est pas toujours si simple à déterminer ou à fixer, le clivage si aisé à opérer. La *palette* est loin de se réduire à un manichéisme sommaire ou à une pure bichromie (la blancheur de la jeune pousse innocente et la noirceur de la « mauvaise graine »). L'enfant giallesque peut, par exemple, se tenir aux marges des actes criminels ou des comportements corrupteurs, notamment à titre de témoin involontaire : c'est le cas, exemplairement, de ce que nous avons exploré dans notre « *Primo tempo* » sous l'appellation de scène (de meurtre) primitive. Mais les enfants du néoréalisme naissant n'étaient-ils pas eux-mêmes déjà, en sus de la thématique de la filiation, les plus ou moins silencieux *testimoni oculari* des ravages du monde des adultes, qu'il s'agisse de guerre, de délitement familial, d'injustice sociale ou d'exploitation humaine ? Il n'est que de songer au Roberto Rossellini de *Rome, ville ouverte* (le volet conclusif de sa « Trilogie de la guerre », *Allemagne année zéro*, étant par sa noirceur extrême un cas à part, et un point de rupture dans son œuvre) et au Vittorio De Sica des *Enfants nous regardent*. Ou même au Luigi Comencini débutant sa carrière par un court métrage documentaire sur de très jeunes Milanais jouant dans les ruines de leurs quartiers dévastés par la guerre (*Bambini in città*), avant de devenir le cinéaste italien, par excellence, de l'enfance – négligée ou maltraitée, mais toujours résiliente –, dont *L'Incompris* et *Les Aventures de Pinocchio* restent plus particulièrement dans les mémoires[1]. Dans les films néoréalistes, toutefois, la figure enfantine est le plus souvent en position d'*opposant*, au sens actantiel du terme. À ce titre, elle a fonction de conscience morale face aux turpitudes et aux atrocités qui l'environnent. Ce dogme ou cette *doxa* néoréaliste est dès lors mis(e) à mal et subverti(e) par un *filone* tel que le giallo, tout comme la sacro-sainte *famiglia* et ses éléments constitutifs (valeurs catholiques, structure patriarcale, rôle privilégié de l'enfant). L'enfance y est, en effet, volontiers représentée comme, sinon indissociablement virginale et viciée (ce dont le genre de l'horreur tend à avoir l'apanage), tout au moins ambiguë ou énigmatique, ne serait-ce que dans ses intentions et/ou ses motivations. Car le traitement n'est pas sans varier grandement au sein du giallo, la violence exercée sur ou par l'enfant pouvant se faire explicite ou rester implicite, s'exprimer plein cadre ou glisser hors champ. D'où ces exemples de gialli, on le verra, où l'on ne sait trop, en définitive, si un garçonnet ou une fillette a assassiné ou, même, a été assassiné(e). D'où, aussi, ces références multiples, bien que largement ignorées par les exégètes, au personnage d'Alice créé par Lewis Carroll, emblème *nonsense* s'il en est, conjuguant étroitement, voire indistinctement, réalité et surréalité, logique et absurde, agentivité et passivité, légèreté et cruauté.

On voit par là combien il serait illusoire de dresser une taxonomie exhaustive, ou même une typologie en bonne et due forme, de l'enfance giallesque, fût-elle étendue, comme en la circonstance, à l'adolescence (d'où l'utilisation du vocable « mineur(e) » ci-dessous)[2]. À défaut, proposons une première approximation, sans doute partiale et partielle, assurément empirique, qui, s'articulant à la violence (létale, sexuelle, ou mentale), donnera tout au moins un aperçu de l'éventail et de la prégnance d'une question jusqu'ici trop peu abordée dans les études critiques sur le giallo :

- mineur(e)s témoins de meurtre : *Exorcisme tragique* (Romano Scavolini) ; *Terreur sur la lagune* (Antonio Bido) ; *Opéra* (Dario Argento) ; *Le Sang des innocents* (Dario Argento)

1 Pour un bref aperçu, voir notamment François Vallet, *L'Image de l'enfant au cinéma*, Paris, Éd. du Cerf, 1991 (« Le Néoréalisme italien », p. 45-49, et « Comencini et le porteur de vérité », p. 77-85).

2 Pour une problématisation de la définition de l'enfance, voir Carole Desbarats, *Enfances de cinéma*, Laval, Warm, 2022 (en particulier, p. 15-32).

- mineur(e)s kidnappé(e)s : *Le Chat à neuf queues* (Dario Argento) ; *Folie meurtrière* (Tonino Valerii)
- mineur(e)s assassiné(e)s, ou faisant l'objet de tentatives d'assassinat : *La longue nuit de l'exorcisme* (Lucio Fulci) ; *Folie meurtrière* ; *Mais… qu'avez-vous fait à Solange ?* (Massimo Dallamano) ; *Qui l'a vue mourir ?* (Aldo Lado) ; *Le Couteau de glace* (Umberto Lenzi) ; *Journée noire pour un bélier* (Luigi Bazzoni)
- mineur(e)s implicitement victimes d'abus sexuel : *Folie meurtrière* ; *Terreur sur la lagune* ; *Qui l'a vue mourir ?*
- mineur(e)s soupçonné(e)s ou coupables de meurtre : *Le Diable dans la tête* (Sergio Sollima) ; *I vizi morbosi di una governante* (Filippo Walter Ratti) ; *Une Hache pour la lune de miel* (Mario Bava) ; *La Baie sanglante* (Mario Bava) ; *Le Parfum de la dame en noir* (Francesco Barilli) ; *Le Sang des innocents*
- mineur(e)s mentalement ou physiquement atteint(e)s : *La longue nuit de l'exorcisme* ; *I vizi morbosi di una governante* ; *Terreur sur la lagune* ; *La Mort remonte à hier soir* (Duccio Tessari) ; *Les rendez-vous de Satan* (Giuliano Carnimeo) ; *Énigme rouge* (Alberto Negrin) ; *L'Éventreur de New York* (Lucio Fulci)
- écolières se livrant ou livrées à la prostitution : *Mais… qu'avez-vous fait à Solange ?* ; *Les rendez-vous de Satan*[3].

Il serait loisible, au regard de la dernière rubrique, d'ajouter une entrée concernant les garçons sexuellement précoces (hors violence), avec des films tels que *La longue nuit de l'exorcisme* de Lucio Fulci ou *Amour et mort dans le jardin des dieux* de Sauro Scavolini, ce dernier comprenant, en outre, une relation quasi incestueuse persistante entre un frère et une sœur. Une autre division opératoire pourrait s'effectuer entre milieux urbain et rural sans pour autant qu'elle coïncide avec une dichotomie homicide/victimisation. Le premier chapitre de ce « *Secondo tempo* » se chargera de le démontrer qui se penche successivement sur des films où la figure de l'enfant, uniment campagnarde, ne s'en fait pas moins ici observateur (avant de devenir objet de persécution), là criminel(s) de sang-froid, ou bien encore être tourmenté pris pour un psychopathe en herbe et faussement accusé de parricide. Les deux suivants témoigneront

---

3 On aura noté que, passée la première occurrence d'un titre de film, le nom du réalisateur n'est plus mentionné.

de ce que les victimes (de tentative) d'infanticide ou les réincarnations du personnage carrollien d'Alice ne sont pas davantage cloisonnées en termes d'« écosystèmes » : elles se retrouvent aussi bien au sein de grands centres citadins qu'à leur périphérie ou en pleine nature. Précisons, enfin, que si la scène originaire en forme de meurtre et à valeur de souvenir traumatique refoulé pourrait d'évidence constituer un motif ou un dispositif autonome dans notre classification, l'examen minutieux dont elle a fait l'objet dans le cadre de notre « *Primo tempo* » nous dispense d'y revenir en tant que telle dans cette deuxième partie, sauf pour *Le Parfum de la dame en noir* où elle joue un rôle prédominant.

COINS « INTRANQUILLES[1] » À LA CAMPAGNE

Enfants témoins et/ou… assassins

L'ARMA L'ORA IL MOVENTE (FRANCESCO MAZZEI) : LE COUVENT DANS LA CAMPAGNE ROMAINE ET L'ENFANT TROUVÉ

Unique réalisation de Francesco Mazzei, producteur de films de genre (dont plusieurs *mondo* dans les années 1960) qui délaissa, aussitôt après, le cinéma pour se consacrer à l'écriture de romans historiques, *L'arma l'ora il movente* (1972)[2] mérite assurément d'être sorti de l'oubli. Pour n'être pas pleinement réussi, le film s'élève sans peine au-dessus du tout-venant de la production giallesque de l'époque, notamment par plusieurs scènes d'une très étonnante singularité, ainsi que par la place dévolue à la figure de l'enfant. Il croise par ailleurs le giallo rural et la « nonnesploitation », que le succès de scandale dont avait joui, un an auparavant, *Les Diables* de Ken Russell, avait contribué à populariser. Il n'est pas impossible que Mazzei s'en soit inspiré, tout en en minorant les excès et la crudité, pour une scène d'auto-flagellation de son film, où la nudité des religieuses, comme dans la séquence de la douche, est complaisamment exhibée. Il vaut, enfin, de mentionner

1 En référence au titre profondément ironique du film d'Elio Petri, *Un Coin tranquille à la campagne*, qu'on associe un peu vite au giallo (en dépit d'échos « pop art » avec des films traités dans notre première partie tels que *Col cuore in gola* de T. Brass ou *La Mort a pondu un œuf* de G. Questi), mais qui tient plus sûrement du thriller fantastique.

2 Littéralement : « L'arme, l'heure, le mobile ». Le film a été diffusé à la télévision française sous le titre aberrant de *La Proie des vierges* (ou encore *La Proie des nonnes*). Il semble, en revanche, n'avoir jamais fait l'objet d'exploitation en salle ou en vidéo dans l'Hexagone.

que le personnage du prêtre, Don Giorgio[3], est ici victime et non plus coupable, sinon du péché plus véniel que mortel de « libertinage », ce qui l'amène du reste à se fustiger, lui aussi, en guise d'expiation. On est donc loin de l'image truculente du curé paillard ou débauché, les deux « conquêtes » de Don Giorgio paraissant bien plus licencieuses et dominatrices que lui, au point que c'est l'une d'entre elles qui, ne supportant pas qu'il veuille rompre et mettre ainsi fin à leurs turpitudes, le punira de mort.

On est donc loin aussi, en dépit d'un physique avantageux en commun, du don Alberto Avallone de *La longue nuit de l'exorcisme*, dont on peut penser qu'une pédophilie refoulée se tapit sous des dehors de mission sacerdotale censément impossible, sauf à la pervertir jusqu'à l'immolation d'autrui. Garder les jeunes ouailles dont Don Alberto a la charge dans le droit chemin – *a fortiori*, préserver leur innocence et leur pureté pré-génitales – serait une cause d'avance perdue, dès lors que les garçons, inévitablement, « grandissent ». « Ils ressentent les premiers frémissements de la chair. Ils tombent dans les bras du péché », entend nous avertir, en guise aussi de plaidoyer *pro domo*, la voix off du prêtre fulcien dans sa chute que dilatent, dans le temps, le filmage au ralenti ainsi que les brefs inserts de scènes antérieures ou de plans des garçons tout de blanc virginal vêtus jouant au football et sautant allègrement dans les bras de celui qui est aussi leur maître d'école. D'où ce verdict implacable : « il faut les en empêcher ». Autrement dit, arracher les jeunes pousses avant qu'elles ne deviennent de mauvaises herbes. Or, Don Alberto ne cesse de se référer à ses protégés du patronage comme s'ils étaient « ses frères ». Faut-il en conclure qu'il s'apparente à un être, sinon élu, tout au moins exceptionnel car miraculeusement parvenu à l'âge adulte sans être corrompu, notamment par le vice de luxure ? Se serait-il abreuvé à quelque fontaine de Jouvence ? Serait-il, ce que la critique ne semble pas avoir relevé, un Peter Pan en habit ecclésiastique ? C'est ce que pourrait suggérer, par contraste avec les trais virils et la mâchoire carrée de Tomás Milián (dans le rôle du journaliste Martelli), le visage « poupon »

3 Le rôle est interprété par Maurizio Bonuglia, qui, dans la veine du giallo, incarne l'assassin John Lubbock dans *Journée noire pour un bélier* de Bazzoni, et que l'on retrouvera aussi, dans *Le Parfum de la dame en noir* de Barilli, sous les traits de Roberto, le petit ami de l'héroïne, Silvia Hacherman.

de l'acteur Marc Porel (auquel Fulci fera de nouveau appel, pour un rôle bien plus positif, dans *L'Emmurée vivante*), ici tout juste âgé, il est vrai, de vingt-trois ans. On se souvient que, sur l'île de *Neverland*, le pays des enfants perdus, le célébrissime héros imaginé par l'Écossais J. M. Barrie sait aussi se montrer cruel, n'hésitant pas, par exemple, à éliminer les garçons s'avisant, à l'encontre des règles, de grandir... Il n'est pas, enfin, anodin que la croissance de la petite sœur du prêtre, Malvina, sourde-muette et attardée, par ailleurs témoin des exactions de son grand frère, a été *de facto* contrariée – entrave et violence qu'elle reduplique en étêtant ses propres poupées...

Outre la ruralité « profonde », l'une des originalités de *La longue nuit de l'exorcisme* de Lucio Fulci aura donc été de faire jouer le rôle des victimes, plutôt que par de jeunes femmes accortes, comme c'est majoritairement le cas au sein du genre, par de jeunes garçons (pré) pubères, déjà gagnés, on l'a vu, par certains des « dérèglements » de leurs aînés, au premier chef desquels le prurit de la chair. Ce dernier s'exprime principalement par procuration voyeuriste. Depuis le pont surplombant l'autoroute, Tonino dispose certes d'un poste d'observation privilégié pour guetter la venue des prostituées et ne manque pas de se précipiter pour en informer ses camarades. Les garçons ne sont pas non plus sans savoir dans quel cabanon les ébats avec deux villageois doivent se dérouler. S'ils se font fort de railler l'innocent du village Barra (lequel rappelle le Baloc de *Torso*, cible de semblables quolibets), qui tente maladroitement de se rincer l'œil gratis, eux-mêmes ont, à tout prendre, encore moins profité du « spectacle ». Et lorsque confrontation directe avec la tentation il y a, peu après, le jeune Michele n'en mène pas large devant Patrizia alanguie et dévêtue sous sa lampe à bronzer, puis versant quelques gouttes d'orangeade entre ses seins, avant de s'approcher de lui, à la fois prédatrice et railleuse. C'est donc à présent le garçon qui est en butte à un cruel persiflage, quant à son immaturité sexuelle, lorsque sa mère lui enjoint de redescendre à la cuisine. Le congédiant d'un *su, corri dalla mammina, vai* (« allez, va vite rejoindre, maman »), Patrizia dévirilise ou ré-infantilise sur le champ le malheureux jouvenceau...

Avec le Ferruccio de *L'arma l'ora il movente*, le profil psycho-sexuel et la scopophilie sont d'un ordre tout différent. Pré-adolescent, le garçon est surtout un *trovatello* : un enfant trouvé auquel l'environnement conventuel sert dorénavant d'arrière-plan (plutôt que de véritable milieu) familial, tant il semble mener une vie cloîtrée dans sa chambre, sans doute en raison d'une constitution chétive. L'infirmière Orchidea Durantini, à qui une fixation (pré)œdipienne l'attache visiblement comme à une mère de substitution, lui administre en effet chaque jour des injections. D'entrée de jeu, il lui reproche de passer davantage de temps avec Don Giorgio qu'avec lui, laissant ainsi entendre qu'il n'est pas dupe de la nature des relations illicites qui se sont tissées entre les deux adultes. À la fois badine et biaiseuse, l'intéressée elle-même finira par « confier » au commissaire Franco Boito (qui, devenu son nouvel amant, se demande si elle aurait pu coucher avec le prêtre) que son seul amoureux, qui plus est fort jaloux, n'est autre que Ferruccio. Elle ne croit pas si bien dire… Très tôt dans le film, on surprend l'orphelin au grenier occupé à découper des photos d'Orchidea et de lui-même, puis de coller, comme dans un geste de mythographie christique, leurs visages respectifs sur ceux de la Madone et du petit Jésus figurant dans un tableau dépeignant, donc, une Vierge à l'enfant (Fig. 32). Nul besoin d'être lecteur de Freud, non plus que de Marthe Robert[4], pour comprendre que le jeune orphelin, par l'entremise de l'Immaculée Conception, idéalise un modèle maternel fusionnel. Or, dans le droit fil des contes de fées les plus sombres, la cruelle ironie du film veut qu'Orchidea se montre (serait-ce par effet de surdétermination onomastique… ?) toute disposée à *faire catleya*, pour le dire avec Proust, lorsqu'il s'agit du prêtre ou du commissaire, mais s'avère *in fine* fleur vénéneuse – avec Don Giorgio qu'elle tue à coups de coupe-bougie en pleine église, mais aussi avec Ferruccio auprès de qui la garde-malade se mue en « mauvaise mère ».

---

4 Voir respectivement *Le Roman familial des névrosés* (1909) et *Roman des origines et origines du roman* (1972).

FIG. 32 – Francesco Mazzei, *L'arma l'ora il movente*, 1972.

Ayant compris que l'enfant a été témoin du meurtre de l'ecclésiastique, elle le poursuit ainsi, sans dévoiler tout à fait ses intentions (faux-semblants et ambiguïté giallesques obligent), jusque dans la crypte, ce qui nous vaut un réjouissant clin d'œil « Gothique », les squelettes ne manquant pas au rendez-vous. Le *suspense* s'incarne toutefois littéralement lorsque Ferruccio, acculé, glisse et se retrouve accroché à la falaise au-dessus du vide, Orchidea se penchant sur lui d'un air équivoque. Il faudra l'intervention-apparition miraculeuse de la sœur Tarquina en « bonne marraine », ou en envers angélique du « monstrueux-féminin », pour le sauver des griffes de la marâtre. Par la suite, Orchidea tentera encore d'acheter le silence du garçon, soit par l'émotion (elle prétend en faire son fils adoptif une fois mariée au commissaire), soit par l'argent (elle lui offre des patins à roulettes et un vélo). Serait-ce parce qu'il est un jeune lecteur assidu de *gialli*, le « démon de la perversité » semble s'être emparé de même d'un Ferruccio ne répugnant pas, en apprenti maître-chanteur, à profiter de la situation, à épier les futurs conjoints et jusqu'à déchirer la toilette d'Orchidea. Celle-ci en viendra à le gifler, le ligoter, le bâillonner et le piquer dans la jugulaire, avant de le séquestrer dans un buffet du grenier. C'est cette fois-ci Boito qui va non seulement secourir, mais recueillir le *trovatello* au titre de figure paternelle, Orchidea ayant préféré mettre fin à ses jours sur son banc de future épouse. La coda nous ramène à l'incipit : même plan en plongée du potager attenant au petit terrain où les religieuses s'exercent au badminton ou à la balle ; même silhouette masculine patientant dans l'allée, si ce n'est que le commissaire sur sa moto s'est substituée au prêtre près de sa 4L ; même confrontation, à présent sur un mode rieur, avec Anselmo, le sacristain édenté. En guise de relais tutélaire, Tarquina fait ses adieux à Ferruccio qui monte sur la cylindrée derrière son père adoptif. Ce dernier l'encourage : *Forza, piccoletto !* L'enfant trouvé est tout au moins déjà devenu un petit homme…

Un mot encore sur la pulsion scopique du jeune garçon à laquelle était faite allusion plus haut. Pour être plus explicite et plus récurrent que chez les jeunes *ragazzini* de Lucio Fulci dans *La longue nuit de l'exorcisme*, le voyeurisme juvénile est aussi bien moins érotisé, et surtout solitaire, chez Mazzei. Dès le premier plan, Ferruccio jouit à sa fenêtre, en compagnie de son chaton noir, d'une perspective imprenable sur le monde monastique alentour dont il ne profite pourtant guère dans la suite du récit. C'est qu'il dispose d'une vue « domestique » bien plus intéressante, car secrète. Une trappe discrète au mur de sa chambre lui donne, en effet, accès à un grenier lui servant de repaire et où a été aménagé par ses soins un trou dans le plancher. C'est par cet œil-de-bœuf improvisé qu'il lui est loisible d'observer les activités se déroulant en contrebas dans la chapelle (Fig. 33), qu'elles soient rituelles (les nonnes réunies pour la prière et la louange du « Adoremus dominum » ; Don Giorgio se flagellant jusqu'au sang devant l'autel, en signe de pénitence) ou brutalement « accidentelles » (le meurtre du prêtre). Fenêtre, trappe, judas : la cellule quasi monacale de Ferruccio échappe donc pour une bonne part à la structure et à la conscience monadiques au sens leibnizien. Au même titre que son symétrique topographique (le sous-sol ou la cave), le grenier est, en revanche, le lieu fantastique par excellence des peurs, du Mal, de la folie ou de l'inconscient. Sur un versant proche du giallo, l'étonnant *Âmes perdues* de Dino Risi en est l'exemplaire illustration, encore rehaussée par la composition hallucinée de Vittorio Gassman, notamment lorsqu'il est entr'aperçu par l'œilleton (autre trope commun) de la porte fermée à double tour, tout en haut d'un escalier vermoulu. Au tout début de *L'arma l'ora il movente*, un plan aussi bref qu'inquiétant dans son indéterminabilité zoome brusquement, dès l'ouverture par Ferruccio du panneau d'accès aux combles, sur ce qu'on devine être une paire d'yeux, aussitôt délaissée lorsque le garçon progresse sous les toits. Le mystère ne s'éclaircira qu'un peu plus tard. Il s'agit, suspendue à une poutre, d'un masque de monstre, d'une tête en carton-pâte, mi-carnavalesque mi-bestiale : deux billes en guise de pupilles sont logées au centre de deux trous cernés de rouge. Est-ce un rappel folklorique local ? Une référence à la tête de cheval, elle aussi surgissant des ténèbres, d'une célèbre toile de Johann Heinrich Füssli (« Le Cauchemar », 1781) ? Quoi qu'il en soit, la correspondance est sensible avec tant le jeune protagoniste dont nous verrons à plusieurs reprises l'œil de cyclope, si l'on ose dire, collé à l'orifice dans le plancher du grenier pour mieux scruter les allées et venues dans l'oratoire, que les agates avec lesquelles il aime jouer. Ces dernières constitueront un motif récurrent du film. Au moment même où la meurtrière de Don Giorgio s'apprête à s'enfuir, l'une d'elles échappe, par exemple, des mains de Ferruccio et tombe par le trou d'observation en rebondissant sur le dallage de l'église. À la fin du film, c'est une véritable pluie de billes que le chaton fera par jeu s'abattre sur la cérémonie de mariage censée unir, devant Dieu, Boito et Orchidea.

FIG. 33 – Francesco Mazzei, *L'arma l'ora il movente*, 1972.

On voit peut-être, à la lumière de ces analyses trop cursives, ce que *L'arma l'ora il movente*, à défaut d'être une œuvre proprement *sui generis*, peut receler tout ensemble d'ex-centricité et d'hybridité. La dimension composite ne se borne pas à la veine gothique susmentionnée (qui s'étendrait encore aux plans nocturnes de Ferruccio descendant l'escalier et déambulant dans les couloirs à la lumière d'une chandelle qu'un courant d'air vient soudain éteindre)[5], non plus qu'au créneau de la « nonnexploitation ». Ni même à celui de l'érotisme softcore. Si une scène quelque peu lassante entre don Giorgio et Giulia Pisani reprend au *Dernier Tango à Paris*, sorti la même année, une position amoureuse qui agrémenta l'affiche la plus iconique du film de Bernardo Bertolucci, l'union sexuelle de Boito et Orchidea dans l'auberge de campagne est *a contrario* élidée au profit de la longue et remarquable montée du désir à table, puis, dans les couloirs, de la recherche de la chambre où le commissaire se sait à présent attendu. On notera de même deux agapes *al fresco* (avec pour invité de marque Don Giorgio, dans un premier temps, et Boito, dans un second) se répondant en miroir – et en un effet surréel de « déjà vu » peu ou prou immotivé – par un plan d'ensemble introductif, un panoramique circulaire de convive en convive, et un dialogue en tous points semblables, ou peu s'en faut[6]. Enfin, la violence est d'une grande sobriété pour un giallo et laisse toute sa place à l'investigation et à la détection. Interprété par Renzo Montagnani qui ne tardera pas à acquérir une certaine notoriété dans un tout autre genre (la comédie sexy), le commissaire n'a rien d'un incompétent, ce poncif étant délégué, sur un mode comique, à son sous-fifre, Moriconi. Sans prendre de gants avec les témoins, il tâche vaille que vaille de suivre une démarche rationnelle et logique. On n'en saura guère surpris au regard d'un titre qui fleure bon son Cluedo, ou son « polar » classique. Toujours est-il que Boito tend à se fourvoyer dans de fausses hypothèses, trop astucieuses pour être crédibles. Que l'on songe à la bien-nommée *ora morta*, liée à la fin de l'horaire d'été, qui devait réduire à néant l'alibi de l'ingénieur Aristide

5 Peut-être l'un des co-scénaristes du film, Marcello Aliprandi, y est-il pour quelque chose qui réalisera plus tard *Un sussuro nel buio*, petit mélodrame fantastique injustement tombé dans l'oubli, lui aussi centré sur un enfant (et son double imaginaire ou surnaturel).

6 Exemple de variante : dans la première scène, l'entrecuisse de Don Giorgio est caressée avec insistance sous la table par Orchidea, ce qui ne se reproduira pas avec Boito. Cette subtile différence est sans doute attribuable à la charge transgressive du geste lorsqu'il concerne un homme du clergé.

Durantini. En émule de Rouletabille, le petit Ferruccio se fera fort, de son côté, de démontrer que la mort ultérieure de ce même Aristide, dans une pièce fermée de l'intérieur, était un meurtre maquillé en suicide. Le vrai talon d'Achille du brave commissaire – sa plus impardonnable imprudence (ne parlons même pas de déontologie !) – est toutefois de tomber tout de go amoureux, jusqu'à vouloir l'épouser, d'une des principales suspectes, ce qui ne peut manquer de l'aveugler dans la conduite de l'enquête dont il a la charge. D'aucuns jugeront que c'est là aussi une limite scénaristique…

Refermons cette brève étude du film sur la question de la ruralité, aussi imprécise ou peu marquée soit-elle, par rapport, notamment, à un film tel que *La longue nuit de l'exorcisme* de Lucio Fulci. On retrouve certes l'interaction entre la religion, dont le rôle contextuel ne peut être que central, et la superstition, sous la forme ici de la cartomancie que pratique Giulia. Non sans ironie, dans ce dernier cas, Giulia pouvant difficilement se poser en lectrice « neutre » et désintéressée, lorsqu'elle tire les cartes à sa « rivale » concernant précisément sa relation adultère avec leur amant commun, Don Giorgio. Plus tard, lorsque le commissaire se fait à son tour prédire son avenir, c'est le religieux qui s'immisce dans la divination, à la faveur d'une note, supposément retrouvée dans le missel du défunt prêtre. Sans se faire prier (si l'on ose dire…), la mère supérieure explicite la référence au *Lévitique* (18.20) contenue dans ladite note : tout acte de fornication avec la femme de son prochain équivaut à partager son impureté, à être contaminé par sa souillure ! De même que chez Fulci, bien que selon des modalités diverses et la charge anticléricale en moins, religion et superstition font ainsi assez bon ménage… Reste que, pour revenir à notre point initial, elles s'inscrivent moins clairement, chez Mazzei, dans un cadre géo-culturel précis. La séquence d'ouverture (Don Giorgio et Orchidea quittent l'école religieuse pour se rendre en ville en voiture) nous donne un bref aperçu de la topographie environnante, proche, en moins grandiose, de *La longue nuit de l'exorcisme*. Lorsque la 4L sort de l'enceinte du monastère pour s'engager sur la route principale, on découvre ainsi à l'arrière-plan un paysage de collines que contourne une autoroute à plusieurs voies. De la ville, nous ne verrons guère plus, dans la continuité de la scène, qu'un bout de rue et une imposante façade. De la campagne romaine, guère plus que l'escapade amoureuse de Boito et Orchidea au « Ristorante Val Sia

Rosa » (où le premier se rendra de nouveau en compagnie de son adjoint). Le trajet à moto du commissaire (dont on ignore tout du point d'origine) pour se rendre initialement sur les lieux du crime le font notamment passer par un tunnel et un viaduc, lequel mène directement au piton rocheux sur lequel est perché le couvent (on retrouvera ce plan dans la dernière partie du film, lorsque Ferruccio sera accroché au flanc de l'escarpement et suspendu au-dessus du vide). L'éloignement physique en hauteur d'une petite communauté est, on le voit, une donnée récurrente, de *Torso* à *L'arma l'ora il movente* en passant par *La longue nuit de l'exorcisme*. Le couvent dans le film de Mazzei ajoute encore au sentiment d'isolement, s'agissant d'un microcosme par définition replié sur lui-même, encore que l'aumônier Don Giorgio vive, par exemple, dans une pension. Le commissaire et sa moto constitueront *in fine* une échappée définitive – pour un peu, miraculeuse – vers un nouveau destin, sans doute désormais urbain, pour le jeune orphelin Ferruccino. Un temps victime potentielle (mais résiliente) à titre de témoin, il sera passé d'une tutelle « féminino-maternelle » faussement protectrice à un parrainage « masculino-paternel » bienveillant.

LE DIABLE DANS LA TÊTE (SERGIO SOLLIMA) : RÉGRESSION(S) INFANTILE(S), OU UN ENFANT A-T-IL ASSASSINÉ ?

À l'instar du *L'arma l'ora il movente* de Francesco Mazzei, nous avons affaire avec *Le Diable dans la tête* (*Il diavolo nel cervello*) à un hapax, d'ordre générique celui-là, dans la carrière de Sergio Sollima[7]. Si tant est que l'on n'y voie pas d'abord une étude de mœurs, ce film est, en effet, la seule incursion dans le giallo d'un réalisateur de westerns *all'italiana* – l'un des trois meilleurs avec Leone et Corbucci, si l'on fait foi à un fin connaisseur en la matière : Quentin Tarantino – et de *polizieschi*. Un réalisateur qui peut aller jusqu'à centrer son récit autour d'un chasseur

7 Le film ne semble pas avoir connu jusqu'à ce jour d'édition DVD ou Blu-ray. Il serait bienvenu de combler cette lacune… L'étude qui suit s'appuie sur une copie médiocre d'un passage sur la chaîne de télévision publique italienne, Rai 3.

de primes à la recherche d'un bandit accusé du meurtre, aggravé de viol, d'une fillette de douze ans (*Colorado*). Ou même à faire abattre d'un coup de feu un jeune garçon mexicain lors d'un braquage de banque (*Le dernier face à face*). Pour être ponctuelle et réservée au genre du western, la question de l'enfance meurtrie n'est donc pas nouvelle, encore moins édulcorée, chez Sollima. Quant au pan policier de son œuvre, il tend à accorder aux personnages féminins une prégnance dépassant nettement la fonction ordinaire de « décoration » ou d'« utilité », comme dans *La Cité de la violence* ou *La Poursuite implacable*. On verra là aussi que cette spécificité n'est pas sans consonner avec les rapports mère-fille et mère-fils, d'une génération à l'autre, dans *Le Diable dans la tête*.

Pour ce film, Sollima s'est entouré de valeurs sûres, à commencer par la célébrissime scénariste Suso Cecchi D'Amico (qui écrivit pour les plus grands cinéastes italiens de l'après-guerre), l'incontournable compositeur Ennio Morricone et le chef-opérateur émérite Aldo Scavarda (qui travailla avec, entre autres, Antonioni, Comencini, Bertolucci et Samperi). Côté rôles principaux, les Français Maurice Ronet et Micheline Presle côtoient l'Italienne Stefania Sandrelli (déjà croisée l'année précédente dans *La Tarentule au ventre noir* de Cavara, où elle jouait l'épouse du commissaire Tellini, perclus de doutes sur sa vocation) et l'Américain Keir Dullea, encore auréolé de son interprétation de l'astronaute David Bowman face à HAL, l'ordinateur de bord de *2001, l'Odyssée de l'espace* de Stanley Kubrick, et que l'on retrouvera dans le giallo/slasher canadien, devenu culte, *Black Christmas* de Bob Clark. Quant à la figure équivoque du jeune garçon, elle est incarnée par Renato Cestiè qui, découvert un an auparavant par Mario Bava pour sa *Baie sanglante*, ne tarda pas à devenir un enfant-vedette sur les écrans italiens, en particulier dans le très populaire *filone* mélodramatique des « tire-larmes » (*film strappalacrime* ou *lacrima-movies*), lequel aimait à jouer du motif de l'enfance souffreteuse et délaissée. Enfin et surtout, Sollima a ancré son récit dans des lieux à la fois indéterminés et grossièrement identifiables pour un public italien qui devinera sans effort que nous sommes quelque part en Lombardie, dans la région des lacs préalpins. Sans être pleinement rural, le décor est ainsi essentiellement éloigné d'un véritable tissu urbain, passé le générique entièrement filmé depuis la voiture d'Oscar Minno se faufilant à vive allure dans les rues pavées du quartier historique de Mantoue.

Si *Le Diable dans la tête* est une anomalie dans la filmographie de Sollima, c'est aussi et surtout une sorte d'oxymore dans le genre, à cent lieues d'Argento et de ses dévoués disciples ou pâles plagiaires, dont il se garde de reprendre les marques de fabrique, devenues plus ou moins définitoires de la geste giallesque. Le film gravite, certes, autour d'une scène primaire, d'abord fragmentaire et énigmatique, mais celle-ci va revêtir une fonction et un traitement foncièrement hétérodoxes, là encore à l'écart de bien des facilités ou des raccourcis argentiens en matière de psychanalyse. De même, les scènes de filature dès l'ouverture sont le fait du seul Oscar Minno, qui, dans sa voiture de sport, se lance d'abord à la poursuite de la Rolls qu'il vient de voir passer, avec à son bord Sandra, son amour de jeunesse, avant de suivre à la trace le même véhicule lorsque la mère de cette dernière, Contessa Osio de Blanc, va chercher le jeune Ricky à l'institut Santa Teresa. Vouées à disparaître du restant du film, ces actions se heurtent du reste à une fin de non-recevoir. Dans un premier temps, un garde du corps refuse à Oscar l'entrée de la propriété jusqu'où il a suivi la Rolls-Royce noire ; dans un second, l'entretien que le protagoniste entend obtenir de la Contessa, dans un cimetière isolé de la campagne environnante où repose le père du garçon, tourne court. Plus concrètement encore, un imposant mur d'enceinte autour de l'immense domaine familial en bord de lac bloque l'accès à Sandra, Oscar ne pouvant lui parler qu'en marchant au même rythme qu'elle le long de ce parapet sans fin ou à travers les barreaux d'une grille, ce qui n'est pas sans redoubler une impression à la fois d'approche empêchée, voire interdite – de tabou ou de refoulé – et d'emprisonnement de la belle Sandra dans une cage dorée.

En outre, si Oscar est bien un avatar du limier amateur ou improvisé, tel qu'a pu le populariser le premier Argento, non seulement il se dédouble en son ami psychiatre, le docteur Emilio Bontempi, dont le concours lui est précieux dans ses investigations, mais encore et surtout il s'avère *in fine* l'assassin en personne, dans le goût du fameux *Meurtre de Roger Ackroyd* d'Agatha Christie (toutes choses égales par ailleurs). Encore qu'on puisse considérer que, selon le mot de la fin aussi lapidaire que relativiste prononcé par un Bontempi pour le moins désabusé, « ce n'est pas si simple », puisqu'Oscar, agissant par amour (pour Sandra), a tué le commanditaire (Fabrizio, le mari de celle-ci), plutôt que la victime désignée (cette même Sandra que, engagé comme tueur à gages, il était censé tuer)… À rebours de l'épilogue de *Folie meurtrière*, dont on verra qu'il met en scène un commissaire herméneute sachant ménager ses effets de manche pour faire la lumière sur un crime aussi abject qu'inexpliqué, les spectateurs ont tous les éléments du drame en main au dénouement du *Diable dans la tête*, et sont donc libres de tenir un jugement éventuellement plus nuancé que celui, fort imprégné de préjugé social, du cercle familial aristocratique qui voit en Oscar un vulgaire « criminel ». Désormais réduit à son noyau dur, la famille ne peut que faire corps – à la lettre, dans le cas de Ricky et sa mère, se serrant l'un contre l'autre, comme en remplacement de l'étreinte passionnelle dans laquelle Oscar retenait Sandra quelques moments plus tôt. La comtesse et, surtout, sa fille fixent la caméra d'un air de quasi-défi adressé, dans l'axe, à la fois à Bontempi et au spectateur, le plan se resserrant progressivement sur le visage de l'enfant blotti contre la poitrine maternelle.

Mû par le jeu tragique des circonstances, celui qui avait été soupçonné à tort d'être un enfant criminel a fini par le devenir, en abattant de sa carabine à flèches le véritable assassin de son père (que ce dernier avait donc autrefois chargé d'éliminer son épouse) – supposément pour défendre sa mère qui, malgré ses cris, n'était pas réellement en danger, Oscar n'aspirant qu'à la convaincre de ce que ses actions passées visaient purement et simplement à la sauver. Un imbroglio œdipien se referme ainsi définitivement sur celui qui, depuis le début, fait figure d'intrus et d'importun dans un milieu patricien qui n'est pas le sien et dans lequel il est, on l'a dit, peu ou prou *persona non grata*. Qu'il fût naguère un amoureux éconduit en raison de son statut social subalterne – ce que résumera, plus tard, une invective de Fabrizio l'assimilant à un domestique (*un servo !*) et qu'entérinera, à la coda, la version toute personnelle de la *contessa* (« Il n'aimait pas Sandra… il n'en voulait qu'à son argent ») – ne doit bien sûr rien au hasard, surtout pas de la part d'un cinéaste sympathisant communiste tel que Sergio Sollima, à l'instar de Tonino Valerii et de beaucoup d'autres à l'époque en Italie. Au bout du compte, le mari et le prétendant ont été évincés, le couple mère-fils s'est reconstitué sous l'égide de l'omniprésente comtesse, et le Dr Bontempi se montre aussi accablé qu'impuissant devant la dépouille de son ami. Dès le premier flash-back, attachement symbiotique à la mère et rivalité avec le père allaient de pair chez le jeune Rick. Déguisé en cow-boy, celui-ci y visionne, en effet, un film de famille amateur projeté sur écran, où il se voit bébé tétant et s'endormant sur le sein de Sandra, avant que son père – tout en filmant la scène à titre, donc, de présent-absent – ne l'en détache de sa main. Rétrospectivement, ce moment n'est pas sans présager l'image finale décrite plus haut, comme si la trajectoire de Ricky consistait en une sorte de *regressus ad uterum*, tout au moins à une fusion retrouvée avec le corps maternel et, surtout, à jamais débarrassée de toute tutelle littéralement (Fabrizio) ou potentiellement (Oscar) paternelle.

Revenons à la scène du flash-back : le jeune Ricky fait la moue et éteint le projecteur. Se rendant dans les jardins de la fastueuse propriété[8], il surprend ses parents amoureusement enlacés sous le soleil estival et, par dépit, court se jeter dans le lac attenant. Après l'avoir sorti des eaux azurées, son père lui intime de s'expliquer, puis reproche à Sandra de trop couver et cajoler leur enfant dont elle s'est empressée de prendre la défense. Excédé, il préfère prendre congé. Ricky s'exclame alors qu'il n'est heureux qu'en l'absence du père, ce qui lui vaut une gifle de la part de sa mère, geste qu'elle semble aussitôt regretter. C'est bien de cette ambiguïté d'une possible littéralisation du conflit œdipien, *tuer le père*, que l'intrigue va jouer, insinuant que Ricky est un jeune garçon méchant et agressif, selon les mots mêmes de Sandra, qui paraît subitement convaincue, au sein d'un flash-back postérieur, que son fils est animé de pulsions rageuses et destructrices, voire mortifères. Il aurait ainsi déchiré les habits et brûlé les photos de sa mère, empoisonné le chien, enfin tué d'une de ses flèches un pauvre vagabond. Sollima renoue ici implicitement avec une certaine tendance du cinéma d'horreur à mettre en exergue l'enfant criminel, possédé ou diabolique. Il n'est que de songer, pour s'en tenir au seul Mario Bava, à des films tels qu'*Opération peur* et son fantôme vengeur d'une fillette jadis victime de l'inhumanité des adultes. Ou encore *Les Démons de la nuit*, où la triade père-mère-fils est d'autant plus perverse que le pôle paternel ne s'exerce que sous forme de hantise[9]. Présent dès *La mauvaise graine* de Mervyn LeRoy ou *Le Village des damnés* de Wolf Rilla dans le domaine anglo-saxon, ce motif devait

8 Il s'agit de la Villa Erba, à Cernobbio, sur les rives du lac Como. On sait que Visconti fut marqué par ce lieu appartenant à sa famille pour y avoir passé, enfant, ses vacances.

9 Sur la représentation de l'enfance dans la filmographie de Mario Bava, je me permets de renvoyer à : Philippe Met, « Les bambins de Bava », in Julie Barillet, Françoise Heitz, Patrick Louguet et Patrick Vienne (dir.), *L'Enfant au cinéma*, Arras, Artois Presses Université, 2008, p. 87-98.

ensuite faire florès dans les années 1970-1980. Dans le même temps, Sollima ne se fait pas faute de lorgner aussi vers un autre courant ou pan cinématographique italien, bien plus « fréquentable » et même prestigieux celui-là, qui a su privilégier, selon des modalités fort éloignées, on l'a dit, la figure de l'enfant : le néo-réalisme. À preuve, cette surprenante séquence au mitan du film où l'on voit – avant que le Dr Bontempi n'actionne devant eux un jouet robot et n'« évalue » ensuite l'un deux, qui n'est autre que Ricky – des enfants s'amuser ou se battre dans la cour d'une maison de correction pour mineurs délinquants ou mentalement instables tenue par des religieuses. Or, les premiers moments de cette scène possèdent un tel accent de vérité documentaire que l'on jurerait – et peut-être est-ce le cas – des plans volés…

« Ce n'est pas si simple ». Que l'énoncé à la fois conclusif et suspensif du psychiatre ne soit pas tout à fait dénué d'ironie implicite à l'égard d'un genre connu pour ses circonvolutions scénaristiques et ses contorsions narratives, volontiers poussées *ad absurdum*, c'est ce que semble encore confirmer non pas l'évitement des fausses pistes et autres subterfuges saugrenus visant typiquement à brouiller les cartes et à leurrer le spectateur, mais bien plutôt l'empilement de possibles narratifs s'étendant, au bout d'une bonne heure de métrage, sur près de dix minutes. Comme de fil en aiguille, Oscar et Emilio vont en effet de témoin en témoin (un cafetier, une bonne congédiée, une ancienne patiente, un avocat), ce qui leur permet d'échafauder des supputations tendant à noircir le personnage de Fabrizio, dès lors suspect de *gaslighting* envers son épouse, et à renverser la thèse du meurtre en simple accident. Pour le reste, toutefois, pas l'ombre d'un tueur ganté cruel et insaisissable. Foin des meurtres sanglants et fétichistes, à l'arme blanche ou à main nue. Point de traque des victimes et de « préliminaires » de l'homicide en caméra subjective. Pas davantage de jeunes *scream queens* plus ou moins dénudées, passives et impuissantes face à l'effraction terrorisante ou à l'agression sadique. Pas non plus de sexualité décadente ou déviante, de police écervelée ou défaillante – ou de police tout court. En lieu et place d'un style baroque ou maniériste (dont ne subsiste indirectement, peut-être, qu'un usage appuyé des plans en dioptrie divisée), d'un rythme haletant et d'une palette d'états timériques, on trouvera un giallo à la fois sobre et lent. Valeur d'autant plus « aberrante » que *Le Diable dans la tête* inverse de surcroît la trajectoire traumatique habituelle, par régression infantile d'une mère qui aurait naguère été témoin d'un parricide. Accourant dans le bureau de son mari après avoir entendu une détonation, Sandra a donc trouvé un jour son fils Ricky, un revolver à la main près du cadavre de son père, Fabrizio. Suite à ce choc émotionnel, et à l'instar, on le verra, de la mère de la petite Stefania dans *Folie meurtrière*, elle paraît avoir sombré dans un état à mi-chemin entre dépression et involution, et perdu pour partie la raison, à tout le moins la mémoire. Ne répondant qu'au diminutif enfantin de son prénom (« Sandrina ») lorsqu'il tente d'attirer son attention depuis l'autre côté de l'enceinte et manifestement incapable de « remettre » Oscar (ancien prétendant d'origine humble, on l'a dit, et de retour au pays natal après une absence de quelques années au Venezuela où il aurait fait fortune sans trouver le bonheur), Sandra lui déclare inexplicablement n'avoir ni enfant ni mari. Recluse dans le somptueux domaine familial que sa comtesse de mère dirige d'une main de fer, elle passe le plus clair de son temps à errer dans les jardins de la villa en costume virginal de jeune fille d'un autre temps ou à dessiner, feuille après feuille, des cercles vides comme autant de reflets patents de la « vacance » de son esprit et de son existence.

Un premier tournant s'opère à mi-film lorsque, face à une nouvelle série de circonférences tracées par Sandra sur des pages blanches qu'elle a accrochées, au point d'envahir tout l'espace d'un atelier improvisé, Oscar se décide à « rééduquer » l'héroïne en dessinant des lignes ondulées autour d'un des ronds pour en faire un soleil et en lui tendant un feutre en signe d'émulation. Sandra s'exécute, transformant un cercle en marguerite, puis un autre en visage triste. Plus tard, elle dévoilera à Oscar ses dernières esquisses punaisées aux murs, représentant à satiété, dans un goût naïf et dans un cadre sylvestre, un couple d'amoureux nus et enlacés, fût-ce à l'aide de liens les ligotant dans l'un des croquis, que l'on pourrait lire comme une version masochiste de l'union fusionnelle. Comme pour redupliquer ou corroborer le romantisme candide de ces dessins, une scène d'amour s'ébauche entre les protagonistes qui s'étreignent dans un hamac, jusqu'à ce que se fasse entendre un dialogue enregistré de conte pour enfants. Il s'agit d'une scène du Petit Chaperon rouge qui vient frapper à la porte de sa mère-grand (ou plutôt du loup qui usurpe son identité), sur fond de ritournelle de boîte à musique, émanant d'un jouet traînant sur le sol qu'Oscar finit par entrevoir à travers les croisillons du filet. Le jeune homme coupe aussitôt court à ses ardeurs, expliquant à Sandra, déconcertée, qu'il l'aime pour de bon – *sul serio.* Ce « sérieux » s'oppose *a priori*, dans l'esprit d'Oscar, à la vacuité psychique et à la stase « puérile » dont Sandra ne semble toujours pas être sortie, contrairement à ce que l'évolution de sa production graphique pouvait laisser croire *prima facie* (l'élan vers autrui, dû à la naissance du sentiment amoureux, étant censé *remplir* la béance du cercle refermé sur lui-même). À la scène suivante, il n'en confie pas moins « aimer les deux Sandra » à son ami psychiatre, qui lui rappelle la dualité de l'être humain (« tout Docteur Jekyll a son Mister Hyde ») pour mieux souligner la nécessité de faire sortir la jeune femme de son infantilisme et de lui restituer son intégrité ontologique.

À la vérité, les flash-backs successifs témoignent assez de ce que, en amont même du drame traumatique, Sandra était maintenue dans une dépendance infantilisante. À la fois protectrice et possessive, sa mère la tenait ouvertement pour une « petite fille gâtée » fuyant le réel et préférant coucher avec son imposante collection de poupées plutôt qu'avec son mari, qui lui-même ne se privait pas de l'objectifier en femme-enfant. Il faut dire que, s'assimilant par ailleurs de bout en bout à une poupée, Sandra confiait dans le même temps à la comtesse le rôle de « stimulation érotique » joué par les *bambole* en question dans le cadre des ébats conjugaux. Un tel statut expose, certes, la jeune femme aux suspicions du Dr. Emilio Bontempi, qui avance un temps l'hypothèse que « le crime de l'enfant » (Ricky aurait assassiné son père, Fabrizio) a pu être, en fait, perpétré par « un(e) adulte possédant l'état mental altéré d'un enfant ». La vue des poupées dans la chambre, lorsqu'elle se réveille de sa sédation vers la fin du film, va toutefois servir pour Sandra de catalyseur initial au retour du refoulé. D'ultimes flash-backs en rafale surgissent qui lui remettent, enfin, en mémoire l'identité de celui qui a abattu son mari : comme dans un jeu de cache-cache, la silhouette d'Oscar, tapi derrière un rideau de gaze agité par le vent, se reflète dans le verre de la fenêtre. Autour d'un tel processus psychanalytique de refoulement/dévoilement ou de déflexion/réflexion, c'est bien, somme toute, à tout un éventail de la régression infantile que *Le diable dans la tête* juxtapose ou confronte la figure de l'enfant, avant que ce dernier puisse *in fine* faire retour, pour le meilleur ou pour le pire, dans le strict giron maternel, sous le regard de Cerbère de la comtesse.

LA BAIE SANGLANTE (MARIO BAVA) : QUELLE MOUCHE (SHAKESPEARIENNE) A DONC PIQUÉ LES PETITS PARRICIDES… ?

À la charnière du giallo (alors en pleine expansion) et du slasher (dont l'éclosion officielle aux États-Unis devra attendre la décennie suivante), *La Baie sanglante* demeure un jalon important dans l'histoire du cinéma d'exploitation transalpin, ce qui lui a valu de très nombreuses exégèses depuis sa sortie en 1971. *Reazione a catena* (réaction en chaîne), l'un des multiples titres sous lesquels le film est également connu, a pour insigne mérite d'emblématiser la mécanique à tous sens sommaire qui le régit et l'entraîne, paradoxalement, jusqu'à une forme d'abstraction ou de quasi-épure. Il en va, en effet, d'un *enchaînement* ou d'une cascade d'homicides aussi « gore » qu'inventifs que ne relie entre eux, au-delà d'un semblant de causalité narrative, aucune considération de réalisme ni aucun souci de vraisemblance, que ce soit sur le plan de la représentation ou de la psychologisation. Tout au plus pourrait-on y discerner une réflexologie pour ainsi dire pavlovienne. Du *body count* ainsi engagé, s'élevant à un total de treize cadavres, c'est l'ultime et inattendu acte de violence en forme de *coda*-choc qui va pour l'essentiel nous intéresser. C'est que celui-ci consiste – cas rare, voire unique, au sein du genre – en un double parricide exécuté par un frère et sa sœur, incarnés par deux enfants-vedettes des années 1970, Renato Cestiè et Nicoletta Elmi, respectivement. À l'exception de ces deux *bambini* et d'un essaim d'adolescent(e)s en goguette dont les ébats finiront dans un bain de sang, l'intrigue (si tant est qu'on puisse ici user de ce terme) s'articule autour d'une pléiade d'adultes rapaces mêlés à une sordide affaire de propriété foncière qui pousse chacun à éliminer autrui dans le vain espoir de s'emparer de l'écrin bucolique d'une baie isolée et préservée, pour mieux la défigurer à des fins vilement mercantiles.

L'intention de départ, *dixit* l'un des scénaristes, le prolifique Dardano Sacchetti qui venait tout juste d'entamer sa carrière par la co-écriture du script du *Chat à neuf queues* de Dario Argento, semble avoir été de confronter le monde de l'enfance à celui des adultes, d'éclairer la perception que chacun, non sans méprise parfois, a de l'autre, et d'examiner sur nouveaux frais la présumée innocence de nos chères têtes blondes[10]. Une première mouture de l'histoire, à laquelle collabora Franco Barbieri, tournait autour d'un couple résolu au crime afin d'assurer un avenir meilleur à leur progéniture. Pris dans l'engrenage de la violence, les parents en venaient à laisser leurs enfants à leur sort pendant plusieurs jours. Affamés et apeurés, ces derniers exécutaient père et mère à leur retour. Si, d'évidence, ces éléments ne seront pas sans une certaine familiarité pour les spectateurs de la version aboutie, le rôle de l'enfance n'en a pas moins été, au final, quelque peu arasé, en raison du retrait de Sacchetti-Barbieri et des divers avatars scénaristiques qui s'ensuivirent. Ce serait presque trop dire que les deux bambins, seuls personnages dont nous ignorerons jusqu'aux noms, gravitent en marge de l'action. Ils ne font en effet leur « apparition » qu'au mitan du film, un zoom nous permettant tout juste de deviner leurs visages dans l'entrebâillement des rideaux à la vitre de la caravane, où leurs géniteurs viennent de les abandonner la nuit tombée, non sans s'être querellés à ce sujet. La mère, Renata Donati, reproche à son époux, Alberto, de trop « gâter » les enfants au prétexte qu'il a passé une demi-heure à les endormir, là où elle-même se serait contenté, dit-elle, d'éteindre les lumières ! Héritage du traitement original, la nuit s'éternisera, en fait, deux journées durant, le temps que l'intraitable Renata et le falot Alberto, variante en quelque sorte abâtardie du couple éponyme du *Macbeth* de Shakespeare, exécutent leurs basses besognes. L'existence des enfants, livrés à eux-mêmes, ne se rappelle à notre bon souvenir que, passé les deux tiers du film, à la faveur d'un bref insert, éclair d'humour noir à valeur proleptique. Il opère en effet, par coupe franche, une juxtaposition d'une très horrifique décollation (un violent coup de hache s'abat sur la nuque d'Anna Fossati, la cartomancienne alcoolique, qui vient de découvrir le cadavre ensanglanté de l'architecte Franco Ventura) et d'une poterie en forme de tête humaine éclatée après que les enfants l'ont laissé tomber, par maladresse ou à dessein, sur le plancher de la caravane. Il faudra attendre le dénouement-coup de poing pour voir les petits chéris faire une réapparition en force et réaliser ainsi la prouesse de voler *in extremis* la vedette à tous les adultes criminels du film.

En effet, enfin revenus à leur roulotte et s'imaginant, après l'« élimination » méthodique de toute concurrence, les seuls héritiers du fabuleux

10 Voir le documentaire intitulé « L'arte del delitto » qui accompagne l'édition italienne du film en DVD (Raro Video). Sur la genèse du film, on pourra également se reporter à la « somme » en langue anglaise de Tim Lucas : *Mario Bava : all the colors of the dark*, Cincinnati (Ohio), Video Watchdog, 2007, p. 848-850.

pactole immobilier que représente la baie, Renata et Alberto n'ont pas plus tôt convenu de ce que « tout est bien qui finit bien » (autre clin d'œil shakespearien) qu'un zoom arrière fait surgir dans le cadre le canon d'un fusil braqué sur eux (Fig. 34). Au même instant, la voix d'une petite s'exclame, guillerette, « Maman, papa », comme en signe d'heureuses retrouvailles. Ou comme pour les convier à poser pour un tendre cliché familial, puisque, aussi bien, à une Renata presque incrédule face à la métamorphose tardive de son époux en « combattant » aguerri et féroce, celui-ci avait répondu que c'était là « le moins qu['il] puisse faire *pour [s]a famille* ». En lieu et place du traditionnel petit oiseau, c'est, néanmoins, une décharge mortelle qui « sort » et fauche le couple sur le champ. La caméra les cueille tous deux effondrés à terre, au pied de leur Mercedes noire. Pour un peu, on croirait à un règlement de comptes dans quelque western ou film de gangsters, n'était le gazouillis de volatiles qui, en une touche cruellement ironique, s'élève alentour. Y fait suite un plan flou persistant sur fond musical égrené à la manière d'un tintement de clochettes. Lorsque le point revient enfin, nous découvrons les deux rejetons, sourire aux lèvres, à la fenêtre de la caravane (Fig. 35). Le garçon, silencieux, tient en main la carabine. Et sa sœur de s'émerveiller, de manière toute lapidaire, de ce que leurs parents « font bien semblant d'être morts », puis d'inviter son frère à courir avec elle vers la baie dont tout porte à croire qu'ils sont désormais les heureux et exclusifs propriétaires. Et de fait, en s'éloignant, les deux petits « anges » se fondent *in fine* dans la végétation environnante. Le tout sur un air de boîte à musique, qui le cède très vite à quelques notes enjouées, à leur tour vite noyées dans une mélodie quelque peu sirupeuse des années 1970. Par un ultime tour d'écrou à la fois logique et inescompté, le dernier mot – ou la dernière salve – revient donc, en toute désinvolture, aux seuls enfants. Signalons qu'une version antérieure du scénario contenait un post-scriptum à teneur explicitement « écologiste[11] », voire anarchisante : à l'aide d'un pot de peinture et d'un pinceau, les enfants complétaient l'inscription « LA BAIE », figurant sur un panneau, par les mots « EST À TOUT LE MONDE[12] ». Mario Bava aura

11 Outre la suggestion d'une criminalité perçue comme milieu « organique » préexistant, l'un des titres italiens du film, *Ecologia del delitto*, peut aussi se comprendre à rebours comme renvoyant à un « délit » d'ordre environnemental : la dénaturation projetée de la baie.

12 Voir Alberto Pezzotta, *Mario Bava. Un désir d'ambiguïté op. cit.*, p. 181. L'auteur se réfère à un scénario conservé à la Bibliothèque Luigi Chiarini à Rome.

finalement reculé devant cet ultime « chaînon » de l'utopie communautaire et de l'anti-propriété privée…

FIG. 34 – Mario Bava, *La Baie sanglante*, 1971.

FIG. 35 – Mario Bava, *La Baie sanglante*, 1971.

Que convient-il de retenir de l'ultime coup de théâtre de *La Baie sanglante* ? Faut-il y voir une forme de ludisme teinté d'absurde, ou de cynisme mêlé de provocation ? De nihilisme absolu ou de jusqu'au-boutisme dans le cercle vicieux (ou la *réaction en chaîne*) de la violence qui n'épargne personne, pas même les enfants, lesquels, de manière paradoxale et extrême, seraient les seuls à pouvoir y mettre un terme et/ou en retirer les bénéfices ? Ou bien, a-t-on affaire, plus prosaïquement, au signe annonciateur d'un modeste effet de mode appelé à s'épanouir, on l'a noté, principalement dans le genre du fantastique et de l'horreur, au cours de la décennie naissante : les enfants criminels ou animés par le mal[13] ? Il vaut, à cet égard, d'opérer un dernier retour aux prémices scénaristiques et au titre originel, *E così imparano a fare cattivo*, soit la phrase prononcée par la fillette, le parricide à peine accompli : « voilà qui leur apprendra à jouer les méchants » (et non pas « ils font bien semblant d'être morts, hein ? », comme indiqué plus haut, dans la version filmée). Sacchetti dit ainsi avoir travaillé le scénario à partir de l'idée que « si les enfants sont beaucoup plus cruels que les adultes, c'est pour la simple raison qu'ils doivent se défendre contre les adultes : pour survivre, ils doivent se montrer encore plus violents que les grandes personnes qui les entourent[14] ». Au reste, il est bien un exemple de maltraitance, certes relaté plutôt que montré, dans le film. Nous apprenons en effet, de la bouche d'Anna Fossati, que Federica Donati, la défunte comtesse et propriétaire de la baie, avait soustrait aux yeux d'autrui Simon, son fils naturel, jusqu'à l'âge de ses seize ans, avant de l'installer dans une bicoque de pêcheur, « comme un fauve en cage », pour écarter ce « constant souvenir » de ses incartades passées. On ne s'étonnera donc guère qu'il finisse en quasi-martyre, transpercé par la lance d'Albert et cadré tel un nouvel avatar giallesque du Saint Sébastien de l'iconographie chrétienne. Il n'est pas exclu d'imaginer que les jeunes frère et sœur du film auraient

---

13 Plutôt qu'aux multiples cas de possession démoniaque emblématisés par les succès planétaires de *L'Exorciste* de William Friedkin et de *La Malédiction* de Richard Donner, on pensera ici au film de l'Espagnol Narciso Ibáñez Serrador, *Les révoltés de l'an 2000*, dont le titre original est infiniment plus évocateur : *¿ Quién puede matar a un niño ?* [« Qui peut tuer un enfant ? »]. Encore faut-il préciser que l'interrogation concerne très concrètement dans ce métrage une situation d'auto-défense : est-il envisageable pour des adultes de tuer des enfants, humains trop humains, qui sans raison apparente mais avec force et détermination en veulent à leur vie ?

14 Propos tenus par D. Sacchetti dans le documentaire de Garry S. Grant et Charles Preece : *Mario Bava. The Maestro of the Macabre* (2000) (je traduis).

pu connaître un sort similaire s'ils n'avaient pas pris les devants et leur destin en main (comme en un cas de légitime défense préventive...). Dit autrement, si une mouche – mais laquelle ? – ne les avait piqués... Tâchons, pour finir, de retrouver sa trace.

La visée d'ensemble de *La Baie sanglante* est peut-être, en définitive, moins ontologique que métaphysique. Il n'est que de se reporter au générique d'ouverture, rétrospectivement programmatique. Par une succession de plans, l'appareil de prise de vues balaie la baie vierge de toute humanité, fait chatoyer les jeux de couleurs et de lumière du crépuscule, avant de s'arrêter sur une mouche imaginaire dont nous ne percevons que le bourdonnement et les virevoltes. Elle finit par s'abîmer brusquement dans l'eau bleutée : on comprend alors que la caméra n'a fait qu'épouser le point de vue de l'insecte putatif. On relèvera que ce dernier s'était déjà insinué avec une certaine opiniâtreté dans la filmographie de Mario Bava – serait-ce sous l'influence de la coda du *Psychose* de Hitchcock ? Qui ne se souvient du vrombissement de la mouche s'associant morbidement à l'écho de la goutte d'eau dans le dernier sketch des *Trois visages de la peur* ? Le John Harrington d'*Une Hache pour la lune de miel* donne, pour sa part, une mouche à manger à son perroquet, illustrant ainsi, selon ses divagations en voix off, une conception de l'existence comme « drame bref et ridicule[15] ». Au-delà, se pourrait-il que l'intertextualité shakespearienne préalablement repérée recèle, dès l'incipit de *La Baie sanglante*, une référence plus enfouie ? Le comte de Gloucester du *Roi Lear*, pièce qui, comme ailleurs dans le théâtre du Barde d'Avon, tourne autour de la question du parricide, a, tout comme la comtesse de *La Baie sanglante*, un fils bâtard, qui plus est perfide et dont il est dupe. Jeté sur la lande après qu'on lui a arraché les yeux, le comte se lamente en ces termes :

> Des mouches aux mains d'enfants espiègles, voilà ce que nous sommes pour les dieux : ils nous tuent pour leur plaisir[16].

15 Est également notoire l'intérêt de Dario Argento pour le monde des insectes, exemplairement déployé dans *Phenomena*, mais déjà perceptible dans le titre même de *Quatre mouches de velours gris*, dont le générique d'ouverture se clôt sur un moustique écrasé entre les cymbales de la charleston du batteur Roberto Tobias.

16 « *Like flies to wanton boys are we to the gods / They kill us for their sport* » (*King Lear*, IV, I, 36-37). Signalons que l'adjectif *wanton* sert aussi en anglais à qualifier un homicide (ou un acte de violence) sans motif apparent, autrement dit « gratuit »...

De fait, ne peut-on dire que sous notre regard voyeur de spectateur, comme sous celui, plus ambivalent encore, des deux enfants de *La Baie sanglante* (qu'ont-ils vu au juste ? rien ? tout ? assez ?), l'existence humaine semble ne pas valoir beaucoup plus que le sort d'une « innocente » mouche. Que ce soit de manière scopique, axiologique ou physique et littérale (à l'instar d'un des assassins embrochant un couple d'adolescents en plein coït à l'aide d'une sagaie !), il est patent que les personnages du film de Bava aiment autant « s'épingler » les uns les autres que Paolo Fossati, entomologiste à ses heures perdues, se plaît à piquer un coléoptère inoffensif sur son bureau. C'est donc l'un après l'autre qu'ils tombent… comme des mouches[17]. Leur agonie convulsive, dont le tentacule spasmodique de la pieuvre dépassant de la bâche qui recouvre le cadavre du comte Filippo Donati pourrait être tout ensemble l'emblème et le simulacre, nous est donnée en pâture. Qui sait ? Peut-être est-ce afin de mieux nous faire toucher du doigt les affects équivoques des enfants devant la cruauté des hommes, et déjà eux-mêmes tentés peut-être par tant de barbarie, dans un monde « plein de bruit et de fureur » et ne « signifi[ant] rien » (*Macbeth*, V, 5)…

---

17 L'idiome transalpin (*cadere come mosche*) étant, en l'occurrence, analogue au français, pourquoi ne pas imaginer que Bava a conçu *La Baie sanglante* comme une quasi-littéralisation de cette formule… ?

INFANTICIDES

FOLIE MEURTRIÈRE (TONINO VALERII) : « IL ÉTAIT UNE FOIS UNE PETITE FILLE », OU C'EST UNE ENFANT QU'ON ASSASSINE. *LE CHAT À NEUF QUEUES* (DARIO ARGENTO) : UNE ENFANT A-T-ELLE ÉTÉ ASSASSINÉE ?

Communément associé au genre du western spaghetti, d'abord en tant qu'assistant d'un certain Sergio Leone, alors étoile montante du genre (*Pour une poignée de dollars*, *Et pour quelques dollars de plus*), puis en tant que réalisateur lui-même (*La Horde des salopards* et *Mon nom est Personne*, en particulier), Tonino Valerii est, à l'égal de Sollima, l'auteur d'un unique giallo : *Folie meurtrière* (*Mio caro assassino*, 1972). À dire vrai, le film tend plutôt à suivre la formule de la « procédure policière » (d'après l'anglais *police procedural*), laquelle privilégie le déroulement des investigations (méthodes et techniques, interrogatoires et reconstitutions, écueils et impasses) et se focalise sur un policier, ici le commissaire Luca Peretti, interprété par George Hilton, habitué des westerns de Carnimeo et des gialli de Martino. Efficace et aguerri, Peretti est aussi, à la différence de ses deux assistants (dont le très indolent Marò, adepte de la solution de facilité et des conclusions hâtives, à qui Salvo Randone, déjà croisé dans *La donna del lago*, prête ses traits), pleinement investi dans son enquête, au point même d'en être obnubilé au détriment de sa vie privée, comme ne manque pas de lui en faire le reproche sa compagne, pourtant elle-même peu joignable durant ses heures de travail. Sa persévérance va, de fil en aiguille, faire ressurgir une affaire notoire mais classée sans suite, gravitant autour de la très jeune fille d'un riche industriel, kidnappée et laissée pour morte (tout comme son père tombé aux mains des ravisseurs lors du paiement de la rançon). La petite Stefania est interprétée, dans les analepses périodiques émaillant le récit (dont la reconstitution de l'enlèvement que Peretti entreprend avec le concours des domestiques), par la jeune Allemande Lara Wendel, dont c'est ici le premier emploi au cinéma et qui, tout en créant la controverse, quelques années plus tard seulement, avec ses rôles de nymphette, continuera de s'illustrer dans le giallo. Elle incarnera, pour Barilli, le personnage-clé de Silvia jeune dans *Le Parfum de la dame en noir* ; pour Argento, elle sera l'adolescente Maria Alboreto, poursuivie par un chien féroce avant d'être fauchée par la hache du tueur fou de *Ténèbres*.

De place en place, la tactique du limier de *Folie meurtrière* consiste à rabouter consciencieusement les diverses pièces d'un puzzle labile. Ainsi le dessin retrouvé dans la main du cadavre de la compagne de l'assureur Paradisi s'insère-t-il à la place d'une page arrachée de l'album de Stefania que feuillette son institutrice. De même le morceau de visage en albâtre (provenant de la scène de crime dans l'appartement de l'institutrice) s'ajuste-t-il à la statuette ayant servi à tuer Mattia Quartapelle dans son cabanon, vers la fin du film. Davantage encore que dans *L'arma l'ora il movente* de Mazzei, le dénouement de *Folie meurtrière* nous reconduit à l'âge d'or de la fiction policière classique. À instar d'Hercule Poirot en finale de mainte énigme d'Agatha Christie, Luca Peretti réunit, assis au grand complet en un quasi-cercle, les membres de la famille Moroni, ainsi que leurs employés de maison, afin de passer en revue un à un ces suspects potentiels. Pour parfaire la dramatisation de sa *mise en scène*, il leur tend un miroir, pièce à conviction essentielle, non pas tant, ironiquement, pour le visage des protagonistes qui tour à tour s'y reflète que pour l'indice caché *au dos*, révélant l'identité du coupable. Et ce, tout en apostrophant hypothétiquement le meurtrier (d'où le titre original du film, même s'il suggère davantage une forme d'adresse épistolaire – « mon cher assassin »), dont est soulignée la « folle lucidité ». À tout prendre, cet oxymore se substituerait avantageusement à l'intitulé français, dont la platitude semble plutôt anticiper sur un giallo tardif, mâtiné d'épouvante, de Riccardo Freda : *Follia omicida*, soit *Angoisse* en vertu d'une transposition hexagonale décidément bien peu inspirée…

Pour autant, les topoï giallesques sont loin d'être en reste, ne serait-ce que ce tueur ganté de noir, épiant et traquant ses victimes à bord d'une Mercedes d'une couleur assortie. Comme il se doit, il possède invariablement un coup d'avance, parfois de l'épaisseur d'une feuille de papier à cigarette comme peut le refléter ou l'imposer un montage *cut*, et ses forfaits, sans être excessivement spectacularisés, ne manquent ni d'audace ni de sauvagerie. La décapitation dont nous gratifie le pré-générique donne sans préavis le ton. Les crocs de la pelleteuse se referment en plongée, puis en contre-plongée subjective, sur l'infortuné enquêteur d'assurances Paradisi, le soulèvent en l'air, puis le relâchent en détachant le tronc de la tête qui vient rouler au bord de l'eau fangeuse de l'étang. La veuve de Paradisi sera, elle, étranglée avec son propre foulard de tête, en plein jour et au beau milieu d'un bureau de poste animé, les témoins se contredisant par la suite sur le profil de l'assassin. Le meurtre le plus littéralement sanglant – et le plus typiquement giallesque – est assurément celui de la maîtresse d'école en apogée d'une séquence d'une petite dizaine de minutes, s'amorçant par une traque le long de rues nocturnes désertes, de la sortie de l'« Istituto Benedettine » jusqu'au domicile de l'enseignante. Une première fausse alerte intervient lorsqu'un parapluie empêchant obstinément cette dernière de refermer le porche de l'immeuble s'avère appartenir à un voisin de palier tout aussi pressé de rejoindre ses pénates. La voici elle-même rendue à son logement. Le temps pour la jeune femme d'enfiler des vêtements d'intérieur, le téléphone se met à sonner : il s'agit d'un appel « muet » du tueur (autre trope récurrent du giallo, plus tard du slasher) depuis une cabine téléphonique. Les nerfs à vif, l'occupante se dirige alors vers une autre pièce au bout du couloir, d'où semble provenir un bruit suspect. Après un moment de suspense, puis de frayeur, elle constate, rassurée, que ce n'est qu'un vulgaire gant de caoutchouc noir, attaché par des pinces à linge à un fil à l'air libre et battant au carreau de la fenêtre. Peu après, alors qu'elle se détend devant son téléviseur, la sonnette retentit : nouvelle expression de légère inquiétude, jusqu'à ce qu'elle reconnaisse son visiteur par le judas de la porte et le fasse entrer. La scène se déroule dès lors entièrement en caméra subjective, l'assassin (inconnu du spectateur, mais visiblement familier de l'héroïne) repérant dans le vestibule les albums de dessin qu'il cherche à récupérer et, dans la pièce d'à-côté, quelques outils épars sur une planche d'établi (le plan étant trop fugitif pour qu'un « primo-visionneur » puisse entrevoir sa pertinence à venir), avant de rejoindre son hôtesse au séjour. Celle-ci déclarant n'avoir aucune nouvelle information à fournir, l'hôte-mystère, résolument muet, déporte son regard vers la salle à manger attenante, puis le ramène vers son interlocutrice. Il se lève alors pour aller de pièce en pièce jusqu'à ce qu'il s'empare d'une scie circulaire sur l'établi et poursuive sa proie dans l'appartement, la tailladant à mort et sans merci.

Cette scène ne retient pas l'attention qu'au motif de son facteur « gore » ou qu'à titre de source éventuelle du meurtre à la perceuse, dont la mèche est phalliquement surdimensionnée, de *Body Double* de Brian De Palma. La profonde lacération des chairs (dos et cuisse) de l'institutrice pulvérisant une myriade de gouttelettes de sang sur le carrelage immaculé de la cuisine, en un effet de quasi-*dripping* que nous avons déjà repéré chez Bava et Lenzi et qui sera magnifié en fresque murale dans *Ténèbres* d'Argento, s'insère aussi dans un cadre éminemment métagénérique. Une « pause » apparente au mitan de la longue séquence que nous venons d'examiner reconduit en fait subtilement la tension et préfigure le type de sévices que l'institutrice va bientôt endurer. Considérons de plus près ce bref moment de détente « cathodique ». Depuis son canapé, la jeune femme regarde à la télévision l'ouverture du western culte et ultra-violent de Sergio Corbucci, *Django*, dont le rôle-titre est tenu par Franco Nero, spécialiste emblématique du genre et, plus largement, du film d'action[1]. La jeune femme reste curieusement de marbre devant le spectacle de la prostituée Maria, ligotée et fouettée par des *desperados* mexicains, un signe d'inquiétude ne se lisant sur son visage que lorsque l'on sonne à la porte et qu'elle se lève pour aller ouvrir, l'appartement continuant de retentir, en guise de mauvais augure, des sifflements du fouet et des hurlements de douleur de la suppliciée, suivis de coups de feu, sur la bande-son de *Django*.

À mi-chemin entre pertinence et dissonance, entre évidence et suggestion, ce clin d'œil n'est pas isolé. Inexplicablement dépareillé (sans doute est-ce un indice caché renvoyant à l'assassin manchot…), le gant noir déjà mentionné, suspendu à une ficelle et claquant contre la vitre, constitue une synecdoque-signature du genre tout en participant, par son incongruité même, à un principe d'invraisemblance d'autant plus assumé tout au long du film qu'il semble fait pour revendiquer son

1 Il incarne, par exemple, le journaliste alcoolique menant tant bien que mal l'enquête dans *Journée noire pour un bélier* (voir *infra*).

appartenance à l'artificialité du giallo, voire surligner les défauts que l'on attribue communément à ce dernier. Comment, sinon, comprendre l'impossible longueur supposée du cordon d'alimentation de la scie électrique que le tueur « balade » d'un bout à l'autre de l'habitation avant d'acculer sa victime et de la déchiqueter (le tueur à la perceuse de *Body Double* devra, lui, précisément, prendre la peine de rebrancher le câble électrique trop court après que la prise a sauté…) ? Il en irait de même, plus tôt dans le film, de ces lames de jalousie *à l'extérieur* de la fenêtre que le tueur doit soulever afin non seulement d'espionner l'intimité du commissaire Peretti et de sa femme, Anna, mais de surprendre les avancées de l'enquête que le premier révèle à la seconde ? Là où d'aucuns ne verront que maladresses, négligences, ou désinvolture, d'autres préféreront conclure à une déconstruction ludique du genre (processus dont on a dit plus tôt, à propos d'*Una sull'altra* de Fulci notamment, la précocité) ou, plus spécifiquement encore, à une parodie « dé-spectacularisante » du maniérisme baroque façon Dario Argento. Disons que *Folie meurtrière* procède plutôt, selon une forme de surréalité très différente de celle que nous avons pu, par exemple, analyser dans *Spasmo*, par touches improbables et décalées, hésitant entre grotesque et pathos. Là encore, le meurtre du pré-générique acquiert valeur programmatique : le personnage, la tête happée par les mâchoires du bulldozer, se débattant en l'air avant de retomber, la tête tranchée, ne déparerait guère dans un *fumetto nero*… À l'autre bout ou presque du film, on pensera à l'arrivée aussi impromptue qu'incongrue de la famille Moroni débarquant dans le bunker où, un an auparavant, ont été retrouvés les corps sans vie de la petite Stefania et de son père, dans des circonstances que Luca Peretti, perdu *in situ* dans ses réflexions, s'évertuait depuis plusieurs minutes à reconstituer et à élucider. C'est en ce lieu sordide, où la position des dépouilles est encore marquée à la craie sur le sol terreux, et en ce jour anniversaire du drame que les Moroni, plus guindés que jamais et faussement solennels au sein d'un tel décor, ont cru bon de venir déposer une gerbe de fleurs. Peretti fait mine de ne pas s'en ébaubir et s'esquive pour leur laisser le champ libre.

Ni chair ni poisson, *Folie meurtrière* fait écho, par les tensions et la corruption morale au sein d'une famille de la grande bourgeoisie ciblée par des ravisseurs, tant au *zeitgeist* (en ce début des années de plomb) qu'à la production giallesque contemporaine, mais sur un mode secondaire ou figuratif. Prenons l'exemple de la pédophilie. Cependant que des films tels que *Mais… qu'avez-vous fait à Solange ?* et *La Lame infernale* de Massimo Dallamano, *Énigme rouge* d'Alberto Negrin (autour d'écolières se livrant à la prostitution auprès de notables débauchés), ou *À en crever* de Sergio Martino (autour d'un trafic de mineures), lui accordent une place centrale et explicite, elle n'est que sous-entendue ou détournée chez Valerii. Ainsi de la très jeune enfant se présentant, à l'improviste, dans le plus simple appareil pour poser devant le sculpteur Beniamino Moroni, ou de l'entrepreneur Giorgio Canavese dont il se dit qu'il aurait été surpris dans un bordel en compagnie de deux mineures. Dans un tout autre registre, la géographie des lieux, soigneusement décrite par la caméra dès les tout premiers plans, est, quant à elle, aussi saisissante qu'insaisissable, déterminante qu'indéterminée. Ni urbaine ni campagnarde, la zone du marais – que surplombent en vis-à-vis un bunker et un cabanon, et qu'hérissent en arrière-plan des derricks ou des grues suggérant la présence d'une carrière (ce que confirmera la manchette d'un quotidien : « *Decapitato in una cava* ») – est précisément une sorte de *non-lieu* (bien que symétriquement inverse de la « surmodernité » théorisée par l'anthropologue Marc Augé), sans doute aux alentours de Rome. À tous sens, un *bourbier* d'où partent tous les fils et ou (ra) mènent tous les chemins de l'enquête.

Le commissaire l'énonce lui-même lorsque, ses recherches ayant abouti à une impasse, il s'apprête à reprendre ses réflexions depuis le début en se rendant à nouveau sur les lieux du crime : « *si riparte da zero – dal pantano* ». Faire table rase à partir du marécage, s'il se peut dire. Combinant zoom arrière et panoramique, le lent mouvement d'ouverture du film découvrant le chatoiement du point du jour parmi les herbes et les roseaux du *pantano* ne finit pas fortuitement sa course sur un plan serré d'algues vertes aux allures de moisissures à la surface de l'eau stagnante jusqu'à ce que vienne s'y refléter la sombre silhouette d'un homme qui s'avance en pataugeant. Le *pantano* représente ainsi un point à la fois d'origine[2] et de refoulement autour

2 Origine presque archaïque, si l'on considère cette petite meule en pierre, que l'on croirait tout droit sortie du premier âge de l'humanité et que Peretti, répétant par hypothèse ou par instinct le geste par lequel Stefania lança son « SOS », fait dévaler la pente depuis le bunker jusqu'à l'eau en contrebas.

duquel s'est déroulé un double meurtre non élucidé, et vers lequel convergent une série de nouveaux crimes. Symboliquement, cette carrière où croupit une eau verdâtre est bien le réceptacle – à moins qu'elle n'en soit, version certes bien moins naturelle et idyllique que le *locus* éponyme de *La Baie sanglante* de Mario Bava (sorti moins de six mois avant le film de Valerii), le « témoin » muet et indifférent – de la souillure du monde, de la corruption de la société. Aussi convient-il de draguer cette fange, ce qui ne vaut pas nécessairement *in fine* pour « catharsis ni rédemption[3] », puisqu'on n'y retrouve ou n'en remonte rien de strictement tangible. Tout au moins peut-on voir une forme de justice poétique dans la vengeance posthume de la petite Stefania, avec l'aide, à l'épilogue, d'un enquêteur « fabulateur », jouant implicitement d'une dualité rhétorique de la fleur et de la boue : « Il était une fois une petite fille, et lorsqu'une enfant meurt, c'est comme si se fanait la dernière fleur au monde… » Cet *incipit* de conte de fées particulièrement sombre et cruel s'accorde étrangement au recours appuyé au flou ou au ralenti déréalisant, lors des séquences en flashback relatives à Stefania. En l'espèce, l'effet souligne par contraste la profanation de l'innocence, tout comme l'air de comptine chantonné dès le générique se voit rapidement parasité (jusqu'à l'effacement, parvenu à mi-parcours) par les inquiétantes discordances et stridences de la musique atonale (dirigée par Bruno Nicolai) d'Ennio Morricone. Si ce dernier avait déjà composé la bande-son de la « Trilogie animale » de Dario Argento, on voit combien les tropes du dessin d'enfant, de la berceuse et même du miroir préfigurent chez Tonino Valerii leur réemploi argentien à titre d'indices décisifs dans ce qui demeure l'exercice insurpassable du genre, *Les Frissons de l'angoisse*.

La figure de la pauvre fillette kidnappée est, en revanche, héritée du *Chat à neuf queues* réalisée l'année précédente par Argento qui n'eut guère l'occasion de mettre en scène l'enfance innocente (victimisée ou violentée) dans le reste de son œuvre, si ce n'est, hors giallo, dans le tardif *La troisième mère*. À la différence du clan nanti et en apparence uni de *Folie meurtrière*, Franco Arnò (cruciverbiste aveugle, naguère journaliste talentueux et devenu détective en herbe) et Lori (sa nièce orpheline) sont « seuls au monde » et ont donc « besoin

3 Roberto Curti, *Tonino Valerii : the films*, Jefferson, North Carolina, McFarland & Company, 2016, p. 70.

l'un de l'autre » dans *Le Chat à neuf queues*. Afin de faire pression sur Arnò dont l'enquête, avec l'assistance du reporter Carlo Giordani, progresse à grands pas, le meurtrier (un scientifique dénommé Casoni) prend le parti d'enlever la jeune Lori que l'on voit brièvement giflée et poussée sans ménagement à l'intérieur d'un taxi, puis ligotée et bâillonnée dans un local infesté de rats, enfin menacée par la lame de Casoni qui, sans l'intervention salvatrice de Giordani, s'apprêtait visiblement à la supprimer (Fig. 36). Si la violence et l'angoisse subies par Lori sont plus allusives et suggestives qu'explicites, la toute fin du film est, elle, étonnamment elliptique et ambiguë. Est-on si certain, de même que pour Giordani, que la petite soit saine et sauve ? On peut bien sûr estimer que ce n'est que par défi, égarement ou encore malveillance sadique que Casoni se targue, dans l'ultime confrontation avec Arnò, d'avoir tué la pupille de ce dernier. « Une enfant innocente ? Vous pourriez… tuer une enfant innocente ? ». Le plan de conclusion semble fait pour donner raison à l'incrédulité de l'aveugle. Suite à une vertigineuse plongée dans le puits d'ascenseur au fond duquel l'assassin vient de s'écraser, la voix de Lori finit en effet par retentir par trois fois, appelant son oncle par le surnom affectueux (« Cookie ») dont elle l'a affublé tout au long du récit. Voix acousmatique si l'en est, comme en suspens définitif. Provient-elle de la cache où est retenue prisonnière la chétive enfant ? Ou ne serait-ce pas plutôt une réminiscence fantasmatique ne résonnant que dans l'esprit désespéré d'Arnò face à la fatale disparition de celle avec qui il faisait, on l'a vu, « couple » (et non pas simplement « équipe », comme avec Carlo Giordani). Et ce, en tout bien tout honneur, en toute pureté même, à l'opposite de la relation incestueuse attachant le professeur Fulvio Terzi, comme le trahissent ses notes intimes, à sa fille adoptive, Anna. Pilule (ou *cookie* !) amère, plutôt que *happy end*, que ce(s) mot(s) de la fin cruellement indécidable(s), qui nous place(nt) dans l'ironique position de Franco Arnò, privé de vue mais à l'ouïe exacerbée, là où la fillette de *Folie meurtrière* avait, elle, dépêché un message *muet* de l'au-delà sous la forme d'un dessin représentant son geôlier et assassin, privé d'une main (remplacée par un gant) suite à une blessure de guerre (Fig. 37)…

FIG. 36 – Dario Argento, *La Chat à neuf queues*, 1971.

FIG. 37 – Tonino Valerii, *Folie meurtrière*, 1972.

PETITE MORT(E) À VENISE : *QUI L'A VUE MOURIR ?* (ALDO LADO)

Faisant suite à un premier essai singulier d'Aldo Lado dans le genre[4], à la fois narrativement inventif et politiquement suggestif (*Je suis vivant !*), *Qui l'a vue mourir ?* s'inscrit, par le motif thématique de l'infanticide sordide, dans la continuité de *La longue nuit de l'exorcisme* de Lucio Fulci (assassinat de jeunes garçons (pré)adolescents) et de *Folie meurtrière* de Tonino Valerii (crime d'une fillette). Une scène de meurtre inaugurale s'intercale en plein générique d'ouverture qui a pour décor non pas les canaux de Venise mais les pentes enneigées de Megève où s'égaient, autour d'un bonhomme de neige, une petite rouquine dénommée Nicole et sa nourrice. Malicieuse, l'enfant s'éloigne sur sa luge vers une sapinière, où l'attend en embuscade – et en caméra subjective – une silhouette toute de noir vêtue, version semble-t-il féminine du psychopathe giallesque (le fétichisme s'attachant ici, comme par la suite, à la voilette, aux bottines et aux gants de laine). Le temps d'arriver sur les lieux, la nourrice ne pourra que discerner d'un coup d'œil le corps inerte de la fillette, enfouie à la hâte sous la neige après avoir été frappée d'une pierre à la tête, et confronter l'inconnu(e) criminel(le) par un bref regard-caméra, auquel succède, en lettres rouges, le titre du film : « *Chi l'ha vista morire ?* ». La question semble nous être adressée directement, interrogeant implicitement notre position immanquablement voyeuriste, alors même que la figuration de l'acte, moins monstration qu'obfuscation, moins scénographie que tour de passe-passe, aura donc consisté en à peine une ou deux bribes de plans éphémères. Nous en verrons – nous y verrons – encore moins lors du second meurtre d'enfant, pourtant central et centralement vénitien celui-là. Il sera en effet entièrement escamoté, après un nouveau regard-caméra, de Roberta cette fois-ci, visage levé sur l'assassin à la voilette, ce qui n'est pas sans rappeler la photo de la petite Nicole nous fixant de ses yeux innocents, dans le dossier d'archives de la police judiciaire qui clôt le générique. Le tout, pour mieux privilégier, en amont, traque de la proie (Roberta) et premières velléités homicides contrecarrées. Sans atteindre au Grand Guignol des morceaux de bravoure dont les gialli sont, à l'époque, déjà friands, les meurtres d'adultes sont d'une tout autre

4 Il n'y retournera que tardivement avec le très médiocre *Alibi perfetto*.

nature, dans le reste du film, même si, on y reviendra, la séquence la plus théâtralisée et la plus prenante, ayant pour cadre un entrepôt à l'abandon, ne se conclut par aucune mort sanglante. L'exécution du marchand d'art Serafian se perpètre ainsi hors champ : il est retrouvé rivé à une porte, le cœur transpercé par une épée. Ginevra Storelli, l'ancienne gouvernante de Nicole, est, elle, étranglée dans la pénombre d'une salle de cinéma à l'aide d'une cordelette passée autour de son cou jusqu'à ce que le sang jaillisse en très gros plan de sa bouche. Quant à l'avocat Nicola Bonaiuti, il sera lardé de coups de ciseaux dans le bas-ventre, les perruches libérées par l'assassin de leur volière voletant comme autant de taches multicolores autour du corps effondré sur le sol avant, nous l'apprendrons de la voix du journaliste, de lui crever les yeux.

L'intitulé de la présente section entend précisément faire porter l'attention sur l'interaction entre monde des adultes et monde de l'enfance. Il tient certes lieu de clin d'œil transparent au chef-d'œuvre de Visconti (*Mort à Venise*), sorti un an auparavant et baignant dans une ambiance également mais autrement délétère : la Sérénissime est en proie à une terrible épidémie de choléra. Il fait également signe vers d'autres gialli situés dans la lagune vénitienne en saison hivernale : *Âmes perdues* de Dino Risi, *Terreur sur la lagune* d'Antonio Bido ou *Ne vous retournez pas* du Britannique Nicolas Roeg. Il entend surtout mettre en exergue le jeu *a priori* morbide et sordide autour du décès d'une fillette (*petite morte*) et la jouissance sexuelle (*petite mort*). Autrement dit, faire renvoi à la concomitance dérangeante, dans le film de Lado, du meurtre de la petite Roberta Serpieri et des ébats de son père, Franco, avec une ancienne amante, Gabriella, ceux-ci allant jusqu'à « parasiter » en insert la ronde des enfants et leur ritournelle peu avant le meurtre. Il faut dire que la jeune fille[5] a auparavant été « sexualisée » avec une insistance trop obvie pour qu'elle n'en soit pas potentiellement suspecte, voire prédatrice, sous couvert d'insouciance ou d'innocence taquine – un

5 Elle est interprétée par Nicoletta Elmi, enfant star du cinéma populaire italien, tout au long de la décennie 1970, et coutumière des rôles d'enfants diaboliques ou pernicieux. En début de carrière, elle joua pour Bava père dans *La Baie sanglante*, comme nous l'avons vu, puis dans *Baron Vampire*, et, en guise de point final prématuré à son parcours d'actrice, pour Bava fils dans *Démons*. Nous l'avons aussi croisée dans *Les Frissons de l'angoisse* d'Argento et la retrouverons bientôt dans *Le Orme* de Bazzoni. Elle s'illustra, en outre, dans le domaine plus strict de l'horreur, ce qui lui valut le surnom de « Linda Blair italienne » en référence à *L'Exorciste*. Ajoutons qu'elle fit une apparition non créditée dans… *Mort à Venise* de Visconti.

tel climat de soupçon allant également dans le sens d'une mécanique narrative giallesque déjà bien huilée.

C'est d'abord le fait de connaissances masculines de Franco entourant l'enfant de leurs pressantes attentions. Ainsi du prêtre, qui se révèlera l'assassin, la qualifiant, d'un air entendu, de « très mignonne » et caressant fugacement sa chevelure. Ainsi encore du journaliste qui, seul à seule et de manière plus ambiguë encore, compare sa beauté à celle de sa mère tout en lui passant la main dans les cheveux et sur le visage. Roberta déclinant peu après sa proposition d'aller « voir comment on imprime un journal », il en conclura à son manque définitif de « succès auprès des femmes ». Mais c'est avant tout de la part du père de Roberta lui-même que s'enchaînent les commentaires appuyés sur la « maturation » sexuelle ou le devenir-femme de sa fille, laquelle ne semble pourtant guère plus âgée que les sept ans de l'actrice qui l'incarne. Dès l'arrivée de Roberta à l'aéroport de Venise, une équivoque est entretenue par le montage. Sourire aux lèvres et bouquet de roses pourpres à la main, Franco Serpieri (interprété par l'Australien George Lazenby, frais émoulu de son rôle de James Bond dans *Au service secret de Sa Majesté*) semble vouloir célébrer ses retrouvailles avec une jeune femme radieuse, suivie depuis la descente d'avion et s'avançant dans sa direction, avant que Roberta ne saute, au tout dernier instant, à son cou, tandis que l'inconnue va embrasser un homme de son âge qui attendait juste en retrait. À son épouse, Elizabeth (jouée par la Suédoise Anita Strindberg, déjà croisée dans *Le Venin de la peur* de Lucio Fulci, également héroïne de deux gialli de Sergio Martino, *La Queue du scorpion* et *Ton Vice est une chambre close dont moi seul ai la clé*), qui appelle d'Amsterdam pour prendre des nouvelles, Franco fait tout à trac la remarque que leur fille « a bien grandi » et que « la prochaine fois, elle portera un soutien-gorge » ! À l'ami journaliste qui l'informe qu'une certaine Gabriella cherche à le revoir, il répond sans hésitation : « en ce moment, je ne m'occupe que d'une seule femme : Roberta ». L'ironie tragique d'une telle allégation ne percera que plus (et trop) tard...

En attendant, une touchante complicité unit de fait le père à la fille, dont la caméra, avec force *two-shots* serrés, se plaît à accuser la consonance quasi amoureuse en suivant le « couple » qui tantôt folâtre dans une *trattoria* (tandis qu'un habitué attablé en face croque le portrait de Roberta sur son carnet), tantôt déambule main dans la main dans les étroites ruelles de la ville romantique par excellence (Fig. 38). À ceci près que, en vénitien d'origine, Aldo Lado nous donne à voir une Cité des Doges très éloignée des cartes postales ou des brochures touristiques : grisâtre ou bleutée, brumeuse, pluvieuse et vénéneuse, passé les deux ou trois premières scènes ensoleillées du post-générique. Un pas proprement fatal est franchi lorsque Franco, d'abord réticent à la laisser jouer avec d'autres enfants, « délaisse » Roberta pour une autre. À savoir, la susmentionnée Gabriella, aperçue du coin de l'œil depuis une *piazzetta* et à qui il s'empresse de proposer de « rattrap[er] le temps perdu », non sans lui avoir demandé si elle était « jalouse » de sa fille (derechef réduite au statut de « *carina* »). Aussitôt l'acte de chair accompli, Gabrielle s'insurge d'être instamment priée par Franco de quitter les lieux au prétexte que Roberta pourrait être perturbée de les voir ensemble : « je suis indigne de ta fille, c'est ça ? ». Que les enfants d'aujourd'hui aient, comme l'ajoute Gabrielle, un autre rapport aux « choses de la vie » ou non, il s'avère que la jeune Roberta avait peu auparavant surpris une conversation intime entre Ginevra, désormais « associée » (en plus d'un sens, semble-t-il) du marchand d'art Serafian, et son amant, Filippo Venier… Gabrielle n'a pas plus tôt été « congédiée » que Franco s'absorbe dans son travail du moment (il ne s'agit pas par hasard d'une forme humaine suppliciée ou désarticulée qu'il sculpte à l'aide d'une ponceuse électrique), sans plus se préoccuper du sort de Roberta.

FIG. 38 – Aldo Lado, *Qui l'a vue mourir ?*, 1972.

FIG. 39 – Aldo Lado, *Qui l'a vue mourir ?*, 1972.

Mais il nous faut rembobiner jusqu'à la petite mort(e). Un groupe d'enfants entame une ronde autour de Roberta en se tenant la main (Fig. 39) et en entonnant une comptine à la fois inquiétante et enlevée, scandée par un refrain qui reprend le titre original du film, « *Chi l'ha vista morire ?* » (dont l'inscription en rouge au générique « lance », précisément, une première occurrence du chœur en bande-son) :

> « Qui pleurera ce mort ? », dit la petite tourterelle. « Moi qui étais sa belle, je pleurerai ce mort. »
> « Qui l'a vu mourir ? »
> « Moi », dit le moucheron. « Avec mon petit œil, moi je l'ai vu mourir. »
> Le moineau dit : « Moi, avec mon arc et ma flèche », le moineau dit : « Moi, j'ai tué le rouge-gorge. »

Par la lettre, la chanson s'inspire d'une *nursery rhyme* du XVIIIe siècle devenue archétype anglo-saxon du meurtre, « *Who Killed Cock Robin ?* », soit « Qui a tué le Rouge-Gorge ? », la couleur de l'oiseau (« *pettirosso* » en italien) n'étant pas sans renvoyer à la crinière rousse de Roberta. Par l'esprit (ou l'intertexte), elle fait sans doute signe vers *M le maudit* de Fritz Lang qui s'ouvre sur une fillette récitant une chansonnette tout aussi lugubrement prémonitoire pour désigner et « éliminer » tour à tour ses petits camarades faisant cercle autour d'elle dans une cour d'immeuble de Berlin : « Attends, attends pour voir ! Le vilain homme en noir[6] va venir. Avec son petit hachoir, il fera du hachis de toi. » Quoi qu'il en soit, l'encerclement ludique de Roberta – son visage en gros plan et ceux des autres enfants alternant en champ/contre-champ – ne tarde pas à prendre les allures d'une danse macabre. La figure ambiguë du « croquemitaine » va pouvoir s'y immiscer, d'abord symboliquement et acoustiquement, avec le thème musical strident qui lui est associé (tout comme Lang avait su faire un leitmotiv musical de quelques notes de *Peer Gynt* sifflotées par le *Mörder* lui-même) et qui finit par recouvrir, ou tout à moins reléguer en fond sonore à peine audible, le chœur des enfants. L'effet de superposition et d'effacement se fera encore plus dramatique – dramatiquement définitif et « glaçant » – avec la frimousse de Roberta faisant face à son assaillant (en caméra subjective), après que les autres enfants ont fui avec son pendentif. À la place du coup fatal assené, une coupe franche nous montre au plan suivant les panneaux d'une grille se refermant, avec un bruit sourd, sur deux pièces de viande suspendues à l'étal d'un boucher… L'image n'est pas sans faire écho à *L'Île de l'épouvante* de Mario Bava.

Une ironie mordante et implacable va dès lors s'attacher aux basques, si l'on peut dire, de cette disparition – et de la coupable négligence qui l'a rendue possible. Revenant bredouille et angoissé de la quête de sa fille à l'entour, Franco entend une voix d'enfant à l'intérieur de son appartement. Il s'y précipite le cœur battant, pour constater, aux cris d'« Assassins ! », qu'il ne s'agit hélas que d'un film passant à la télévision qu'il avait laissé allumée en partant. La découverte du corps de Roberta interviendra un peu plus tard, presque au hasard, dans le sillage d'une déclaration de l'ami journaliste se voulant rassurante, mais là encore tristement presciente : « Venise est grande, mais personne n'y a jamais disparu »… S'ensuivent, tandis que s'élève un nouveau chœur d'enfants mais d'une tonalité *a contrario* sobre et sombre, élégiaque même, des plans documentaires de maraîchers vaquant à leurs occupations, au petit matin, sur le quai d'un canal, jusqu'à ce que l'image « tombe », au détour et en bout d'un mouvement de caméra s'attardant sur un cageot de poires qu'on transborde sur une embarcation, sur le cadavre de la jeune enfant flottant la face dans l'eau. Personne ne semble y prêter attention, les

6 Tel était le surnom attribué à Fritz Haarmann, l'un des premiers tueurs en série des années 1920, dont Fritz Lang s'inspira pour son film.

images des marchands de fruits et légumes et de leurs clients reprenant de plus belle. Il faudra un nouveau plan, serré, de la petite noyée et de sa chevelure rousse affleurant à la surface de l'onde telle une algue pour déclencher une réaction symétriquement inverse en montage *cut* abrupt : le regard fixe et grave de badauds agglutinés et « balayés » par un long panoramique, sans retour à aucun contre-champ. On ne saurait mieux dire, par des voies strictement visuelles, la négligence et l'irresponsabilité parentales –au-delà, peut-être, celles des adultes dans leur ensemble, même si, à tout prendre, les *mamme* du cru s'étaient montrées plus attentives à ramener leur progéniture au bercail, fût-ce avec rudesse[7]. Cela vaudrait tout autant pour la culpabilité qui peut en résulter chez les principaux intéressés : le père passant d'un chagrin tétanisé à une rage impuissante et à un désir de vengeance ; le couple parental endeuillé sur le lit, un traveling allant et venant lentement d'un visage à l'autre en gros plan, isolés en quelque sorte dans une commune douleur, avant qu'un surprenant montage ne vienne, sinon réunir, entremêler leurs corps fragmentés en un très bref coït, continûment muet et désespéré, presque désynchronisé[8].

Pour autant, il n'est pas tout à fait certain qu'il faille voir dans ce tableau d'ensemble un nouvel avatar de l'idéologie conservatrice véhiculée plus ou moins consciemment, plus ou moins explicitement, par maint giallo, autour d'une menace à l'ordre hétéronormatif ou au modèle traditionnel de la famille nucléaire symbolisée par une déliquescence supposément endémique : dislocation sociétale et délitement des mœurs. De ce dernier constituant, le cercle occulte de notables sado-masochistes (avec à sa tête un faux prêtre, le Père James, que son propre frère, l'influent Serafian, protège du scandale) serait, si l'on ose dire, la pointe avancée

7 Une première approche menaçante, sur la même placette où Roberta sera finalement occise, est inconsciemment déjouée par la mère de sa camarade de jeu, dragon de discipline qui fait signe à Roberta de les suivre afin qu'elle rejoigne, au plus vite, son propre domicile à cette heure tardive.

8 Ce dernier exemple n'est pas sans préfigurer, dans un contexte similaire mais sur un mode à la fois bien plus sobre, pudique et concis, une scène érotique restée célèbre (entre Donald Sutherland et Julie Christie) d'un film qui, seul véritable spécimen, peut-être, de giallo non-italien (bien que sis, lui aussi, à Venise), fit son apparition en salle à peine plus d'un an après celui d'Aldo Lado : *Ne vous retournez pas* de Nicolas Roeg, cinéaste inclassable adepte d'une narration déconstruite, volontiers elliptique et cryptique, portée par un montage délinéarisé. *A priori* étrangers à tout processus d'empreinte ou d'emprunt, les nombreux échos, formels et surtout thématiques, entre les deux films exigeraient une étude autonome.

au titre de structure familiale ou patriarcale pervertie[9], et la cité de Venise, dans son état croissant d'affaissement, de décomposition et de putridité sous l'effet de la montée des eaux, le miroir topographique. Cela posé, la jeune Roberta, violemment « évacuée », ne réapparaît plus qu'à la faveur de quelques réminiscences fugitives de son père dans la suite du récit, soit près des deux-tiers du film[10]. Un récit qui se voue dès lors pleinement aux « affaires courantes » du giallo, se drape dans son étoffe coutumière, sous-tendue par une quête de vengeance occultant prestement la question du deuil ou de l'inconséquence des parents : police incapable s'attribuant au final tout le mérite de la résolution de l'enquête ; investigateur parallèle non-professionnel mais non moins obnubilé par sa tâche ; fausses pistes et suspicion généralisée ; filatures ou jeu du chat et de la souris ; inserts de main gantée de noir ; enregistrement sur bandes audio et projection en 8mm ; etc. Ce relatif formatage n'enlève rien à une cinématographie envoûtante et à une incomparable utilisation des décors naturels, dont le souci quasi documentaire est particulièrement saisissant – des marchands des quatre-saisons aux souffleurs de verre et aux joueurs de billard dans un café, en passant par les actualités consacrées à un secteur « chaud » de ville américaine passant sur l'écran d'une salle de quartier. Rare exemple où tant l'agilité de la caméra que la dramatisation des cadrages et des angle de prises de vue sont susceptibles d'évoquer le lyrisme esthétisant et la pyrotechnie visuelle de *Ne vous retournez pas*, la séquence la plus « spectaculaire » de *Qui l'a vue mourir ?* se tient dans un lieu désaffecté, aussi étrange qu'imposant. Il s'agit du bâtiment industriel en briques « Molino Stucky », à l'architecture néo-gothique, aujourd'hui reconverti en hôtel Hilton, auquel fait face un cargo à quai, noyé dans un épais brouillard, et où convergent, outre Franco et Serafian, un jeune inconnu s'aidant de cannes pour marcher (il se fera jour à la scène suivante qu'il s'agit de François Roussel, le fils

9 Le marchand Serafian va, du reste, jusqu'à jouer au « bon ami de la famille » auprès du fils de celle (Ginevra Storelli) qu'il mêlait, sans doute sous la contrainte, aux pratiques dévoyées de ses compagnons de débauche.

10 En ce sens, le dernier film d'Aldo Lado (*Il Notturno di Chopin*), réalisé après un silence de vingt ans, serait, à près de quarante ans de distance, le symétrique inverse de *Qui l'a vue mourir ?*, l'intrigue étant centrée non par sur une enquête post mortem, mais sur le drame émotionnel d'une fillette kidnappée et enfermée dans un cachot par un pédophile. Et ce, de l'aveu même du cinéaste : « Rouge vénitien : entretien avec Aldo Lado » (sur l'édition française DVD de *Qui l'a vue mourir ?*, chez « The Ecstasy of Films »).

de la défunte Ginevra) et un assaillant inidentifiable. Paradoxalement, il ne se passe pour ainsi dire rien, plus de trois minutes durant, si ce n'est une vague tentative d'assassinat vite avortée sur la personne de Franco, et l'on serait bien embarrassé de déterminer précisément qui fuit ou suit qui, qui pourchasse quoi. L'intérêt principal réside dans la géométrie de certains plans donnant, pour un peu, l'illusion de telle lithographie de M. C. Escher (« Relativité »), comme si le lacis labyrinthique des venelles et des canaux vénitiens se trouvait rabattu ou reflété sur un plan vertical, le concret se fondant dans l'abstrait. Comme si jusqu'au souvenir de la petite Roberta, dont même les obsèques auront été éludées, s'était définitivement dissipé dans l'espace désorientant de cette gigantesque carcasse, désossée et embrumée, rongée par la rouille et la mousse…

JOURNÉE NOIRE POUR UN BÉLIER (LUIGI BAZZONI) : C'EST UN ENFANT QUE L'ON TENTE D'ASSASSINER

La critique d'hier et d'aujourd'hui a déjà relevé à l'envi combien *Journée noire pour un bélier* constitue, en cette année 1971, l'archétype d'un genre pour ainsi dire parvenu à son apogée, dans une facture qui, en dépit de l'absence de ritualisation baroque ou opératique des scènes de meurtre, s'affiche comme sensiblement argentienne. Au reste, la sortie du film de Luigi Bazzoni ne s'insère pas tout à fait par hasard entre les deuxième et troisième volets de la « trilogie animale ». Elle précède, en outre, d'une bonne décennie, *Ténèbres*, que Dario Argento tourna dans les mêmes lieux et selon une esthétique proche, porteuse d'une ambiance urbaine tout aussi glaciale et délétère, à un moment où le giallo, déjà essoufflé, commence à passer de mode. *Journée noire pour un bélier* n'en demeure pas moins un opus éminemment bazzonien et a été régulièrement commenté pour sa composante la plus distinctement marquante. Celle-ci n'est autre que le cadre architectural du quartier de la capitale italienne dit l'EUR (acronyme pour « Esposizione Universale di Roma ») commué, jusque dans les scènes intérieures, en un espace tour à tour ou de conserve quadrillé, strié, biseauté, diffracté, spiralé ou encore creusé. Et ce, par la grâce de l'éclairage jouant volontiers du clair-obscur et du cadrage au cordeau dus au magistral chef-opérateur Vittorio Storaro. En résulte une géométrie monumentale, bien que fragmentée, et, avant tout, quasi abstraite, oppressante et déshumanisée, dans les rets de laquelle se trouvent englués les personnages – au premier chef, le protagoniste solitaire, Andrea Bild, interprété par Franco Nero. D'évidence, une telle spatialité est apte à tout à la fois prolonger, refléter et amplifier une perception diffuse de modernité mortifère et d'aliénation sociétale, voire de paranoïa. Ce serait, toutefois, faire bon marché d'une Rome sans doute moins spectaculaire mais plus inédite : celle des faubourgs ou des alentours immédiats et, pour autant, difficilement identifiables. Ainsi de ce long tunnel désert, nimbé d'un bleu blafard, où a lieu une première agression. Ou de ces piliers de pont, ventés et jonchés de détritus ou de gravats, sous ou contre lesquels s'abritent des amours clandestines ou tarifées. Ou encore, de cette villa à l'écart des regards, sertie dans un écrin verdoyant et luxuriant, où d'honorables notables viennent s'encanailler et se repaître des ébats d'un couple mineur. De cette fabrique désaffectée (encore une !), enfin, qui servira de cadre labyrinthique à la course-poursuite de l'épilogue.

Visage mal rasé et imper vissé sur les épaules, alcoolique et machiste, naviguant entre dépression et cynisme, maniant la brutalité et la compassion, le journaliste Andrea Bild est une figure d'anti-héros de film noir. Sa carrière de reporter est pour le moins compromise : d'abord démis de l'enquête sur une série de crimes inexpliqués sous la pression d'un actionnaire de presse influent, il se voit vite soupçonné par la police. Quant à sa vie sentimentale, elle semble partir à vau-l'eau, entre Lu, une jeune étudiante, avec qui il entretient une relation décousue et qu'il ira jusqu'à frapper sous le coup de la jalousie, et Hélène, une ancienne compagne en instance de divorce, dont il tente, vainement pour l'heure, de se rapprocher. Du mari fortuné dont elle se sépare (et qui ne sera identifié que sous la forme furtive d'un portrait encadré), Hélène a eu un enfant prénommé Tony, que l'on voit d'abord dormant à poings fermés dans son lit, sa mère le couvant d'un regard attendri dans l'entrebâillement de la porte, à son retour de la soirée de la Saint-Sylvestre qui ouvre le film. Cette image même de l'innocence et de la vulnérabilité, certes sous protection maternelle (mais celle-ci va se révéler illusoire ou défaillante à l'autre bout du film), s'apparente déjà à un îlot précaire, cerné en amont par la voix trafiquée sur bande du tueur en puissance et les tensions palpables sous le vernis festif du night-club, en aval par une agression dans un souterrain (elle-même suivie du meurtre sauvage de l'épouse infirme du Dr. Bini). Le garçon ne réapparaîtra, par la suite, qu'à deux ou trois brèves reprises. Lors de sa première visite à la luxueuse villa où Tony réside avec sa mère, Andrea semble vouloir jouer les pères de substitution : on l'aperçoit par la fenêtre s'exercer au ballon avec le garçon dans le jardin, pour bientôt s'émouvoir de ce que ce dernier « a beaucoup poussé ». Bien plus tard, on verra Tony en ciré jaune courir à la rencontre d'Hélène et Andrea qui flânent dans un parc bras dessus dessous à l'abri d'un parapluie. Si elles tendent éventuellement à suggérer un bonheur familial élusif, un modèle de famille nucléaire d'une criante inexistence dans l'univers du film, on peut penser que ces vignettes rares et éphémères revêtent aussi une autre fonction. Celle de mettre en relief, par contraste anticipé s'il se peut dire, la mise en danger de l'enfant lors d'une séquence prolongée préludant au dénouement, où la question spatio-architecturale évoquée plus haut va reprendre toute sa prégnance, dans le contexte d'un intérieur privé cette fois-ci. En ce sens, la scène en question ne peut qu'entrer en résonance avec celle du premier meurtre (laquelle n'était pas sans faire écho au crime inaugural de *La Baie sanglante* de Mario Bava, où la comtesse passe de vie à trépas dans sa chaise roulante). On y retrouve, en effet, les mêmes ingrédients. Montée de la tension et du suspense par dilatation diégétique de la phase préliminaire : plongée dans le noir par coupure de courant, objets déplacés, appel au secours à un absent (l'époux ou la mère). Une victime en position de faiblesse extrême (une paralytique ou un jeune enfant). Un cadre surdimensionné et opulent (ici tout en lambris et dorures, là ultramoderne et ceint de baies vitrées), structuré par un imposant escalier (ici en colimaçon, là rectiligne).

Considérons donc de plus près la tentative d'infanticide sur la personne du jeune Tony. Celui-ci est tiré des bras de Morphée, dans sa chambre du haut, par la sonnerie du téléphone dans le vaste salon de plain-pied. En pyjama et en chaussons, il descend lentement l'escalier de la villa baignée d'une pénombre bleutée, la hauteur de cathédrale de la bâtisse assimilant presque l'enfant à quelque minuscule figurine dans une maison de poupée. À l'autre bout du fil, sa mère lui annonce que son avion a hélas été retardé. Comprenant au cours de la brève conversation que la nourrice, Elsa, a été éloignée sous un faux prétexte pour faire en sorte que son fils se trouve seul au domicile, elle lui enjoint de verrouiller toutes les issues pendant qu'elle reste en ligne. Tony s'exécute méthodiquement, passant de pièce en pièce pour abaisser un à un les rideaux électriques. Il n'a pas plus tôt repris le combiné en main pour en informer sa mère qu'un bris de verre éclate, avant que les lumières ne s'éteignent brusquement. Dans la cabine téléphonique de l'aéroport, Hélène, impuissante, s'étrangle de terreur. Des pas sourds se faisant entendre dans l'habitation, Tony crie « Elsa ? C'est toi, Elsa ? ». Puis, filmé par un travelling arrière sous l'escalier dont chaque marche zèbre et masque sa frêle figure, il s'apprête à remonter à l'étage, avant de se raviser lorsque s'élèvent les notes d'une comptine anglaise aujourd'hui encore populaire dans la culture anglo-saxonne : « Pop ! Goes the Weasel ».

Elles émanent d'un jouet mécanique : non pas le traditionnel diable à ressort, mais une boîte transparente en forme de maison contenant des rouages colorés, actionnés par un petit personnage. Un gros plan nous en avait signalé la présence auprès de son lit au début du film. Indice à la fois d'une intrusion et d'une manipulation machiavélique, il est désormais incongrûment posé sur le radiateur d'un grand local vide (s'agit-il d'une sorte de garage ?), comme le constate Tony en collant son œil à l'entrebâillure de la porte – trope visuel maintes fois croisé et donc désormais familier. Un contre-champ nous confronte à une image uniment enténébrée, à l'exception d'un mince filet de lumière qui s'échappe de la fente (où la silhouette du petit blondin se distingue à peine) et hachure le cadre en diagonale[11]. L'enfant progresse à pas comptés dans le faible rayon lumineux projetant en avant de lui son ombre disproportionnée, ce qui le fait apparaître encore plus fluet et fragile dans la noirceur du cadre – allégorie iconique de la vulnérabilité infantile. Le criminel faisant brutalement irruption, Tony prend ses jambes à son cou, non sans être pris comme un lapin dans le faisceau de la lampe torche de son poursuivant. Fermant précipitamment une porte à clé derrière lui, il se faufile dans un étroit boyau cimenté qui n'est pas loin d'évoquer

11 Un effet similaire de personnage pris dans une fine rainure verticale de lumière, isolée à l'écran dans un noir total, se retrouve dans un plan de *La Maison aux fenêtres qui rient* de Pupi Avati où le protagoniste, prenant ses quartiers dans une demeure censément inoccupée (à l'exception d'une invalide alitée), entend des pas gravissant l'escalier et, intrigué, vient encadrer sa silhouette dans le chambranle de sa chambre.

une version domestique, tout aussi oppressante et « claustrophobique » mais encore plus éprouvante, du tunnel dans lequel John Lubbock (qui, ironiquement, s'avérera le meurtrier sadique) est frappé à la tête par un inconnu dans les premières minutes du film. Précisons, en outre, que la jeune adolescente du *Ténèbres* de Dario Argento, que pourchasse un Doberman enragé, se réfugiera dans un passage tout aussi lugubre du sous-sol d'une autre villa moderne spacieuse. Par un sort funeste, elle vient en réalité de se jeter dans la gueule d'une créature bien plus redoutable encore, en pénétrant dans l'antre du maniaque du film qui, justement, s'apprête à tourner la clé dans la serrure…

Journée noire pour un bélier a néanmoins pour spécificité que la domesticité du lieu, *a priori* garante de sécurité et de familiarité, s'y effrite au cours de la persécution du petit Tony, tant la topographie est rendue méconnaissable et se fait désorientante sous l'effet conjugué de l'intense obscurité, des mouvements de caméra et des effets de zoom violents, tout comme du montage sec et cinétique. Si la spatialité semble même en devenir illogique ou irréaliste, c'est que l'épisode s'apparente à un cauchemar éveillé, à un condensé de peurs enfantines primaires, tournant autour de la figure d'un ogre ou d'un croquemitaine, dont l'incomparable *Nuit du chasseur* de Charles Laughton a gravé un immuable référent dans la mémoire cinéphilique. Reculant dans la galerie exiguë, le jeune garçon se trouve dès lors pris au piège d'une sorte d'impasse. De la nuit d'encre qui l'enveloppe ne se dégage plus, en point de fuite, qu'une goutte de lumière : le trou de serrure de la porte qui ne tarde pas à céder sous les coups de butoir de l'assaillant. Du puits de lumière (comme si celle-ci tombait, inexplicablement, de quelque soupirail carcéral) où il est acculé, l'enfant se couvre les yeux, terrorisé par les deux mains gantées arachnéennes qui, emplissant le cadre en grand-angle, s'avancent vers lui pour l'étouffer (Fig. 40) et serviraient avantageusement d'emblème au film de Siodmak, *The Spiral Staircase*, tout au moins sous son intitulé français : *Deux mains, la nuit*. Il faudra l'intervention *in extremis* de la figure quasi paternelle d'Andrea pour secourir Tony en l'arrachant aux griffes du tueur. La poursuite échevelée qui s'engage alors entre les deux hommes les amène, une fois quittée la demeure, à passer par divers types d'espace déjà rencontrés dans le film (parc, tunnel) avant de parvenir à un lieu inédit, une manufacture abandonnée, pour l'affrontement final. Tout défait et appréhendé qu'il soit à l'issue de cette lutte, c'est, non sans ironie, au criminel que reviennent les dernières paroles du film, sous la forme d'un enregistrement sur bande magnétique. À l'unisson de cette surprenante *œuvre au noir* qu'est l'*opus magnum* de Francesco Barilli[12], cet ultime message est d'un sens on ne peut plus cryptique et d'une tonalité on ne peut plus sombre : « Un enfant, bien qu'innocent, est un être malheureux à l'état d'embryon »…

FIG. 40 – Luigi Bazzoni, *Journée noire pour un bélier*, 1971.

12 Voir *infra* la section consacrée au *Parfum de la dame en noir*.

ALICE AU PAYS DU GIALLO

Des adultes qui redeviennent des enfants, des enfants qui reviennent vers les adultes

LE COUTEAU DE GLACE (UMBERTO LENZI) : L'HISTOIRE DE LA SOURIS, OU LA VOIX DE L'ENFANCE

Les exégètes du genre ont curieusement peu relevé qu'une gerbe de gialli, dont *Le Parfum de la dame en noir* de Francesco Barilli et *Le orme* de Luigi Bazzoni sont assurément les plus beaux fleurons, fait référence tantôt explicite tantôt implicite, tantôt soutenue tantôt ponctuelle au très célèbre roman de Lewis Carroll, *Les Aventures d'Alice au pays des merveilles* (1865) – à tout le moins, à son héroïne éponyme, figure enfantine pour le moins atypique. Il faut dire que, dès le seuil, le livre n'est peut-être pas sans préfigurer, quarante ans à l'avance, l'art cinématographique par la référence aux images et aux dialogues[1], ni sans thématiser la question de l'ennui dont nous avons vu combien elle importe pour le genre spécifique du giallo. Rappelons ce célèbre *incipit* :

> Assise à côté de sa sœur sur le talus, Alice commençait à être fatiguée de n'avoir rien à faire. Une fois ou deux, elle avait jeté un coup d'œil sur le livre que lisait sa sœur ; mais il n'y avait dans ce livre ni images ni dialogues : « Et, pensait Alice, à quoi peut bien servir un livre sans images ni dialogues[2] ? »

D'où peut-être que, depuis les premiers temps du muet, les adaptations, transpositions et autres réappropriations filmiques n'ont pas manqué, en amalgamant parfois le Grand Œuvre à ce qui constitue sa suite : *De l'autre*

1 À noter, toutefois, que « dialogues » traduit le terme plus neutre, ou générique, de « *conversations* » dans le texte anglais.

2 Lewis Carroll, *Les Aventures d'Alice au pays des merveilles*, in *Tout Alice* (trad. Henri Parisot), Paris, Flammarion, 1979, p. 95.

côté du miroir et de ce qu'Alice y trouva (*Through the Looking-Glass, and What Alice Found There*, 1871). À cet égard, les années 1970 se révélèrent particulièrement fécondes dans leur hétérogénéité même. Citons pour le tout début de la décennie : la fiction française éponyme pour la télévision française due à Jean-Christophe Averty ; *Le Passager de la pluie* de René Clément[3] ; *Alice ou la dernière fugue* de Claude Chabrol[4]. Un peu plus tard, ce seront *Black Moon* de Louis Malle ou encore, pour la figure du Lapin Blanc notamment, *Céline et Julie vont en bateau* de Jacques Rivette. Et pour ne rien dire de ces deux œuvres tchèques à résonances surréalistes que sont *Valérie au pays des merveilles* de Jaromil Jireš et, à la décade suivante, *Alice* de Jan Švankmajer.

En contrée plus spécifiquement giallesque, *Le Couteau de glace* d'Umberto Lenzi constitue peut-être un premier exemple, aussi saillant que diffus, d'avatar alicien et de référence au modèle carrollien. Plus enclin, ici comme ailleurs, au calque (éventuellement déceptif, comme dans la citation apocryphe de Poe qui ouvre le film) qu'à l'inventivité, Lenzi va glaner des éléments visuels ou thématiques chez Fulci (yeux perçants en très gros plan) et Martino (hippie sataniste) tout en empruntant au Siodmak de *Deux mains, la nuit* sa prémisse narrative. Résumons celle-ci, version lenzienne, d'un mot. Un grave traumatisme d'enfance (la mort brutale des parents) a privé une jeune femme de l'usage de la parole : elle ne le recouvrera qu'à la toute fin de l'histoire, suite à un autre choc émotionnel. D'où le *twist* de rigueur : la frêle et vulnérable damoiselle en détresse s'avèrera moins victime que meurtrière – au motif bien peu crédible qu'elle jalousait sa cousine, Jenny Ascot, pour sa voix de chanteuse à succès… Pour sa quatrième et ultime collaboration avec Lenzi, Carroll Baker (au prénom prédestiné !) incarne donc l'aphasique Martha Caldwell dont les allures de *femme-enfant*, ici moins érotisées que régressives, il est vrai, ne sont pas sans renvoyer aussi à son rôle-titre dans le *Baby Doll* d'Elia Kazan. Présageant les films de Barilli et de Bazzoni, un personnage de petite fille vient, au reste, servir de double ou d'externalisation de l'enfant « interne », refoulé ou oublié, non sans l'ambiguïté ou le brouillage d'un lien maternel apparent : aux

3 Ce film s'ouvre sur une citation plein écran extraite du chapitre inaugural du chef-d'œuvre de Carroll, invitant à identifier à la jeune Alice l'héroïne infantilisée et abusée qu'incarne Marlène Jobert. Pour faire bonne mesure, Clément (ou, plus sûrement, son scénariste pour les deux films, Sébastien Japrisot) inscrira, deux ans plus tard, en épigraphe à *La Course du lièvre à travers les champs*, un distique du poème liminaire de *De l'autre côté du miroir*.

4 Sur ce film de Chabrol aujourd'hui encore délaissé par la critique, voir mon étude : « *Alice ou la dernière fugue* : entre singularité et intertextualité », *Contre Bande*, n° 20, 2011, p. 77-89.

yeux du Dr. Laurent, Martha et la petite Christina sont comme « mère et fille ». Avant d'être retrouvée étranglée sur la pelouse de la propriété, c'est à plusieurs reprises que Christina montre sa frimousse à l'écran. Au fil de ses apparitions, elle se prend d'une affection grandissante pour Martha dont elle représente, physiquement, le miroir enfantin : même chevelure blonde et mêmes yeux d'un bleu délavé, même mine innocente. La plus jeune appelle son aînée « princesse » ; elles s'ébahissent d'un chaton ; elles s'échangent des présents (un collier Snoopy pour un Donald Duck mécanique) ; elles jouent à colin-maillard (Fig. 41). Par un tour d'ironie tragique, la fillette rédigera dans son journal intime une prose malhabile mais touchante en ce qu'elle s'inspire de l'imagerie populaire, autour d'un indice incriminant pour Martha : le médaillon Snoopy maculé de sang, retrouvé dans le bosquet où a péri la seconde victime, Annie Britton. « Vilain Snoopy », écrit-elle en toute candeur, « tu as abandonné tante Martha et tu t'es caché dans les bois où le grand méchant loup a tué Mme Britton. Tu étais tout plein de sang. Tu étais blessé, je me suis occupée de toi et t'ai soigné. Maintenant, tu dois être puni… ». Contrairement à d'autres enfants de gialli, témoins directs bien qu'involontaires de scènes de meurtres, comme on a pu le voir, Christina ne mesure pas la portée de cet élément à charge. C'est ce qui lui vaudra, hélas, d'être éliminée par l'héroïne, qui plus est, par strangulation, comme s'il s'agissait justement de la faire taire, de lui ôter, à elle aussi, la parole.

FIG. 41 – Umberto Lenzi, *Le Couteau de glace*, 1972.

L'idée de châtiment contenue dans le journal de Christina fait lien avec un autre texte, célèbre celui-là : un bref poème calligrammatique plutôt qu'une prose naïve, issu du chapitre trois d'*Alice au pays des merveilles*. L'argument en est aussi simple que déroutant : le roquet Fury décide par oisiveté d'intenter à la Souris un procès où il sera à la fois juge et partie, se faisant fort dès lors de la condamner à mort. Graphique par excellence (le poème sinue sur la page de la version imprimée à la semblance du long appendice du rongeur), l'histoire (*tale*) dite de la souris est aussi, selon la paronomase ludique carrollienne, la queue (*tail*) de l'histoire (du film). L'on n'ignore pas que, conformément là encore à l'idiome anglo-saxon, le poison, soit la mauvaise surprise, tend à se manifester en dernière instance (*the sting in the tail*). Or, dans *Le Couteau de glace*, c'est, rapportée au mutisme de la protagoniste, la forme de l'oralité qui prévaut *via* ce symbole, récurrent dans le genre, d'une certaine modernité technologique qu'est le magnétophone à bande. Laquelle bande fait, si l'on peut dire, boucle entre l'*incipit* (ou peu s'en faut) et l'*explicit*, comme si le récit se mordait la… queue. Tôt dans la diégèse, en effet, Martha actionne un appareil de ce type pour écouter une enfant récitant « The Mouse's Tale », avant d'être bissée avec ferveur : « Fury dit à une souris qu'il avait trouvée au logis : "Allons devant le tribunal. Je te poursuis devant la loi…" ». On comprendra dans les dix dernières minutes du film, l'héroïne remettant en route le magnéto pour conjurer sa peur lors d'une intrusion à son domicile[5], que la voix enregistrée appartenait à nulle autre que Martha, jeune écolière, s'exécutant devant un parterre d'enseignants, de camarades et de leurs parents. Le physiologique se trouvant lié au psychique, le cri poussé par Martha à l'épilogue desserre moins le trauma qu'il n'y reconduit, libère moins la parole qu'il ne renoue avec la relique machinique de la voix de l'enfance. Arrêtée et escortée (vers un destin qui pourrait s'apparenter à celui que Fury promet à la Souris…), Martha se met ainsi à psalmodier de sa sonorité recouvrée le poème carrollien de son passé, sombrant durablement dans la régression infantile et la psychose morbide.

---

5 L'écart est ici patent avec l'usage que les psychopathes de Dario Argento, exemplairement la mère de Carlo (également prénommée Martha !) dans *Les Frissons de l'angoisse*, peuvent faire de tels enregistrements sonores (le plus souvent, on l'a vu, l'air d'une comptine), à titre de réactivation d'un trauma originel et/ou comme vecteurs de menace et d'effroi.

LE PARFUM DE LA DAME EN NOIR (FRANCESCO BARILLI) : UN THÉ CHEZ LES FOUS

Tout comme *Pensione paura*, l'autre long métrage notable de Francesco Barilli au sein d'une filmographie dont on ne peut que regretter la brièveté sous la rubrique de la réalisation[6], *Le Parfum de la dame en noir* (1974) est une œuvre difficilement classifiable en ce qu'elle apparie film d'auteur (ou d'esthète) et pluralité de genres (giallo à machination, fantastique tendance « *female Gothic* », sous-genre du « *gaslighting* », film de cannibales[7]). Sur un plan narrativo-visuel, il y aurait plutôt un enchevêtrement de prolepses et d'analepses, d'emboîtements et de décadrages, de l'opacité et du dévoilement. En termes de scénographie comme de décor, enfin, se trouvent accouplés art majeur et art mineur, classicisme et modernisme. Aucun esprit d'inféodation stricte, donc, à un *filone* spécifique, malgré l'indéniable réinscription de motifs ou d'artifices ailleurs brassés *ad nauseam* : scène primitive ou traumatisme de l'enfance ; effets d'amorce et fausses pistes ; maniaques sexuels. C'est là s'en tenir à la seule geste giallesque, dont la véritable fonction paraîtra plus justement de jeter des passerelles inescomptées, de faire sourdre des filiations ou des points de jonction entre des imaginaires (littérature pour enfants, horreur et sexualité) et des territoires épistémologiques (psychanalyse, ethnologie) trop souvent tenus pour, sinon immiscibles, peu connexes.

Il faut dire que la genèse même du *Parfum de la dame en noir* s'est déployée sous l'égide du croisement, en assemblant deux projets scénaristiques hétérogènes mais peu ou prou concomitants auxquels Barilli, de retour d'un séjour de six mois dans la jungle congolaise qui lui a notamment permis d'assister à des rites vaudou, est attelé. L'un concerne

6 Pour une confrontation de ces deux films, encore trop peu étudiés, je me permets de renvoyer à mon essai : « Francesco Barilli : stations du cauchemar », in Frank Lafond (dir.), *Cauchemars italiens*, Vol. 2 (« Le Cinéma horrifique »), Paris, coll. « Champs visuels », L'Harmattan, 2011, p. 83-108.

7 Rappelons que Barilli écrivit, avec Massimo D'Avack, son complice privilégié (ils collaborèrent également sur les scénarios de *Qui l'a vue mourir ?* et… *Le Parfum de la dame en noir*), le script d'*Au pays de l'exorcisme* d'Umberto Lenzi, précurseur du sous-genre cannibale.

un cas de névrose (ou de schizophrénie) féminine ; l'autre porte sur une secte secrète, dont les riches célébrants se réunissent nuitamment dans les égouts de la ville de Genève pour se livrer au cannibalisme. Face à la pusillanimité des producteurs, le cinéaste en herbe finit par se décider à fusionner les deux histoires et à mettre en exergue l'idée d'un complot occulte poussant la victime désignée jusqu'à la folie et au suicide pour mieux la « consommer »... Le film abouti sera ainsi la rencontre d'une cabale externe et d'une faille interne, sans qu'on puisse tout à fait trancher entre les deux : l'une est-elle la cause de l'autre ou s'agit-il d'une mise en miroir ? Ce dernier élément est aussi très concrètement récurrent chez Barilli, à commencer par le reflet obsédant, dans une psyché, de sa mère vêtue d'une robe noire à pois blancs, assise dans un fauteuil en osier et se vaporisant lascivement de parfum à l'aide d'un flacon à poire. Psyché qui est aussi, en un sens figuré, celle de la protagoniste, Silvia Hacherman... Quoi qu'il en soit, l'une (cabale) se lirait à l'envers de l'autre (faille), à l'instar, en quelque sorte, de « Jabberwocky », ce poème inversé à l'impression figurant au premier chapitre de *De l'autre côté du miroir* de Lewis Carroll et qu'Alice ne parvient à déchiffrer qu'à l'aide d'une glace[8]. En somme, c'est peut-être, au-delà même d'une logique onirique (dont on a pu identifier bien des occurrences dans les œuvres précédemment étudiées), la très *British* notion de *nonsense*, implicitement véhiculée par l'emprunt du paradigme carrollien, qui, on le verra, permet de donner... sens au film, à défaut d'en fixer un.

Encore faudrait-il ajouter à Lewis Carroll et son Alice un très conscient et méticuleux feuilleté intertextuel, fût-il, dès son titre, en trompe-l'œil (involontaire) : aucun rapport avec le roman homonyme de Gaston Leroux (1908), reconnaît sans ambages Barilli quand on l'interroge. Encore que les aventures de Rouletabille inaugurées par l'immortel *Mystère de la chambre jaune* (1907) aient en partage avec non seulement ce premier giallo de Barilli mais son suivant (*Pensione paura*) un schéma œdipien explicite qui confond enquête et quête de soi-même. Les voies empruntées pour mettre à jour une telle structure sont, certes, de nature très différente. Chez Leroux, prime le strict usage d'une méthode hypothético-déductive (ou, selon l'expression restée fameuse du jeune journaliste et limier amateur,

8 « C'est bien sûr, un livre du Miroir ! Si je le tiens devant une glace, les mots vont se remettre à l'endroit. » (*De l'autre côté du miroir et de ce qu'Alice y trouva*, in *Tout Alice*, *op. cit.*, p. 222).

du « bon bout de la raison ») établissant que, amoureux à son insu de sa propre mère, Mathilde Stangerson, dont ne lui reste qu'une réminiscence olfactive (sa fragrance !), Rouletabille a poussé au suicide son père dissimulé sous l'identité du criminel Balmayer *alias* Frédéric Larsan. Chez Barilli, c'est la reconstruction fragmentée et fantasmée d'un traumatisme ancien (encore enfant, Silvia aurait été témoin des amours adultères ou vénales de sa mère, avant de se sentir menacée physiquement par l'amant ou le client, aussi patibulaire que libidineux, de cette dernière) qui semble suggérer – serait-ce par identification, intériorisation ou cristallisation ? – un transfert de culpabilité et/ou de rivalité aboutissant à l'élimination violente de l'*imago* maternelle. Plus largement, les références quasi citationnelles parsèment l'opus barillien de part en part. Mentionnons, entre autres, de Roman Polanski : *Répulsion*, pour son ancrage naturaliste autour de la psychose et des hantises sexuelles ; *Rosemary's Baby*, pour la thématique de la conspiration ésotérique et de la victimisation. De Mario Bava : *Opération peur* et sa figure spectrale d'une petite fille vêtue de blanc ; *Une Hache pour la lune de miel*, pour la révélation en flash-backs progressifs d'une scène traumatique de l'enfance ; *Lisa et le diable*, pour ce qui a trait à l'empaillement et, on y reviendra, à la tablée de convives sans vie. De Nicolas Roeg : la médium aveugle de *Ne vous retournez pas*. De Hitchcock : *Pas de printemps pour Marnie*, dont le freudisme platement « explicatif » se retourne en nébulosité ou en indécidabilité. Et ne peut-on penser, en sens inverse, que la très ponctuelle transposition giallesque des *Aventures d'Alice au pays des merveilles* de Lewis Carroll mise en œuvre dans *Le Parfum de la dame en noir* a nourri la magistrale relecture, en mode épouvante, de la *Blanche-Neige* des studios Disney proposée par Dario Argento dans *Suspiria* ? Le pensionnat argentien clandestinement voué à la sorcellerie n'entre-t-il pas d'ailleurs en résonance avec la confrérie souterraine barillienne dédiée, elle, à l'anthropophagie ? Il n'est pas non plus interdit de conjecturer que l'art du suspense « déceptif » et de l'angoisse intangible, à base de lents mouvements d'appareil et de jeu avec le hors-champ, déployé par Pupi Avati dans *La Maison aux fenêtres qui rient*, est en partie redevable à Barilli – l'un et l'autre étant sans doute inspirés par l'incontournable précurseur, Mario Bava.

On se souvient qu'Alice « aimait beaucoup à faire semblant d'être deux personnes », précision faite alors même que, la taille réduite à vingt-cinq centimètres, elle s'avoue qu'« il reste à peine de moi-même pour faire une seule personne digne de ce nom[9] ! ». Il n'est donc guère surprenant que le cadre de référence alicien soit amené, dans *Le Parfum de la dame en noir*, par l'irruption d'un double-enfant de l'héroïne à la faveur des résurgences d'une scène originaire déjà évoquée. Celle-ci se manifeste sous la forme de flash(back)s de sa mère se parfumant ou se donnant sexuellement à un homme, volontiers déclenchés par la vision d'un objet en apparence anodin, tel ce vase coloré à la devanture d'une boutique, dont la thèse de la conspiration aurait tôt fait d'insinuer qu'il a pu être placé là délibérément. À défaut de les passer toutes au peigne fin de l'analyse, attardons-nous au moins sur deux des moutures concernées qui actionnent le subtil mécanisme de bascule entre la petite et la grande Silvia. Revivant visuellement ou se re-projetant mentalement, au sein de son propre appartement de femme adulte, la séquence du coït maternel extra-conjugal, la protagoniste brandit une paire de ciseaux qui venait de lui servir à découper la tête de son père sur des photos de famille ressorties de ses archives[10]. Elle s'en sert aussitôt pour blesser au visage le « partenaire » de sa mère, lequel avait fini, dans ce scénario fantasmatique, par délaisser cette dernière sur le lit, préférant rencogner Silvia contre un mur dans un dessein que l'on devine inavouable. Un insert en montage *cut* (la petite Silvia s'apprêtant à entailler la pommette du sinistre sire) souligne, en une fraction de seconde, la portée castratrice du geste, tout en faisant communiquer passé (le trauma originaire) et présent (sa récurrence à l'âge mûr). Un semblable effet de *raccord* est plus subtilement perceptible dans une première variante scopique, en quelque sorte « auto-voyeuriste », de la scène de matricide. Collant l'œil au trou d'une serrure de porte de son logis, Silvia « re-voit », en effet, sa mère en robe noire à pois blancs déployant un drapeau italien. Elle finit par pousser la porte pour entrer dans la pièce – pour passer, telle l'Alice de Lewis Carroll, de l'autre côté du miroir. Aux accents d'une bande-son faisant se succéder musique sérielle inquiétante, flonflons de fête nationale et reprise du thème principal, la mère s'est assise sur le rebord de la terrasse pour y suspendre

9 *Les Aventures d'Alice au pays des merveilles*, in *Tout Alice*, *op. cit.*, p. 101.

10 Les dites photos ne sont pas sans créer un écho visuel avec le cliché un brin suranné, en plan fixe et à valeur d'emblème, du générique. Il représente une très jeune fille (Silvia) tenant dans ses bras une poupée dans la position d'un nouveau-né endormi (on y verra rétrospectivement cet « enfant interne » que la diégèse va progressivement objectiver et, à tous sens, installer). Elle est entourée de ses parents : son père, officier de marine, main posée sur sa frêle épaule, vêtu comme elle de blanc, et qu'elle chérit du regard ; sa mère, légèrement décalée par rapport à eux et vaguement distante.

son fanion. À pas mesurés, Silvia s'approche et la précipite soudainement dans le vide, puis rentre dans la pièce à reculons. Au plan suivant, nous la découvrons tapie derrière une commode, telle une enfant apeurée ou prise en faute, mais bel et bien dans son corps ou sa peau d'adulte.

Le judas de la porte d'entrée (alternant avec un gros plan de l'œil de Silvia) viendra plus tard relayer cette figuration de la pulsion scoptophilique qui brouille les couches spatio-temporelles et les degrés de réalité en préambule aux « meurtres » du voisin (Rossetti) et du petit-ami (Roberto). Retour du refoulé, paranoïa, syndrome obsidional, pulsion de meurtre finissent par se confondre au sein d'un paysage mental instable et moiré. « Vivre, ne serait-ce qu'un rêve ? », comme le lit à haute voix Silvia. Il n'aura pas échappé aux connaisseurs de l'œuvre carrollien qu'il s'agit là du dernier vers d'un poème clôturant *De l'autre côté du miroir* (« *Life, what is it but a dream ?* ») et servant de dédicace acrostichique de l'auteur à sa muse, la petite Alice Pleasance Liddell, laquelle continue d'habiter ses pensées (« *Still she haunts me phantomwise…* »). Les spectateurs attentifs du *Parfum de la dame en noir* auront, quant à eux, relevé que le passage de l'autre côté, actualisé par la lecture de Lewis Carroll, survient en bout de chaîne de deux traversées immédiatement antérieures préfigurant le finale du film au sein d'obscurs souterrains. Dans un premier temps, la dépouille de la voisine Francesca, recouverte d'un linceul de lin blanc où repose une rose rouge, s'engouffre dans la trappe du four crématoire. Dans un second, Silvia franchit sans raison discernable, lors d'une déambulation nocturne, un tunnel éclairé d'un vert blafard qui rappelle celui emprunté par un cortège de présumés sectateurs. Les apparitions ou « visions » dont nous avons fait état sont précisément liées – très tôt et en profondeur – non seulement à la figure éponyme d'*Alice au pays des merveilles*, mais également au motif du judas, ambivalent en ce qu'il s'enlève sur fond de claustrophobie et de psychose, la maîtrise du guet n'allant pas sans une sourde impression d'être soi-même observé et menacé, voire envahi. L'installation initiale de « la petite Silvia » s'opère, en effet, après qu'on a sonné à la porte de l'héroïne et que celle-ci a regardé à travers l'œil-de-bœuf pour constater l'absence apparente de tout visiteur. L'alter ego enfant ne tarde pas à se manifester dans l'escalier, à pénétrer de son propre chef dans l'appartement et à y prendre ses aises. Rien d'étonnant, somme toute, à cela. Comme elle le suggère la première, la fillette n'est que l'émanation ou la projection de l'inconscient de Silvia, l'exaucement ou l'accomplissement d'un désir enfoui : « C'est toi qui m'a appelée, Silvia ».

Outre l'influence physionomique et vestimentaire de Melissa Graps, la petite revenante d'*Opération peur* de Mario Bava, une double inspiration est, selon les dires de Francesco Barilli lui-même[11], à la source de son personnage de *doppelgänger* infantile. S'impose d'abord à lui, une notion s'accordant aux *topoï* fantastiques que sont l'échange de personnalités et les phénomènes hallucinatoires : celle d'« enfant intérieur », dont lui parlent des psychologues consultés pour le film et qu'il s'empresse de transposer en l'« extrayant » de Silvia. D'où le choix idoine, pour le rôle, de Mimsy Farmer[12], actrice habituée à incarner des *personae* peu ou prou liés, sous couvert de déséquilibre psychologique ou de fragilité physique, à une certaine image de la *femme-enfant*, même si elle fut d'abord perçue, dans le sillage du *More* de Barbet Schroeder, comme l'égérie du mouvement hippie et une icône de la libération sexuelle. Dans le registre du giallo, on pensera notamment à ses prestations dans *Quatre mouches de velours gris* de Dario Argento, déjà abordé en relation avec l'enfance maltraitée, mais aussi à *Frissons d'horreur* d'Armando Crispino, dont la dynamique psychosexuelle, névrose et frigidité en tête, n'est pas sans rapport avec *Le Parfum de la dame en noir*. La place nous fait défaut pour examiner de près le film de Crispino qui, tout en se tenant à distance respectable du canon argentien, met en abyme et en relief la plupart des ressorts du genre jusqu'à sembler viser non seulement une exhibition complaisante des possibles narratifs (notamment en termes de faux coupables), mais encore leur exténuation quasi systématique[13]. Aux côtés de Mimsy Farmer, c'est à l'Allemande Lara Wendel (qui n'est pas encore en âge d'incarner des personnages de « lolitas ») que Barilli confie le rôle de la petite Silvia.

---

11 Voir l'entretien accordé par le réalisateur en janvier 2008 à Roberto Curti, Stefano Lecchini et Davide Ottini : « Francesco Barilli : Artista… della paura » (http://www.horror.it/index.php?option=com_content&task=view&id=959&Itemid=30) (consulté le 01/11/2024).

12 Autre hasard objectif : le prénom d'artiste de l'Américaine (qui, pour l'état civil, se nomme Merle Farmer) est un emprunt au poème « Jabberwocky » de Lewis Carroll, mentionné ci-dessus, dont l'un des multiples mots-valises (*mimsy*) combine, selon l'explication qu'en donne à Alice Humpty-Dumpty dans *De l'autre côté du miroir*, les deux vocables *flimsy* (« frêle ») et *miserable* (« malheureux »).

13 Ceci n'exclut pas, chemin faisant, l'éclosion de quelques trouvailles : les suicides en chaîne du prologue ; les macchabées ressuscités à la morgue et soudainement animés d'irrépressibles pulsions libidineuses ; le musée de criminologie ; le sommeil de l'héroïne brièvement troublé par le cadavre nu et accusateur de la première victime ; le coupable se confessant en toute impunité à sa tante à l'ouïe défaillante, puis devant la photo encadrée de son père défunt.

L'idée lui viendra, ensuite, de modeler sa protagoniste non pas tant sur le personnage de Cendrillon (enfant non pas curieuse ou « fugueuse », mais rejetée ou persécutée) que sur celui d'Alice qui est, aux yeux du cinéaste, « pure folie[14] ». À partir de là, elle permet, loin d'un simple cas de crise identitaire, d'orienter peu à peu le film aux confins de la rationalité et de la réalité – au-delà même de tout principe de non-contradiction.

La petite apparaît d'abord à son avatar adulte au cours d'un incident sur un court de tennis, la paume de Silvia, lorsqu'elle se saisit de sa raquette, se trouvant piquée par un clou saillant inexplicablement du manche. Serait-ce l'effet du saignement de sa main, ou, plus sûrement, le geste « vampirique » de son partenaire de jeu, Andy, un universitaire d'origine africaine qui l'avait déjà ébranlée, lors d'une soirée, par ses évocations de rites de sorcellerie et de sacrifices humains, et qui, à présent, non content de l'essuyer avec un mouchoir blanc, se met à aspirer le sang de sa plaie[15] ? Toujours est-il que Silvia est subitement sujette à un malaise d'ordre hallucinatoire. Elle croit apercevoir au loin, par-delà le grillage, une très jeune fille blonde et vêtue de blanc à sa ressemblance qui, les bras écartés, tournoie sur elle-même telle une ballerine mécanique, accompagnée sur la bande-son par une version « boîte à musique pour enfants » du thème principal du film dont les notes ont été égrenées, juste avant, au cours du premier flashback de la scène primitive coïtale. Nulle surprise, au regard de ce régime fantasmagorique, à ce que l'enfant en robe blanche à ceinture verte et souliers vernis lui montre son coffret à musique, à peine s'est-elle installée, de son propre chef, dans l'appartement de Silvia (Fig. 42). Et ce, sans plus de solution de continuité qu'entre la vie réelle ou éveillée d'Alice et l'irruption du Lapin Blanc aux yeux roses, chez Lewis Carroll, avant qu'elle ne s'élance sur ses traces et ne s'engouffre dans son terrier. Ce coffret, c'est « son jeu préféré », précise la fillette barillienne. Silvia le reconnaît pour sien au bras cassé de la danseuse (symbolique fêlure), et exige, non sans un regard subitement comminatoire, qu'il lui soit restitué. Sans se

---

14 Voir l'entretien en ligne cité (« Francesco Barilli : Artista… della paura »). Signalons qu'une référence supplémentaire à un imaginaire de l'enfance nourri de contes populaires se glisse très discrètement au cours d'un appel depuis une cabine téléphonique, la caméra panotant vers une affiche de cinéma, barrée d'un « fermeture estival », d'*Aladin et la lampe magique*…

15 À Silvia notant que le blanc d'une des chaussures de son voisin Rossetti est taché de rouge, celui-ci répondra de manière à la fois nonchalante et peu crédible que, *depuis l'enfance*, il saigne du nez quand il pleut… Ce bi-chromatisme (rouge-blanc) est, au reste, récurrent dans le film, sans doute en signe annonciateur du sacrifice final.

démonter, la petite décline au motif que Silvia est « vieille à présent ». Elles n'en vont pas moins devenir d'inséparables camarades de jeu – et ce, jusqu'à la mort, puisque, aussi bien, elle ne font qu'une…

FIG. 42 – Francesco Barilli, *Le Parfum de la dame en noir*, 1974.

FIG. 43 – Francesco Barilli, *Le Parfum de la dame en noir*, 1974.

De fait, les allusions au *jeu*, dans toute sa polysémie mais plus spécifiquement dans sa composante enfantine, abondent dans le film et tendent à tisser des liens avec la thématique scopique. Roberto intime, par exemple, à Silvia, qui vient d'avoir une première *vision* de sa mère se parfumant généreusement, de cesser de « faire l'enfant ». Lors de la séance de spiritisme, c'est au moment où Silvia déclare ne plus vouloir « jouer » que la médium, la contredisant (« ce n'est pas un jeu ») et lui imposant de refermer les yeux, se met à *voir* Silvia enfant. C'est dans ce contexte que le processus d'identification avec la figure d'Alice, innervé par la lecture d'extraits du texte original, va progressivement se teinter de nuances lugubres et faire se côtoyer, entre Silvia et son double, fou rire (à la fois enfantin et hystérique) et complicité meurtrière. En découle un dénouement à double détente, avant même l'épilogue en forme d'électrochoc. Le premier pan consiste, autre forme de « redistribution » d'une autre forme de scène primitive, en une version particulièrement macabre d'« Un thé chez les fous ». On sait que c'est là l'un des épisodes d'*Alice au pays des merveilles* (ch. VII) les plus pénétrés de *nonsense*, avec ses paradoxes temporels, ses devinettes sans réponse ni solution et ses histoires abracadabrantes en queue de poisson. Une phrase telle que « La remarque du Chapelier lui semblait dépourvue de toute signification, et pourtant elle était grammaticalement correcte[16]. » en livre même une manière de définition. Après le meurtre, en geste d'auto-défense, de Nicola, l'ancien amant de la mère, et celui, à coups de hachoir, du voisin de palier, signore Rossetti, Silvia et l'enfant, assises côte à côte sur le sofa, reprennent en duo leur lecture du conte (la première récitant de tête, la seconde parcourant des yeux le livre qu'elle tient ouvert) (Fig. 43) :

> « Tiens, le loir s'est rendormi », fit observer le Chapelier, et il lui versa un peu de thé chaud sur le museau.
>
> Le Loir secoua la tête avec impatience, puis marmotta sans ouvrir les yeux : « Bien sûr, bien sûr, c'est exactement ce que j'allais dire ».
>
> « As-tu trouvé la réponse à la devinette ? », demanda le Chapelier en se tournant vers Alice.
>
> – « Non, j'y renonce ; quelle est la réponse ? »
>
> – « Je n'en ai pas la moindre idée », dit le Chapelier[17].

16 *Les Aventures d'Alice au pays des merveilles*, in *Tout Alice*, *op. cit.*, p. 149-150.

17 Je restitue ici une traduction plus scrupuleuse de l'extrait, laquelle rétablit notamment l'attribution de la dernière phrase au Chapelier (et non pas à « la douce Alice », comme le

À l'issue de ce dialogue disjonctif, une seule certitude : outre Alice, ici dédoublée en Silvia et son incarnation enfantine (les deux figures se trouvant même un peu plus tôt démultipliées dans les grands miroirs de la coiffeuse), il faut trois convives à l'occasion de cette collation. À savoir, le Loir encadré par le Lièvre de Mars et le Chapelier fou. Faute de quoi, comme l'insinue à bon droit la petite Silvia, impossible de jouer *le* jeu, pas plus que jouer *au* jeu. Qu'à cela ne tienne : il suffira d'occire une tierce victime, Silvia endossant pour l'occasion les velléités castratrices de la Reine de cœur, en quelque sorte. Aussitôt dit, aussitôt fait. Ce sera Roberto, convié par Silvia à un « jeu [...] très amusant », qui lui vaut, sans autre forme de procès, une feuille de boucher plantée entre les omoplates. Traîné au sol, il vient alors rejoindre, filmé en contre-plongée sous la table, ses infortunés compagnons de thé, déjà affalés sans vie, la face écrasée sur le verre. Le croisillon de l'armature soutenant le plateau vitré circulaire les isole visuellement, chacun dans leurs cases respectives, l'ensemble s'apparentant à l'éventail ouvert d'un jeu de cartes (Fig. 44). Reprenant à voix haute la première phrase de l'extrait du chapitre VII des *Aventures d'Alice* citée plus haut et déclarant « Maintenant, on joue », Silvia est alors prise d'un rire enfantin tout en faisant mine de verser du thé à ses hôtes. Le plan est en tous points bavien, qui résonne avec l'image conclusive du « Wurdalak » en forme de triptyque (les visages de chacun des membres de la famille s'insérant, à la fois réunis et séparés, au sein d'un carreau de la croisée) dans le film à sketches précisément intitulé *Les trois visages de la peur*. Il fait signe plus directement encore vers *Lisa et le diable* qui, en sus des motifs communs de la boîte à musique, des oiseaux empaillés, du matricide, et du double (ici systématisé en l'associant à la figure chère à Bava du mannequin de cire), organise son générique autour d'un jeu de cartes où viennent successivement s'inscrire les interprètes, ce qui peut évoquer, même s'il s'agit plutôt de tarot chez Bava, les personnages-cartes du récit de Lewis Carroll. Davantage encore, *Lisa et le diable* met en scène un moment de repas funèbre précédant de peu, tout comme chez Barilli, le retournement final. Sont en effet réunis autour de la table, en une sorte de macabre mascarade, les victimes de Maximilien (infantilisé par sa comtesse de mère) : un couple marié (Sofia et Francis

disent les sous-titres français à partir des dialogues italiens). Pour la version du texte de Carroll dans la traduction de Parisot, voir *Tout Alice*, *op. cit.*, p. 150.

Lehar), Georges, leur chauffeur, et jusqu'au cadavre squelettique en voile de mariée d'Elena, la femme qu'il a jadis aimée.

FIG. 44 – Francesco Barilli, *Le Parfum de la dame en noir*, 1974.

Quant au second volet de la pré-coda du *Parfum de la dame en noir*, il articule une ultime mise en scène ou *acting out* du trauma originel débouchant sur le meurtre de la mère. La boucle se trouve en somme bouclée, lorsque la jeune enfant, inversant les rôles, s'approche de Silvia qui se tient, vêtue de la robe maternelle, près de la corniche d'une terrasse enguirlandée sur le toit de l'immeuble, pour la pousser dans le vide. Silvia et la petite constituant un couple psychiquement indissociable, la protagoniste ne peut qu'entraîner son *Doppelgänger* dans sa chute fatale. Le film pourrait s'en tenir là si l'on avait affaire à une fiction gothique à la « William Wilson » d'Edgar Allan Poe[18], plutôt qu'à une poétique du *nonsense* à la Lewis Carroll. Aucun équivalent, certes, dans *Les Aventures d'Alice au pays des merveilles* et sa suite, à la crudité de la conclusion anthropophage et gore du film de Barilli. Loin s'en faut. Pour autant, on rappellera que Gilles Deleuze

18 On se souvient des ultimes paroles du double agonisant (dans la traduction de Baudelaire) : « En moi tu existais, – et vois dans ma mort, vois par cette image qui est la tienne, comme tu t'es radicalement assassiné toi-même »

fait de « manger ou parler » « l'alternative qui traverse toute l'œuvre de Lewis Carroll » :

> Manger, être mangé, c'est le modèle de l'opération des corps, le type de leur mélange en profondeur, leur action et passion, leur mode de coexistence l'un dans l'autre. Mais parler, c'est le mouvement de la surface, des attributs idéaux ou des évènements incorporels[19].

À la fin du *Parfum de la dame en noir*, la parole s'est définitivement évanouie pour céder la place à l'incorporation cannibalique en métaphore de consommation sexuelle ou capitaliste, selon la lecture que l'on voudra bien en faire. Lugubre distorsion ou dénaturation de son enfant interne, l'intériorité du corps de Silvia est ainsi livré en pâture à d'innommables appétits au cœur d'un lacis de galeries souterraines enténébrées[20]. On pourra penser que cette topographie est en rapport d'analogie avec les viscères arrachés du cadavre de Silvia, tout en emblématisant les entrailles de l'Enfer. Quoi qu'il en soit, « Alice au pays des merveilles » s'est cauchemardisé en « Silvia au pays des horreurs »...

LE ORME (LUIGI BAZZONI) : DANS LES PAS D'ALICE, ENTRE LUNE ET ASILE

Si son héroïne, présente dans la quasi-totalité des plans, se prénomme Alice, *Le orme* de Luigi Bazzoni ne comporte pas, contrairement aux deux films précédents, de marque textuelle ou d'indice formel renvoyant au personnage de Lewis Carroll, non plus qu'à ses « aventures ». Il n'en demeure pas moins que, dans la seconde partie de son film, Bazzoni convoque en sous-main ou de manière non-citationnelle tout un imaginaire faisant signe vers l'univers carrollien ou, plus justement peut-être, le *voilant* (au double sens de dissimulation et de déformation) et le détournant vers *un ailleurs* et un suspens du temps. Disons-le d'ores et déjà d'un mot : la « variante » de *Le Orme* consisterait en une *Alice sur et/ou dans la lune*, puisque, aussi bien, cet horizon sélénite fait régulièrement irruption dans

19 Gilles Deleuze, *Logique du sens*, Paris, Ed. de Minuit, 1969, p. 36.
20 La séquence a été tournée dans les thermes romains de Caracalla.

son paysage mental. Que l'on y voie une observation anodine ou *a contrario* lourde de sous-entendus, Harry ne déclare-t-il pas à la protagoniste, Alice Campos (qui ne l'a pas encore reconnu pour le jeune homme dont elle fut naguère amoureuse), au détour d'une conversation : « *You seem to be off somewhere in space*[21] » ? Par ailleurs, *Le Orme* n'est pas sans faire à la fois lien avec *Le Parfum de la dame en noir* et boucle avec notre propos d'ensemble. En reconduisant, pour ce dernier point, à la question du noir et blanc qui a ouvert le présent ouvrage par l'entremise de proto-gialli-clés. En partageant, pour le premier élément, une commune singularité, dont l'emblème serait cette figure de fillette jouant le rôle d'interlocutrice, de médiatrice et/ou *d'alter ego*. En partageant aussi, dans un autre registre, un même compositeur : Nicola Piovani qui, au sein d'une très prolifique production, écrivit notamment la bande-son du « nonnesploitation » *Flavia la défroquée* de Gianfranco Mingozzi, autre temps fort du riche parcours de l'actrice brésilienne Florinda Bolkan juste avant *Le Orme*, film qu'elle porte, de bout en bout, sur ses épaules dans le rôle d'Alice. On sait, enfin, que la filmographie de Bazzoni, dont *Le Orme* constituera, par son échec commercial, le précoce chant du cygne, est à peine plus étoffée que celle de Barilli. En tout et pour tout, cinq longs métrages, dont trois apparentés au genre qui nous requiert. Deux gialli atypiques : *La donna del lago* en position de précurseur « pré-couleur », on l'a vu ; *Le orme*, réalisé à un moment-charnière consacrant tout ensemble l'acmé du *filone* (avec *Les Frissons de l'angoisse* d'Argento) et son inéluctable étiolement. Et un giallo plus classique, on l'a dit, dans le droit fil du coup d'essai-coup de maître de Dario Argento : *Journée noire pour un bélier*, où n'en est pas moins lisible la patte auteuriste de Bazzoni, aidé de la maestria visuelle de Vittorio Storaro qui signe de même la photographie de *Le Orme*.

De fait, une semblable articulation de la forme et de la topographie est sensible de l'un à l'autre de ces deux derniers opus, les séquences initiales de *Le Orme* se déroulant, comme une bonne part de l'action de *Journée noire*, dans la zone romaine de l'EUR. Bâtie sous le règne de Mussolini, son architecture fortement géométrique est notamment exemplifiée par les monumentaux *Palazzo dei Congressi* et *Palazzo della Civiltà Italiana*, agrémentés de hiératiques statues en marbre. Viendra

---

21 « *Vous semblez être quelque part dans l'espace* » (soit, plus couramment : « Vous semblez ailleurs »). À noter que, ne figurant pas dans la post-synchronisation italienne, cette réflexion est généralement absente des sous-titres français.

s'y agréger, dans les années 1960, le quartier international des affaires, dominé par le verre et l'acier. Les figures humaines qui s'y inscrivent (au premier chef, Alice, seule ou en compagnie de son amie Mary, au cours du premier quart d'heure de *Le Orme*) sont d'autant plus écrasées par ce cadre imposant, comme chez l'Antonioni de *L'Éclipse* en amont ou le Dario Argento de *Ténèbres* en aval, qu'elles sont filmées en plan large et en contre-plongée, parfois au téléobjectif. Là où *Journée noire* se distinguait non seulement par une composition toute en stries (lamelles de stores vénitiens, quadrillage de métal ou de béton) ou en reflets (pare-brise de voiture, écran) tendant à minorer, voire à oblitérer, les personnages, mais également par l'inclusion plus ponctuelle d'un milieu suburbain ou d'une friche industrielle, *Le Orme* se structure en un diptyque violemment contrasté. À la Rome moderniste et « rationaliste » (héritage fasciste, donc), d'une blancheur surexposée et synonyme de stérilité ou d'aliénation, va ainsi succéder, pour une Alice Campos à la recherche d'elle-même ou de son *autre*, une sorte d'ailleurs *unheimlich*, aux tonalités bleutées et aux formes orientalisantes. Hantise ou émanation de ses cauchemars, la lune représente, elle, un *outre-monde* plus radical encore, lequel pourrait faire triptyque, si ces espaces-temps alternatifs (nous verrons plus bas qu'il en va aussi de différents niveaux diégétiques ou fictionnels) ne finissaient par se confondre au dénouement. Alice en vient, en effet, à se croire poursuivie sur la grève par deux hommes en tenue de cosmonaute. Une inscription cursive à l'écran clôturant le film laisse à penser qu'il s'agissait plus sûrement du personnel d'un asile d'aliénés : « Depuis le 15 octobre 1971, Alice Campos est hospitalisée à l'Institut Neuropsychiatrique de Kustnazt (Suisse) ». C'est avec pour seul indice une carte postale, inexplicablement atterrie (faudrait-il dire « alunie »… ?) dans son appartement romain que sa quête identitaire s'est initiée. Et ce, suite à un hiatus de deux ou trois jours que sa mémoire achoppe à raccommoder dans le tissu de son existence (là où le réveil au beau milieu de l'après-midi de Silvia, au début du *Parfum de la dame en noir*, pouvait encore s'expliquer par des raisons objectives – soirée tardive ou stress). Déchirée et vierge de toute correspondance, la carte s'avère, une fois reconstitués les morceaux, à l'effigie d'un hôtel luxueux de style Art Nouveau, sis dans l'île (fictive) de Garma[22]. *In situ* ledit palace

22 Le tournage de la partie concernée (soit la plus grande portion du film) s'est déroulé en Turquie (région d'Antalya), dans la station balnéaire de Kemer.

apparaît aussi désert, dans sa splendeur d'ancien monde, que les ruelles alentour, la majestueuse mosquée byzantine, ou la langue de sable en bordure d'une forêt abritant des ruines antiques. Il est vrai qu'il s'agit là d'une villégiature à la morte-saison, à l'exemple de l'auberge isolée de *La donna del lago*, dont *Le orme* perpétue, selon d'autres modalités, la veine mélancolique, dépressive même (laquelle infuse pareillement dans *Journée noire pour un bélier*), en la poussant vers la dystopie et la répression psychiatrique.

Avant d'envisager de tels prolongements, il convient de se pencher sur le rêve qui obsède les nuits de l'héroïne et finira par gangrener ses jours. C'est assez tôt, mais sans véritable explication, qu'Alice identifie, ou croit pouvoir identifier, cette fantasmagorie nocturne à des bouts ou des séquences d'un film de science-fiction, tenu pour « absurde », qui, dans sa jeunesse, lui fit une impression si traumatisante qu'elle ne put le regarder jusqu'à son terme. Elle va jusqu'à se remémorer que la série B en question s'intitulait « Du sang sur la lune », pour aussitôt se corriger : « Non, “Des traces sur la lune” ». D'une part, la précision opère d'emblée un effet moins de réelle mise en abyme, peut-être, que de miroir ou d'écho entre le film et « le film dans le film » : l'italien *orme* signifie « traces », plus particulièrement « de pas ». Le film de Bazzoni s'achèvera, du reste, sur un alignement d'empreintes – celles qu'Alice elle-même a laissées sur le sol sablonneux, non pas de la lune mais du rivage de Garma. D'autre part, le battement entre les deux titres est indiciel de la labilité générique de *Le orme*. En forme d'accroche incongrue, le premier (« Du sang sur la lune ») siérait à un giallo canonique prenant exemple sur la « trilogie animale » de Dario Argento comme il y en eut légion au début des années 1970, non sans y apporter une inflexion science-fictionnelle inédite. Dans son indétermination même, le second (« Le orme ») suggère, en revanche, un tout autre type d'ambiance (de l'ordre d'une absence-présence pour autant qu'on ignore si ces traces sont tangibles ou imaginaires, physiques ou mentales, pérennes ou évanescentes, complètes ou résiduelles) et de mystère (traces au sens d'indices ou de piste à suivre). Cette spécificité duelle des « traces » contribue à un giallo qui mêle intranquillité et alanguissement, tourment et introspection, questionnement et contemplation. À l'égal du *Parfum de la dame en noir*, le gore et le macabre ultimes en moins, on pourrait se risquer à le qualifier de « poétique ». Quant au film dans le film proprement dit, on peut penser qu'il allégorise un trauma, tout au moins un syndrome d'abandon dont, contrairement au récit de Barilli, aucun détail littéral ne nous sera fourni, fût-ce par fragments[23]. Ne pourrait-il dès lors tout aussi bien s'agir d'une *projection* fantasmatique ?

Dès le générique, baigné d'une lumière bleutée qui fera retour à l'épilogue (la psyché d'Alice étant alors toute entière immergée dans un univers hallucinatoire ou, en termes plus proprement cliniques, dans son délire schizo-paranoïaque), nous assistons, consécutivement à l'approche et à l'alunissage d'un astronef, à une scène muette irréelle : un cosmonaute inanimé est traîné à même le désert lunaire et laissé pour compte par son coéquipier. L'effarement, puis l'effroi se lisent dans les yeux du « naufragé » à travers la visière de son casque, lorsqu'il revient à lui et voit l'engin spatial décoller, puis s'éloigner inexorablement dans l'immensité intersidérale. La première séquence post-générique s'enclenche dans le sillage de cette saynète initiale, malgré un double infléchissement : sur le plan visuel, le noir et blanc succède à l'azuré ; sur le plan narratif, un dialogue à distance s'engage entre l'astronaute « fugitif » et le contrôleur au sol (Klaus Kinski dans un « caméo » pour le moins inattendu). Les multiples résurgences ultérieures alterneront entre ces deux composantes, en insistant toutefois sur la seconde, en ce qu'elle fourmille de références à une « expérimentation » et à une « organisation » qui, pour être elliptiques, n'en finissent pas moins par dessiner une vision sociétale dystopique. Blackmann, le savant fou en blouse blanche incarné par Kinski, semble diviser l'humanité en « agents » et en « cobayes », les uns devant fournir les autres à des fins censément scientifiques. Aussi s'agit-il ni plus ni moins que de « dépersonnalis[er] l'individu » en « condition[nant] le centre émotionnel » ou encore en « tent[ant] l'opération Alpha sur le cerveau pour neutraliser les circuits émotionnels ». Or, le film de Bazzoni n'est pas sans sous-entendre que ce qui vaut pour le contexte interstellaire vaut tout autant pour notre propre planète.

Le basculement vers le noir et blanc ne ressortit, en ce sens, ni à la contingence ni à la coquetterie. S'il en va bien d'un artifice permettant

23 Il ne serait, par exemple, pas incongru d'inférer de la dernière partie du film – mais rien ne l'assure – qu'il en retourne d'une désertion amoureuse, à l'âge de l'adolescence, dont la responsabilité incomberait à un Harry peut-être héroïsé par la passion que lui porta la jeune Alice. C'est tout au moins ce que pourrait suggérer, revenant à la mémoire de l'héroïne, le nom légendaire, hérité de la Table ronde, du voilier de son bien-aimé d'antan : « Perceval ».

de coder une réalité ou un continuum espace-temps autre, le procédé sert également à établir un rapport avec la journée d'interprétariat au Palais des Congrès qui fut à la source de son « trou noir » (mais l'on pourrait tout aussi bien parler de… « blanc ») et qu'Alice s'efforce de re-convoquer à sa mémoire par bribes, elles aussi dépourvues de toute couleur. Il se trouve que l'intervention de la conférencière principale ce jour-là concernait, sur un ton alarmiste mais non sans prescience, une catastrophe écologique programmée (autre forme de dystopie), liée à ce qui n'avait pas encore nom d'« anthropocène ». Parallèlement, un long et lent mouvement d'appareil nous montre les interprètes œuvrant pour cet organisme international (autre forme de *superstructure* évoquant l'« organisation » spatiale), chacun, casque sur les oreilles, muré dans une cabine exiguë, où régnait une chaleur suffocante, se souvient la jeune femme. Image saisissante d'une aliénation sociétale, voire d'une servitude volontaire, qui induisit chez Alice une bouffée de panique, un sentiment d'oppression et de menace (elle crut un moment voir l'assistance se tourner vers elle, comme un seul homme, pour la fixer du regard), tous symptômes aux allures de *burn-out*[24]… D'où une conduite de fuite, que ce soit dans la dormition prolongée ou par le fantasme d'une destination lointaine dont ne subsiste qu'une carte postale, elle aussi, faut-il s'en étonner, en noir et blanc.

Le jeu avec le monochrome revêt enfin, au-delà même d'un éventuel renvoi, de la part de Bazzoni, à son premier giallo, une dimension intertextuelle en forme, peut-on supposer, de *private joke*. Scrutant, assise à sa table de cuisine, la « vue » cartonnée de l'hôtel Garma, Alice a soudain un flash mémoriel, de quelque secondes à peine : une sorte de vitrail figurant un magnifique paon perché sur un arbre[25] et virant imperceptiblement du noir et blanc à la couleur. Comment ne pas penser à une scène précédemment analysée d'un film de Dario Argento dont le titre aviaire et le chef-opérateur pourraient encore faire pont : *L'Oiseau au plumage de cristal*, photographié par Storaro ? On se souvient qu'une semblable métamorphose chromatique y affectait, de la copie à l'original,

24 Peut-être le « diagnostic » de son amie Mary va-t-il dans le même sens : « Ton obsession d'être efficace dans un travail qu'au fond tu détestes, c'est vraiment inhumain. Et c'est certainement la pire façon d'échapper à la solitude que, du reste, tu t'infliges à toi-même. »

25 Selon les représentations traditionnelles au Moyen-Orient, il s'agit sans doute de l'arbre de vie, le paon symbolisant le plus souvent l'immortalité de l'âme ou, de manière plus directement pertinente quant au film de Bazzoni, la *dualité* psychique de l'être humain.

un tableau se trouvant à la source des meurtres par réactivation d'un trauma. Notons, enfin, que, à l'arrivée sur l'île de la protagoniste de *Le orme*, le plan large fixe de la rue et de la façade de l'hôtel, au moment où elle le découvre « en vrai » pour la première fois, avant d'y pénétrer par la porte d'entrée battante, est rigoureusement identique à l'illustration postale, n'était cette bichromie bleu-vert se subrogeant au noir-et-blanc. Comme si, à l'instar de l'Alice de Lewis Carroll passant de l'autre côté du miroir, l'Alice de Luigi Bazzoni était, à la lettre, entrée dans l'image – soit, dans un monde virtuel. On voit derechef le lien avec l'*incipit* des *Aventures d'Alice au pays des merveilles* dont nous avons plus haut mis en exergue les termes clés : en un sens, à défaut de *livre(s)*, l'héroïne de *Le orme* trouve une *image* qui va bientôt la conduire à un *dialogue* avec elle-même dans le cadre d'une quête existentielle…

In fine, la porosité du réel et de la fiction comme le brouillage entre mémoire et oubli prennent un tour radical, noir et blanc et monochrome bleuté se relayant pour oblitérer les couleurs de la vie, à la manière des « nuits qui mangent [l]es jours » du cocher du *Horla* de Maupassant, puis du narrateur lui-même. L'existence même d'Alice Campos est dès lors parasitée, contaminée, phagocytée[26]. Par quasi-métalepse narrative, elle en vient, espionnée jusque dans sa salle de bains, à s'encadrer dans l'écran de contrôle de Blackmann, qui s'égosille aussitôt :

> Nous l'avons (télé)localisée. Pour nous échapper, elle se cache sous le nom de "Nicole". Mais elle ne s'en sortira pas. La voilà. La souris est tombée dans le piège. Prévenez les agents. Elle ne doit pas s'échapper. Dépêchez-vous ! Vite !

Et, de fait, elle ne pourra se soustraire aux griffes, on l'a dit, de « spationautes » qui la pourchassent dans la pinède et sur la grève de galets, avant de la ceinturer, de lui ligoter les mains dans le dos et de la ramener *manu militari*… vers l'établissement pour malades mentaux où elle réside depuis quatre années, si l'on en croit la notation en forme de post-scriptum déjà mentionnée (Fig. 45). Le Pays des Cauchemars a envahi et recouvert l'intégralité du quotidien d'Alice. Et ce, avec d'autant moins d'espoir de retour à la normale – de sortie du terrier – que sa réalité a toujours déjà été cet univers dystopique. Le tour est joué, et la

26 Dans un contexte et un style foncièrement différents, le roman de Tanguy Viel intitulé *Cinéma* (1999) offrira une version strictement ludique et cinéphilique d'invasion du réel par le filmique.

boucle bouclée. Le sinistre laboratoire humain à l'échelle interplanétaire du Professeur Blackmann et l'internement sous contrainte d'Alice semblent ainsi faire corps, non sans refléter peut-être le mouvement de l'antipsychiatrie, particulièrement actif dans les années 1970[27], comme en témoigne notamment le documentaire collectif *Fous à délier* (1975), co-réalisé par Marco Bellocchio.

FIG. 45 – Luigi Bazzoni, *Le Orme*, 1975.

À l'instar du sort ultime de la Silvia du *Parfum de la dame en noir*, bien que de manière à la fois moins définitive et moins grand-guignolesque, la fin de *Le orme* signale ainsi la « défaite » d'Alice. Le hiatus amnésique des 2-3 jours mystérieusement volatilisés de son calendrier intime – trou de mémoire qui n'est peut-être pas sans quelque parenté avec le terrier de lapin (« *rabbit-hole* », en anglais), dans lequel se jette, tête baissée, l'Alice du Pays des Merveilles – condense et métaphorise, en définitive, une fêlure secrète, tapie sous une façade d'indépendance sociale et de réussite professionnelle, une allure de femme moderne et accomplie, soignée et efficace, là encore à l'image de sa consœur barillienne. À cette réserve près que l'appartement romain de Silvia, donnant sur la Piazza Mincio

27 Telle est l'hypothèse émise, à défaut d'être véritablement étayée, par Roberto Curti dans *Italian Gothic Horror Films, 1970-1979* (Jefferson, N.C., McFarland & Company, 2017), p. 148.

du très distinctif quartier Coppedè des années 1920, apparaissait à la fois rangé et surchargé. Il recelait notamment des objets fétiches ou « transitionnels » (au sens winnicottien du terme) liés à l'âge tendre : ici, un baigneur ; là, un réveil Mickey. On pouvait ainsi soupçonner, dès les premières minutes, un inachèvement du processus, sinon de deuil, de désinvestissement par rapport à la petite enfance. En comparaison, l'Alice bazzonienne ne semble guère enracinée dans son intérieur d'un blanc immaculé : les étagères sont vides, alors que des livres s'entassent au sol ; elle dort sur un canapé. Et c'est sur les quartiers modernes de la capitale italienne que les larges baies vitrées de son appartement offrent une vue panoramique. Chez Barilli, la tension dramatique s'établit lorsqu'une chercheuse scientifique (Silvia) s'avère inopinément confrontée à la superstition et à l'irrationnel, avant de faire face à son double enfant qu'elle a elle-même inconsciemment convié. Chez Bazzoni, une forme de contraste ironique sourd du fait que – avançant sur ses propres brisées, mettant ses pas dans ses propres traces (*orme*) – l'héroïne (Alice) peine, en dépit de son métier d'interprète (dont, symptomatiquement, elle s'acquitte avec une difficulté croissante), à décrypter et à traduire les signes de son *absence à elle-même*, jusqu'à ce qu'elle rencontre à Garma un *truchement* sous les espèces d'une autre fillette, incarnée par Nicoletta Elmi (déjà croisée chez Bava, Argento et Lado).

Bien que l'enfant soit affublée d'un double prénom (Paola/Mary), il n'est pas tout à fait certain que nous ayons affaire à un cas spécifique de double personnalité, dans la mesure où Alice elle-même se dédouble en Nicole, et Henry en Harry, sur ces rives méditerranéennes qui sont comme l'envers du miroir. Tout au plus apprend-on d'Iris Ines, la dame d'un certain âge passant ses après-midis à tricoter sur la plage, que, douée d'une imagination débordante et quelque peu délaissée par le couple qui l'accompagne (sont-ce même ses parents ?), la petite est semblable à tous ces « enfants solitaires invent[a]nt des êtres imaginaires avec lesquels jouer ». En un sens, Alice/Nicole remplira ce dernier rôle en lui donnant un visage bifrons (concret/chimérique). En retour, Paola/Mary lui servira d'adjuvante – de guide et de médiatrice – aussi énigmatique qu'éclairante. Tantôt de son propre chef, tantôt à l'insistance d'Alice (de plus en plus pressante – jusqu'à la rudoyer ou à la gifler) (Fig. 46). Tantôt s'attachant à cette dernière, tantôt la fuyant. Tantôt lui procurant des indices décisifs, tantôt les occultant avec entêtement. Ce qui n'est pas sans augurer du rôle que la toute jeune actrice tiendra, un an plus tard, dans *Les Frissons de l'angoisse* de Dario Argento, abstraction faite de la perversité sadique dont Olga semble faire montre en épinglant un lézard.

FIG. 46 – Luigi Bazzoni, *Le Orme*, 1975.

Un jour, Alice entend Paola fredonner une chanson enfantine à sa fenêtre :

> Bêê, bêê, mouton noir,
> As-tu de la laine ?
> Oui, monsieur, oui, monsieur,
> Trois sacs pleins.
> Un pour le maître,
> Un pour la dame,
> Et un pour le petit garçon
> Qui vit dans la ruelle.

Si cette *nursery rhyme* remontant au XVIIIe siècle n'est guère assimilable au *nonsense* carrollien, sa signification et sa portée sont aujourd'hui encore débattues. Sa pertinence par rapport à l'histoire de *Le orme* ne va pas, non plus, de soi. Sans doute l'idée de pourvoir aux besoins d'autrui, en particulier d'un « petit garçon / qui vit dans la ruelle », est-elle susceptible de résonner auprès de deux âmes solitaires, fussent-elles féminines dans le film de Barilli, l'une souffrant, on l'a dit, d'un syndrome pathologique de l'abandon. Sans doute aussi ces vers trouveront-ils une autre forme d'écho dans l'inscription en idéogrammes chinois qu'Alice et Harry se remémorent avoir lu sur un tableau qui occupait, du temps de leur amour de jeunesse, la place de la grande glace où se mire à présent, à l'avant-plan, la protagoniste, l'ombre fantomatique et nébuleuse de Harry venant se refléter au fond de l'image :

> Une grue crie fort dans l'ombre
> Son petit lui répond…
> J'ai une bonne coupe de miel
> J'aimerais la partager avec toi.

Pas davantage que pour la chanson enfantine, la source n'est ici révélée : le *Yi Jing*, l'un des principaux classiques chinois (datant du premier millénaire avant l'ère chrétienne), qui fut à l'origine un traité de divination à base d'hexagrammes. Pas à pas, entre l'innocence d'une fillette toute à ses jeux et le contrôle au compte-gouttes des confidences d'une enfant qui en a plus vu et entendu que quiconque, Alice chemine, telle qu'en elle-même, vers son Autre en robe jaune vif et perruque rousse. Elle est bientôt rongée par le soupçon d'une nouvelle trahison. La main tendue à son amoureux juvénile retrouvé se mue alors, seule véritable concession à la codification giallesque, en coup de ciseaux fatal, devant le vitrail au paon. *Le orme* : de petits pas pour une Alice au Pays des Traces ; un grand saut (de côté) pour le giallo, en voie, lui, d'exténuation…

(SENZA) FINE

Gardons-nous *in fine* – et *a contrario* d'une veine filmique qui, pour une bonne part, s'y sera complue *ad nauseam* – de tout coup de théâtre tapageur, de tout dénouement en forme d'électrochoc… Mais dès lors, quel dernier tour de vis ? Quel mot de la fin, si tant est qu'il puisse même y en avoir un, s'agissant d'un mauvais genre à la durée de cycle par définition ou par tradition limitée, tout *filone* du cinéma bis italien étant, à l'époque, en attente du suivant, lequel ne pouvait tarder à (ad) venir ? Encore que le giallo ait pu continuer, bien au-delà de la décennie 1970, à creuser vaille que vaille son sillon sous la houlette de plus en plus esseulée, de plus en plus exténuée, au fil du temps, du maestro en personne, Dario Argento. Encore qu'il puisse, ce *filone*, paraître renaître, tel un phénix, de ses cendres sous des espèces « post-giallo », sans doute elles aussi en voie d'épuisement[1], tenant ici du terne pastiche ou de l'éternel retour du même (on s'épargnera de citer des noms…), parvenant là à extraire la substantifique moelle giallesque dans le sens de l'expérimentation et de la fétichisation (Cattet-Forzani et Strickland en tête). Et quelle terminaison pour une *mauvaise graine*, certes vouée à germer et à se disséminer, mais sans jamais tout à fait croître, au sens où, dans le registre de l'enfance, Peter Pan se refusait à grandir, où Alice fut sujette à d'impromptus changements de taille avant de revenir à la « normale », où, à rebours (mais peut-être n'est-ce qu'en apparence), la Zazie de Raymond Queneau, puis de Louis Malle, pensait, tout bien pesé, n'avoir rien fait d'autre, un week-end durant, que « vieillir » ?

« *Senza fine* », donc. Sans fin et sans « À suivre ». Temps in(dé)fini, à la semblance de l'ennui, peut-être. Ainsi de ces histoires à dormir debout (ou assis devant un écran…), distillant une certaine indifférence ou plongeant même dans une profonde torpeur, que nous aura plus qu'à

1 Ponctuellement, on continue toutefois de relever des traces rémanentes, y compris chez des cinéastes français tels que Yann Gonzalez (*Un Couteau dans le cœur*) ou Bertrand Mandico (*Conann*).

son tour servies un genre où, si le bon grain, il est vrai, ne se sépare pas toujours commodément de l'ivraie, les scories recouvrent trop souvent les pépites. Fin d'autant plus inadéquate, quoi qu'il en soit, que, répétons-le au sortir de ce parcours, notre propos ne visait ni une perspective historique, ni une somme synthétique, ni une systématisation taxinomique du genre à partir d'un essaim de thèmes, de tropes ou de paradigmes. Compte tenu d'un corpus composé tant de fleurons emblématiques du genre que de gialli insolites, méconnus, oubliés ou « marginaux », les uns comme les autres étant à (re)découvrir, l'enjeu a consisté à croiser des pans ou des champs du genre largement négligés, tels que la ruralité et l'enfance, avec d'autres éléments plus régulièrement abordés par la critique (qu'il s'agisse de la couleur, de l'art ou de la psychanalyse), mais ici revisités à nouveaux frais ou selon une perspective décalée. Ainsi des œuvres picturales que nous avons prioritairement considérées à titre diégétique plutôt que référentiel, malgré des parallèles ponctuels avec l'art établi, que ce soit l'iconographie liée à Saint Sébastien ou la peinture du cri selon Francis Bacon, par exemple. Ainsi, encore, de la couleur considérée moins pour l'usage expressionniste qu'en fait le giallo à partir d'une palette primaire que dans son rapport au pop art, au trauma d'une *Urszene* et au noir et blanc du proto-giallo.

Tout au long de ces pages, la primitivité aura tenu lieu de fil conducteur, tantôt obvie tantôt obtus. Non pas seulement au sens, comme nous l'avons vu, de la scène originaire freudienne pervertie en scène de meurtre parental ou, plus généralement, du dévoiement de la pulsion érotique. Non pas simplement au sens de la genèse trouble et discontinue du genre ou d'une primalité à l'œuvre dans la picturalité (telle que la fait sourdre avec intelligence le giallo de Pupi Avati, *La Maison aux fenêtres qui rient*). Non pas même au sens d'un retour amont aux origines de l'art cinématographique, encore que le giallo, en particulier dans ses déclinaisons argentiennes, ne soit pas sans quelque affinité avec le cinéma pré-narratif et son « montage des attractions » (selon la célèbre formule d'Eisenstein), par son exhibition spectaculaire de scènes-chocs souveraines aux dépens tant de la construction du récit et de la logique de l'action que de la cohérence des dialogues et de la psychologisation des personnages, par son immersion, enfin, du spectateur moins dans un univers diégétique que dans un sensorium audio-visuel. Bien plutôt s'agit-il d'un imaginaire de la prime enfance où l'ennui peut, selon les cas, se faire solidaire, indissociable, voire indiscernable de l'excitation, l'onirique du réel, l'observation de l'implication, la violence de l'innocence, le jeu du sérieux, la minorité de l'âge adulte, la maturation de la régression. C'est tout un art, en somme, que l'enfance. C'est tout un art de l'enfance et une enfance de l'art que le giallo. On peut penser que, loin des poncifs qui lui sont trop souvent attachés, ce ne fut pas là le moindre de ses mérites.

BIBLIOGRAPHIE

AGNEL, Aimé, *Hitchcock et l'ennui. Une psychologie à l'œuvre*, Paris, Ellipses, 2011.
ANTONIONI, Michelangelo, *Écrits*, Paris, Images Modernes, 2003.
ARGENTO, Dario, *Peur*, Aix-en-Provence, Rouge Profond, 2018.
AUTRAN, Régis *et al.*, *Lucio Fulci, poète du macabre*, Paris, Bazaar & Co., 2009.
BARTHES, Roland, *Le Plaisir du texte*, Paris, Seuil, 1973.
BERGALA, Alain, « Le père, le mal et l'initiation », in Hervé Joubert-Laurencin (dir.), *De Zéro de conduite à Tomboy. Des films pour l'enfant spectateur*, Crisnée, Yellow Now, 2022, p. 79-84.
CAEN, Michel & Nicolas Stanzick (dir.), *Midi-minuit fantastique* vol. 2, Aix-en-Provence, Rouge Profond, 2015.
CARROLL, Lewis, *Tout Alice* (trad. Henri Parisot), Paris, Flammarion, 1979.
CAULANDRE, Jérôme, « *La Fille qui en savait trop* », *Midi-minuit fantastique* n° 9, juillet 1964.
CHATMAN, Seymour, *Antonioni, or The Surface of the World*, Berkeley, University of California Press, 1985.
CHATMAN, Seymour & Paul Duncan (dir.), *Michelangelo Antonioni : l'investigation 1912-2007*, Cologne, Taschen, 2004.
CLOVER, Carol J., *Men, Women and Chain Saws : Gender in the Modern Horror Film*, Princeton, New Jersey, Princeton University Press, 1992.
COZZI, Luigi, entretien avec Mario Bava, *Horror*, n° 13, 1971.
CURTI, Roberto, Stefano Lecchini & Davide Ottini : "Francesco Barilli : Artista… della paura" (http://www.horror.it/index.php?option=com_content&task=view&id=959&Itemid=30) (consulté le 01/11/2024).
CURTI, Roberto, *Tonino Valerii : the films*, Jefferson, North Carolina, McFarland & Company, 2016.
CURTI, Roberto, *Italian Gothic Horror Films, 1970-1979*, Jefferson, N.C., McFarland & Company, 2017.
DELEUZE, Gilles, *Logique du sens*, Paris, Éditions de Minuit, 1969.
DELEUZE, Gilles, *Francis Bacon. Logique de la sensation*, Paris, Éditions de la Différence, 1981.
DESBARATS, Carole, *Enfances de cinéma*, Laval, Warm, 2022.
DOPPELT, Suzanne, *Et tout soudain en rien*, Paris, P.O.L, 2022.

FREUD, Sigmund, *Le Roman familial des névrosés et autres textes*, Paris, Payot, [1909] 2014.
FUJIWARA, Chris, "Boredom, *Spasmo*, and the Italian System", in Jeffrey Sconce (dir.), *Sleaze Artists*, Durham, Duke University Press, 2007, p. 240-258.
KANNAS, Alexia, *Deep Red*, New York, Columbia University Press, 2017.
KANNAS, Alexia, *Giallo ! Genre, Modernity and Detection in Italian Horror Cinema*, Albany, State University of New York Press, 2020.
KOVEN, Mikel J., *La dolce morte. Vernacular Cinema and the Italian* Giallo *Film*, Lanham, Md., The Scarecrow Press, 2006.
LAGUARDA, Alice, *L'ultima maniera. Le giallo, un cinéma des passions*, Pertuis, Rouge Profond, 2021.
LEUTRAT, Jean-Louis (dir.), *Mario Bava*, Liège, Éditions du Céfal, 2002.
LIANDRAT-GUIGUES, Suzanne, *Les Images du temps dans* Vaghe stelle dell'Orsa *de Luchino Visconti*, Paris, Presses de la Sorbonne Nouvelle, 1995.
LUCAS, Tim, *Mario Bava : all the colors of the dark*, Cincinnati (Ohio), Video Watchdog, 2007.
MARI, Pauline, « Les diagonales du fou. Dans *L'Œil du labyrinthe* de Mario Caiano », *Histoire de l'art*, n° 81, 2017/2, n.p.
MARTINET, Pascal, *Mario Bava*, Paris, Edilig, 1984.
MET, Philippe, ""Knowing Too Much" About Hitchcock : The Genesis of Italian Giallo", in R. Barton Palmer & David Boyd (dir.), *After Hitchcock : Influence, Imitation and Intertextuality*, Austin, University of Texas Press, 2006, p. 195-214.
MET, Philippe, « Les bambins de Bava », in Julie Barillet, Françoise Heitz, Patrick Louguet et Patrick Vienne (dir.), *L'Enfant au cinéma*, Arras, Artois Presses Université, 2008, p. 87-98.
MET, Philippe, « *Alice ou la dernière fugue* : entre singularité et intertextualité », *Contre Bande*, n° 20, 2011, p. 77-89.
MET, Philippe, « Francesco Barilli : stations du cauchemar », in Frank Lafond (dir.), *Cauchemars italiens*, Vol. 2 (« Le Cinéma horrifique »), Paris, coll. « Champs visuels », L'Harmattan, 2011, p. 83-108.
MET, Philippe, « H. P. Lovecraft tel qu'en *outsider* le cinéma le change », in Christophe Gelly et Gilles Menegaldo (dir.), *Lovecraft au prisme de l'image. Littérature, cinéma et arts graphiques*, Cadillon, Le Visage vert, 2017, p. 133-149.
MET, Philippe, « Le "scintillement de la putrescence". Poésie, cinéma, fantastique, horreur », *Fabula-LhT*, n°18, 2017 (http://www.fabula.org/lht/18/met.html) (consulté le 01/11/2024).
MET, Philippe, « Les enfants de la Hammer, entre visualité et auralité », in M. BOISSONNEAU, Mélanie, Gilles Menegaldo & Anne-Marie Paquet-Deyris (dir.), *Le Studio Hammer. Laboratoire de l'horreur moderne ?*, Cadillon, Le Visage vert, 2023.

METZ, Christian, « Le film de fiction et son spectateur », *Communications*, n° 23 (« Psychanalyse et cinéma »), 1975, p. 108-135.

PEZZOTTA, Alberto, *Mario Bava. Un désir d'ambiguïté*, Condé-sur-Noireau, La tour verte, 2018.

PIZZOFERRATO, Frédéric, *Une Étude en jaune : giallos et thrillers européens*, Alignan-du-Vent, Artus Films, 2021.

POE, Edgar Allan, « La Genèse d'un poème », *Histoires grotesques et sérieuses*, Paris, Michel Lévy frères, 1871.

RANCIÈRE, Jacques, *La Fable cinématographique*, Paris, Seuil, 2001.

RAUGER, Jean-François, *L'Œil qui jouit*, Crisnée, Yellow Now, 2012.

RAUGER, Jean-François, « *La vittima designata.* Maurizio Lucidi » (https://www.cinematheque.fr/film/78580.html) (consulté le 01/11/2024).

REA, Luca, *I colori del buio. Il cinema thrilling italiano dal 1930 al 1979*, Firenze, I. Molino, 1999.

REGAZZI, Jean, « Blanc profond. Le giallo selon Visconti », in Jean-Louis Leutrat (dir.), *Cinéma & littérature : le grand jeu*, vol. 2, De l'Incidence éditeur, 2011, p. 401-418.

ROBERT, Marthe, *Roman des origines et origines du roman*, Paris, Grasset, 1972.

ROUSSEAU, Alexandre Fontaine (dir.), *Vies et morts du giallo – de 1963 à aujourd'hui*, Montréal, Panorama Cinéma, 2011.

SCHIFANO, Laurence, *Le Cinéma italien de 1945 à nos jours* (5e édition), Paris, Armand Colin, [1995] 2022.

TAILLEUR, Roger & Paul-Louis Thirard, *Antonioni*, Paris, coll. « Classiques du cinéma », Éditions universitaires, 1963.

TÉCHINÉ, André, « *Col Cuore in gola* de Tinto Brass (Italie) », *Cahiers du cinéma* n° 195, novembre 1967, p. 36.

THORET, Jean-Baptiste, *Dario Argento. Magicien de la peur*, Paris, Cahiers du cinéma, 2002.

TOTARO, Donato, "A Genealogy of Italian Popular Cinema : the Filone", *OffScreen*, vol. 15, issue 11, November 2011 (https://offscreen.com/view/genealogy_filone) (consulté le 01/11/2024).

VALLET, François, *L'Image de l'enfant au cinéma*, Paris, Éd. du Cerf, 1991.

VISCONTI, Luchino, "Un dramma del non essere", in Pietro Bianchi (dir.), *Vaghe stelle dell'Orsa di Luchino Visconti*, Bologna, Cappelli, 1965. Trad. française : « Un drame du non-être », *Cahiers du cinéma*, n° 174, janvier 1966, p. 53-56.

WAGSTAFF, Christopher, "A forkful of westerns : industry, audiences and the Italian western", in Richard Dyer & Ginette Vincendeau (dir.), *Popular European Cinema*, London, Routledge, 1992, p. 245-261.

Cahiers du cinéma, n° 729, janvier 2017 (« Des giallos à gogo »).

L'Écran fantastique « Vintage », n° 2, juillet 2020 (« Le giallo, du sang à la une »).

INDEX NOMINUM

INDEX DES FILMS

TABLE DES FIGURES

TABLE DES MATIÈRES

PRIMO INTERVALLO

ENNUI DU GIALLO

SECONDO INTERVALLO

L'ART DE LA RURALITÉ

SECONDO TEMPO

NOIRCEUR(S) DE L'ENFANCE

COLLECTION
« RECHERCHES CINÉMATOGRAPHIQUES »

La collection « Recherches cinématographiques » a pour vocation de publier des études et des essais originaux sur le cinéma pensé dans ses enjeux esthétiques, historiques, culturels ou anthropologiques.

Retrouvez tous les titres de la collection en scannant ce code QR :

Et pour recevoir nos dernières actualités, abonnez-vous ici :

IMPRIM'VERT®

Achevé d'imprimer par Corlet,
Condé-en-Normandie (Calvados), en juillet 2025
N° d'impression : 25070320 - dépôt légal : février 2025
Imprimé en France